Schriftenreihe

Schriften zum Handels- und Gesellschaftsrecht

Band 75

ISSN 1860-8868

Verlag Dr. Kovač

Christian Röck

Zweckfortfall beim genehmigten Kapital

Eine Untersuchung zu bestehenden Vorstandspflichten bei gescheiterter Bar- und Sachkapitalerhöhung

Verlag Dr. Kovač

Hamburg
2010

VERLAG DR. KOVAČ
FACHVERLAG FÜR WISSENSCHAFTLICHE LITERATUR

Leverkusenstr. 13 · 22761 Hamburg · Tel. 040 - 39 88 80-0 · Fax 040 - 39 88 80-55

E-Mail info@verlagdrkovac.de · Internet www.verlagdrkovac.de

Bibliografische Information der Deutschen Nationalbibliothek
Die Deutsche Nationalbibliothek verzeichnet diese Publikation
in der Deutschen Nationalbibliografie;
detaillierte bibliografische Daten sind im Internet
über http://dnb.d-nb.de abrufbar.

ISSN: 1860-8868

ISBN: 978-3-8300-4862-6

Zugl.: Dissertation, Fachbereich Rechtswissenschaft der Universität Gießen, 2009

Meinen Eltern

In tiefer Dankbarkeit

Vorwort

Die vorliegende Arbeit wurde als Dissertation an der rechtswissenschaftlichen Fakultät der Justus-Liebig-Universität Gießen im Wintersemester 2008/2009 angenommen. Sie wurde von Herrn Prof. Dr. Jens Ekkenga betreut.

Mein besonderer Dank gilt zunächst meinem hoch geschätzten Doktorvater, Herrn Prof. Dr. Jens Ekkenga. Er stand mir jederzeit für anregende und weiterführende Diskussionen zur Verfügung und gewährte mir gleichzeitig den notwendigen akademischen Freiraum. Zudem möchte ich Herrn Prof. Dr. Horst Hammen für die Erstellung des Zweitgutachtens in erfreulich kurzer Zeit danken.
Ferner möchte ich den Herren Tim Langer und Marc Uhrig für ihre sorgfältige, gewissenhafte und rasche orthographische Korrektur der Arbeit danken. Ebenso danke ich herzlich Herrn Dr. Christian Liebig für zahlreiche Formatierungsratschläge und -arbeiten.

Nicht genug danken kann ich meiner Frau Sandra. Sie hat mich bei der Erstellung der Arbeit durchweg und stets motivierend unterstützt, mir den Rücken frei gehalten und gleichzeitig auf viel Zeit mit mir verzichtet. Vielen herzlichen Dank für Deine uneigennützige und geduldige Unterstützung.

Schlussendlich bin ich meinen lieben Eltern, Herrn Erich und Frau Dagmar Röck, unendlich dankbar. Sie haben mir letztlich alles ermöglicht, nicht zuletzt die Erstellung dieser Arbeit mit dem notwendigen Freiraum. Meine Dankbarkeit ihnen gegenüber ist daher kaum in Worte zu fassen. Ihnen widme ich diese Arbeit.

Ladenburg, im November 2009 — Christian Röck

Inhaltsverzeichnis

Einleitung

Benötigt eine Aktiengesellschaft neues Eigenkapital, kann sie das Grundkapital mittels einer Kapitalerhöhung aufstocken. Der Gesetzgeber stellt ihr hierfür mehrere Kapitalerhöhungsverfahren zur Verfügung. In der Unternehmenspraxis hat das Verfahren des genehmigte Kapitals (§§ 202 ff. AktG) das Verfahren der Kapitalerhöhung gegen Einlagen (§§ 182 ff AktG) weitgehend abgelöst.[1] Das genehmigte Kapital ist für die Unternehmensfinanzierung deshalb von besonderer Bedeutung, weil es die Entscheidung hinsichtlich des „Ob" der Kapitalerhöhung und ihrer Durchführung im Wesentlichen dem Vorstand[2] überlässt. Er hat hierdurch die Möglichkeit, das Grundkapital der Gesellschaft zu einem für sie günstigen Zeitpunkt heraufzusetzen, ohne eine zeitaufwändige und kostenintensive Hauptversammlung einberufen zu müssen. Das genehmigte Kapital bietet der Gesellschaft somit die Möglichkeit, finanzpolitisch schnell und flexibel auf günstige Kapitalmarktverhältnisse zu reagieren.[3]

Eine Kapitalerhöhung berührt regelmäßig die Interessen unterschiedlicher Beteiligter:

Das sind zunächst die *Gesellschaftsgläubiger*. Sie haben ein Interesse an der Erhöhung des Grundkapitals, weil hierdurch neues Gesellschaftsvermögen geschaffen und die Haftungsgrundlage der Gesellschaft erweitert wird.

Daneben eröffnet eine Kapitalerhöhung *potentiellen Investoren* die Möglichkeit, die neuen Gesellschaftsanteile zu erwerben und Vollgesellschafter zu werden. Sie erlangen jedoch durch Abschluss des Zeichnungsvertrages weder einen Er-

---

1 Heinsius, in: FS Kellermann, 1991, 115, 116 formuliert zu Recht: „Die reguläre Barkapitalerhöhung ist tot, es lebe das genehmigte Kapital!".

2 Genau genommen handelt es sich hierbei um eine Delegation an die „Verwaltung" der Gesellschaft (Vorstand und Aufsichtsrat), weil gemäß § 204 Abs. 1 S. 2 AktG die Entscheidung des Vorstands hinsichtlich der Bedingungen der Aktienausgabe der Zustimmung des Aufsichtsrats bedarf. Aus Vereinfachungsgründen ist aber nachfolgend immer nur vom „Vorstand" die Rede.

3 Lutter, in: KK, vor § 202, Rn.1, 5; Heinsius, in: FS Kellermann, 1991, 115 ff.; Martens, ZIP 1992, 1671, 1681.

füllungsanspruch gegen die Gesellschaft auf Einräumung der neu geschaffenen Aktien noch auf Durchführung der Kapitalerhöhung.[4] Der mit der Zeichnung angestrebte Rechtserfolg – die Mitgliedschaft in der Gesellschaft – tritt indes erst mit der handelsregisterlichen Eintragung der Durchführung der Kapitalerhöhung (§§ 203 Abs. 184, 188 Abs. 4, 189 AktG) kraft Gesetzes ein, ohne dass es der tatsächlichen Ausgabe von Aktienurkunden bedarf.[5]

Schließlich betrifft eine Kapitalerhöhung die *Interessen der Aktionäre*. Sie müssen Vermögensverluste befürchten, wenn der Ausgabepreis der neuen Aktien unter deren tatsächlichem Marktwert bzw. Börsenkurs liegt und es infolgedessen zu einem Wertverlust der Gesellschaftsanteile kommt (so genannte „Kurswertverwässerung“).[6] Darüber hinaus können sich Verschlechterungen bei der Gewinn- und Liquidationsverteilung (§ 60 Abs. 1, § 271 Abs. 2 AktG) ergeben. Daneben kommt es zu einer Verwässerung der Beteiligungsquote der Aktionäre, weil bei einer Kapitalerhöhung deren prozentuale Beteiligung am Grundkapital der Gesellschaft zwangsläufig abnimmt (so genannte „Beteiligungsquotenverwässerung“).[7] Daraus resultiert eine Senkung der relativen Stimmrechtsmacht der Aktionäre bei Hauptversammlungsbeschlüssen (§ 134 Abs. 1 S. 1 AktG). Die einzelnen Aktien haben nach Erhöhung des Grundkapitals weniger Stimmgewicht, weil dieses vom Verhältnis des Aktienanteils zum Grundkapital abhängt.[8] Schließlich können bestimmte Herrschaftsrechte nicht mehr ausgeübt werden, sofern sie an eine gesetzliche Mindestquote gebunden sind. Zu denken ist an bestimmte Minderheitsrechte (Einberufung der Hauptversammlung auf

4 Hüffer, AktG, § 185, Rn.4; Wiedemann, in: GK, § 185, Rn.35.

5 Wiedemann, in: GK, § 189, Rn.13; Lutter, in: KK, § 189, Rn.4.

6 Lutter, in: KK, § 186, Rn.7; Heinsius, in: FS Kellermann, 1991, 115, 117; Hirte, Bezugsrechtsausschluss, S. 7 mit anschaulichem Rechenbeispiel; Sinewe, Bezugsrechtsausschluss, S. 9.

7 Lutter, in: KK, vor § 182, Rn.24, § 186, Rn.7; Hirte, Bezugsrechtsausschluss, S. 7.

8 Jede Aktie(nurkunde) verbrieft ein Mitgliedschaftsrecht, so dass abhängig von der Zahl der Aktien der Aktionär mit einer Mehrzahl von Mitgliedschaften an der Aktiengesellschaft beteiligt sein kann. Das Aktiengesetz geht davon aus, dass diese Mitgliedschaften voneinander zu unterscheiden und rechtlich zu trennen sind, vgl. Eckhardt, in: Geßler/Hefermehl, AktG, § 1, Rn.45.

Verlangen einer Minderheit, §§ 122 Abs. 1 S. 1, Bestellung von Sonderprüfern, § 142 Abs. 2 AktG und die Geltendmachung von Ersatzansprüchen, § 147 Abs. 1 AktG), die erst ab einer maßgeblichen Aktionärsbeteiligung von fünf Prozent des Grundkapitals beginnen.[9]

Um den Aktionärsinteressen dennoch gerecht zu werden, sieht § 186 Abs. 1 S. 1 AktG die Möglichkeit vor, an der künftigen Entwicklung der Gesellschaft mitzuwirken und daran teilzuhaben.[10] Dieses Aktionärsrecht auf Teilhabe an einer Kapitalerhöhung, d.h. auf Zuteilung eines seinem Anteil am bisherigen Grundkapital entsprechenden Teils der zu emittierenden Aktien, verkörpert das *Bezugsrecht*.[11] Es schützt die Aktionäre vor dem drohenden Vermögensverwässerungseffekt.[12] Ferner können sie sich ihre Beteiligungsquote und die damit verbundenen mitgliedschaftlichen (Herrschafts- und Teilhabe-)Rechte bewahren.[13] Das Bezugsrecht gewährt somit eine „doppelte Besitzstandsgarantie“[14]: Wahrung der Vermögensrechte einerseits, Herrschafts- und Teilhaberechte andererseits.[15] Es gilt daher neben dem Stimmrecht (§ 134 AktG), dem Auskunftsrecht (§ 131 AktG) und dem allgemeinen Gewinnbezugsrecht (§ 58 Abs. 4 AktG) als Grundrecht des Aktionärs.[16]

---

9 Martens, ZIP 1992, 1677, 1692; Henze; DStR 1993, 1823, 1826; ders., BB 2001, 53, 57.

10 Schmidt, Gesellschaftsrecht, § 19 I 3; Wilhelm, Kapitalgesellschaftsrecht, Rn.587

11 Ausführlich zur geschichtlichen Entwicklung des Bezugsrechts: Wiedemann, in: GK, § 186, Rn.1 ff.

12 BGHZ 71, 40, 45 (Kali&Salz); Lutter, in: KK, § 186, Rn.7; Heinsius, in: FS Kellermann, 1991, 115, 117; Kübler/ Mendelsohn/ Mundheim, AG 1990, 461 f.

13 Lutter, in: KK, § 186, Rn.6 f., 59; Wiedemann, in: GK, § 186, Rn.56; Timm, Konzernspitze, S. 73; Vollmer/Lorch, DB 1991, 1313, 1315.

14 Bayer, ZHR 163 (1999), 505, 508.

15 In diesem Sinn die so genannte „gesellschaftsrechtliche Sichtweise“ des Bezugrechtes, vgl. Lutter, in: KK, § 186, Rn.7 ff.; Zöllner, in: KK, § 243, Rn.167 ff.; Wiedemann, in: GK, § 186, Rn.104 ff.; Hefermehl/Bungeroth, in: Geßler/Hefermehl, AktG, § 186, Rn.83 ff. Zur so genannten „kapitalmarktrechtlichen Sichtweise“ des Bezugsrechtes, Schwark, in: FS Claussen, 1997, 361 ff.; Martens, ZIP 1992, 1688 f.; ähnlich auch Ekkenga, AG 1994, 59, 61.

16 Wiedemann, in: GK, § 186, Rn.13; Zöllner, AG 1994, 336, 341; Wellkamp, Aktionärsschutz, S. 138; Natterer, Kapitalveränderung, S .68 spricht von einem „...*natürlichen Recht des Mitglieds einer juristischen Person, die auf Kapitalbasis besteht...*“.

Den Aktionären steht ein Bezugsrecht sowohl bei einer Kapitalerhöhung gegen Einlagen als auch – kraft gesetzlicher Verweisung – beim genehmigten Kapital (§§ 203 Abs. 1 S. 1 AktG) zu.[17] Es ist europarechtlich durch Art. 29 Abs. 1 der (Zweiten) Kapitalrichtlinie 77/91/EWG vom 13.12.1976 abgesichert.[18] Gleichwohl wird vereinzelt, insbesondere im Zusammenhang mit großen Publikumsgesellschaften, das Bezugsrecht nur als „*...historische Durchgangserscheinung des sich weiterentwickelnden Aktienwesens...*“[19] gesehen. Im Übrigen habe es als ein zu kostenintensives und damit den Aktionärsinteressen zuwiderlaufendes Rechtsinstitut keine Funktion mehr. In letzter Konsequenz wird daher vereinzelt dessen Abschaffung gefordert.[20]

Diesen mitgliedschaftlichen Vermögens- und Teilhabeinteressen steht das *Interesse der Gesellschaft* gegenüber, schnell, kostengünstig und flexibel das Grundkapital zu erhöhen. Im Vergleich hierzu ist die Vorbereitung und Durchführung einer Bezugsrechtsemission wegen der Notwendigkeit einer zuvor einzuberufenden Hauptversammlung zeitaufwendig und kostenintensiv.[21] Demgegenüber

---

17 Ferner steht ihnen ein Bezugsrecht zu bei der Ausgabe von Wandelschuldverschreibungen, Gewinnschuldverschreibungen und Genussrechten (§ 221 Abs. 4 S. 1 AktG). Dagegen ersetzt die automatische Zuteilung der jungen Aktien (§ 212 AktG) das Bezugsrecht bei Kapitalerhöhungen aus Gesellschaftsmitteln (§§ 207 ff AktG). Bei Kapitalerhöhungen zur Durchführung einer Verschmelzung besteht gemäß § 69 Abs. 1 S. 1 UmwG ebenso wenig ein Bezugsrecht wie bei einer bedingten Kapitalerhöhung gemäß §§ 192 ff. AktG, da sie zweckgebunden sind (§ 192 Abs. 2 Nr. 2, 3 AktG) und insoweit ein ausreichender Aktionärsschutz gewährleistet ist, Hüffer, AktG, § 192, Rn.3.

18 Vgl. Art. 29 der Richtlinie, ABl. EG Nr. L 26 vom 31.01.1977, S. 1 ff., 24: abgedruckt bei Lutter, Unternehmensrecht, S.114 ff.

19 Kübler/ Mendelson/ Mundheim, AG 1990, 461, 474.

20 Kübler, Unternehmensfinanzierung, S. 49 ff., 64; ders., ZBB 1993, 1 ff.; ders./Mendelson/Mundheim, AG 1990, 461, 467; Seibert/Köster/Kiem, Kleine AG, Rn.197; Escher-Weingart, Deregulierung, S. 267 f.. Für eine weitgehende Beseitigung des Bezugsrechtes der Aktionäre im Interesse einer erheblich verbesserten Kapitalschöpfung durch die börsennotierten Publikumsgesellschaften spricht sich auch Hoffmann-Becking, ZIP 1995, 1, 8 f. aus. Kritisch dagegen Hirte, AG 1991, 166, 169.

21 Heinsius, in: FS Kellermann, 1991, 115, 124 zum Zeitbedarf einer Kapitalerhöhung mit und ohne Bezugsrecht. Danach sind für die Durchführung einer (genehmigten) Kapitalerhöhung mit Bezugsrecht mindestens 51 Tagen zu veranschlagen. Differenzierender Ek-

kann ein bezugsrechtsfreies, genehmigtes Kapital innerhalb weniger Tage abgewickelt werden, was eine schnelle und flexible Reaktion auf günstige Marktsituationen ermöglicht.[22] Hinzu kommt bei börsennotierten Publikumsgesellschaften, dass das Bezugsrecht einer kostengünstigen Unternehmensfinanzierung entgegenstehen kann. Denn fällt der Börsenpreis für die alten Aktien unter den Emissionspreis der neuen Aktien, droht die Aktienplazierung zu scheitern, weil jeder Aktionär die Aktien zum günstigeren Börsenkurs erwerben würde. Daher erfordert eine Bezugsrechtsemission einen so genannten „Sicherheitsabschlag" bei dem Ausgabebetrag der neuen Aktien von deren aktuellen Börsenkurs in Höhe von rund 15-25%.[23] Dieser Differenzbetrag geht der Gesellschaft aufgrund des Bezugsrechts verloren.[24] Die Unternehmenspraxis zeigt zudem, dass die mit einer genehmigten Kapitalerhöhung verfolgten Ziele und unternehmerische Maßnahmen häufig erst durch einen vorherigen Ausschluss des Bezugsrechts der Aktionäre erreicht werden können.

Den Ausschluss des Bezugsrechts regeln § 186 Abs. 3, 4 AktG. Aufgrund der Verweisung in § 203 Abs. 1 S. 1, Abs. 2 AktG gelten sie auch für das genehmigte Kapital. Es sind drei Ausschlussvarianten denkbar.

---

kenga, AG 1994, 59, 60 f. Zum arbeitstechnischen Aufwand und den Kosten einer Kapitalerhöhung mit Bezugsrecht: Kübler, ZBB 1993, 1, 3 f.

[22] Heinsius, in: FS Kellermann, 1991, 115, 124 ff., der im günstigsten Fall davon ausgeht, dass innerhalb von zwei Tagen nach Beschlussfassung der Verwaltung über die Ausnutzung des genehmigten Kapitals das neue Kapital zur Verfügung stehen könnte. Ebenso Seibert/Köster/Kiem, Kleine AG, Rn.193; Timm, DB 1982, 211, 215 f.

[23] Wellkamp, Aktionärsschutz, S. 145; Martens, ZIP 1992, 1677, 1687; Marsch-Barner, AG 1994, 532 f..

[24] Lutter, AG 1994, 429, 440; Wellkamp, Aktionärsschutz, S. 145; Martens, ZIP 1992, 1677, 1688; van Aubel, Bezugsrechtsausschluss, S. 9.

Haben die Gesellschaftsgründer bereits in der Gründungssatzung ein genehmigtes Kapital vereinbart (vgl. § 202 Abs. 1 AktG), können sie gleichzeitig bestimmen, dass das Bezugsrecht ausgeschlossen sein soll.[25]
Regelmäßig wird das genehmigte Kapital aber erst durch einen satzungsändernden Beschluss gemäß § 202 Abs. 2 AktG geschaffen, so dass die Hauptversammlung das Bezugsrecht bereits im Ermächtigungsbeschluss selbst ausschließen kann (sog. *Direktausschluss*)[26], §§ 203 Abs. 1, 186 Abs. 3, 4 AktG.[27] Die Regelungen des § 186 Abs. 3, 4 AktG finden entsprechend Anwendung, § 203 Abs. 1 AktG. Die dort genannten formellen Ausschlussvoraussetzungen (Vorstandsbericht, vorherige Bekanntmachung der Ausschließungsabsicht in den Gesellschaftsblättern und satzungsändernder, mit qualifizierter Mehrheit beschlossener Hauptversammlungsbeschluss) müssen ebenso eingehalten werden.
In der Praxis weitaus üblicher ist die so genannte *„Ausschlussermächtigung"*. Hierbei ermächtigt die Hauptversammlung den Vorstand nicht nur zur Erhöhung des Grundkapitals, sondern auch zur Entscheidung über den Ausschluss des Bezugsrechtes, §§ 203 Abs. 2, 204 Abs. 1 S. 2, 186 Abs. 4 AktG. Die formellen Anforderungen des § 186 Abs. 4 AktG gelten entsprechend: Die beabsichtigte Ermächtigung zum Bezugsrechtsausschluss muss in den Gesellschaftsblättern vorab bekannt gemacht sowie ein Vorstandsbericht über die Ausschlussgründe vorgelegt werden.

Da der Gesetzgeber lediglich die benannten formellen Ausschlussvoraussetzungen zum Schutz des Bezugsrechts vor einem willkürlichen Ausschluss vorsieht, hat die Rechtsprechung weitere sachlich-materielle Ausschlussanforderungen entwickelt, um der Schutzfunktion des Bezugsrechts hinreichend Rechnung zu

---

25 Die Regelungen der § 186 Abs. 3, 4 AktG sind nicht anwendbar. Dort wird an einen Kapitalerhöhungsbeschluss angeknüpft, mit dem die Gründungssatzung jedoch nicht vergleichbar ist.
26 Hirte, in: GK, § 203, Rn.18 f.; AnwK-AktienR/Groß, § 203, Rn.56.
27 BGHZ 125, 239 ff (Deutsche Bank).

tragen. Die Rechtsprechung begreift einen Bezugsrechtsausschluss indes als „*...schweren Eingriff in die rechtlich geschützten Vermögensinteressen der Aktionäre...*“[28] und damit als Eingriff in die Mitgliedschaft der Aktionäre. Deshalb erfordert ein rechtmäßiger Bezugsrechtsausschluss nicht nur die Einhaltung der formellen Ausschlussvoraussetzungen der §§ 186 Abs. 3, 4 AktG. Zusätzlich müssen sachlich-materielle Anforderungen erfüllt sein.[29] So muss der Bezugsrechtsausschluss zweckgerichtet erfolgen. Die Zwecke, aufgrund derer das Bezugsrecht ausgeschlossen werden kann, sind theoretisch zwar vielfältig. In der Unternehmenspraxis der letzten Jahre haben sich die Ausschlussgründe, die regelmäßig mit dem Verwendungszweck des genehmigten Kapitals identisch sind,[30] allerdings auf ein paar wesentliche beschränkt. So kann ein Bezugsrechtsausschluss in Betracht kommen zwecks Streuung der neuen Aktien über die Börse (Erhöhung des Streubesitzes) oder für den Erwerb einer Unternehmensbeteiligung bzw. eines bestimmten Betriebs, wenn der Inferent als Gegenleistung Aktien der Gesellschaft erhalten möchte.[31] Des Weiteren kann der Bezugsrechtsausschluss zur Aktieneinführung an ausländischen Börsen[32], für den Ausschluss von Spitzenbeträgen[33], die Ausgabe von Belegschaftsaktien oder für Mitglieder der Geschäftsführung[34] erforderlich sein. Ferner kann die Begründung einer Kooperation mit anderen Unternehmen verfolgt werden[35], die Bedienung von Wandelungs- und Optionsrechten an Schuldverschreibungen[36], die Aufrechterhaltung des Verhältnisses verschiedener Aktiengattungen (so genann-

[28] BGHZ 71, 41, 44.
[29] Zu den inhaltlichen Anforderungen des/der Ausschlusszwecke sowie deren Konkretisierungsgrad s.u., 1.Teil, 1. Kapitel, B.
[30] Fleischer/Ekkenga, Vorstandsrecht, § 23, Rn.64.
[31] BGHZ 136, 133, 134 (Siemens/Nold).
[32] BGHZ 125, 239, 240.
[33] BGHZ 83, 319, 323 (Holzmann); Lutter, in: KK, § 186, Rn.66; Wiedemann, in: GK, § 186, Rn.155; Hüffer, AktG, § 186, Rn.29.
[34] Hüffer, AktG, § 186, Rn.29.
[35] Lutter, in: KK; § 186, Rn.69.
[36] OLG Stuttgart, ZIP 1998, 1482; LG Frankfurt a.M., ZIP 1997, 1030; Hüffer, AktG, § 186, Rn.30.

ter „gekreuzter Bezugsrechtsausschluss“)[37] oder die Beteiligung an Unternehmenssanierungen[38]. Schließlich kann der Einfluss bestimmter Investoren verhindert werden, namentlich zur Abwehr unerwünschter Aufkäufer oder allgemein zum Zwecke des Überfremdungsschutzes (so genannter „weißer Ritter“)[39].

Vereinzelt können sich während des Kapitalerhöhungsverfahrens die dem Bezugsrechtsausschluss zugrunde liegenden Begleitumstände ändern. Ein Beispiel verdeutlicht dies: Ist das Bezugsrecht ausgeschlossen, um die jungen Aktien auf dem Kapitalmarkt zu plazieren oder über die Börse zu streuen, wird dieser Ausschlusszweck hinfällig, wenn nach Ausübung des genehmigten Kapitals ein Kursverfall eintritt und infolge dessen ein gegebenenfalls im Ermächtigungsbeschluss vorgegebener (Mindest-)Ausgabebetrag nicht mehr eingehalten oder der gesetzliche Mindestpreis (§ 255 Abs. 2 S. 1 AktG) nicht mehr erreicht werden kann. Bleibt der tatsächlich erzielbare Erlös hinter dem beabsichtigten Ausgabepreis der Aktien zurück, hat dies zweierlei Auswirkungen zur Folge. Zum einen reduzieren sich durch den Bezugsrechtsausschluss – bei entsprechend hohem Quotenbesitz – die mitgliedschaftlichen (Teilnahme- und Herrschafts-)Rechte der Aktionäre. Zum anderen kommt es nicht zu dem beabsichtigten Kapitalzufluss der Gesellschaft. Hat die Gesellschaft – wie es die Regel sein dürfte – zudem die Kapitalerhöhung als Fremdemission unter Mithilfe einer Emissionsbank durchgeführt, gefährdet ein weiterer Gesichtspunkt die Aktionärsinteressen. Es besteht die Gefahr, dass die Banken auf den Aktien „sitzen bleiben“ und voll-

---

37 Hüffer, AktG, § 186, Rn.30; Lutter, in: KK, § 186, Rn.17, 68. A.A. Wiedemann, in: GK, § 186, Rn.69; Bezzenberger, in: FS Quack, 1991, 151, 161.

38 LG Heidelberg, ZIP 1998, 1257, 1258; Hüffer, AktG, § 186, Rn.31.

39 BGHZ 33, 175, 186 (Minimax II); Hüffer, AktG, § 186, Rn.32; Lutter, in: KK, § 186, Rn.71; Wiedemann, in: GK, § 186, Rn.161 f.; Ekkenga, AG 2001, 567, 573; Wymeersch, AG 1998, 382, 392. Einen solchen Ausschlussgrund dagegen ablehnend: Hirte, in: GK, § 203, Rn.95; ders., Bezugsrechtsausschluss, S. 43 ff., 50 ff.; Kübler/ Mendelsohn/ Mundheim, AG 1990, 461, 463. Zum Verhaltensmaßstab des Vorstands bei Abwehrmaßnahmen allgemein und speziell für den Fall des Bezugsrechtsausschlusses Krause, BB 2002, 1053, 1057; Winter/Harbarth, ZIP 2002, 1, 9 f..

wertige Aktionäre der Gesellschaft werden. Dies ist vor allem dann der Fall, wenn der im Vorfeld geschlossene Übernahmevertrag das Scheitern der Aktienplazierung nicht regelt und eine so genannte „Andienungsklausel“ nicht vorsieht.[40]

Denkbar ist zudem, dass der Zweck des Bezugsrechtsausschlusses bei einer genehmigten Sachkapitalerhöhung nicht mehr erreicht werden kann, wenn dieser darin bestand, eine bestimmte Unternehmensbeteiligung oder eine Sacheinlage zu erwerben, sodann jedoch das Unternehmen insolvent geht, die Sacheinlage zerstört wird oder sich nachträglich als nutzlos erweist.

Angesichts dieser möglichen „Szenarien“ eines nachträglichen Zweckfortfalls wirft namentlich *Ekkenga* die Frage auf, was zu gelten habe, wenn der rechtfertigende Grund des Bezugsrechtsausschlusses im Anschluss an die Ausübungsentscheidung des Vorstands wegfällt.[41] Ekkenga schlägt unter Verweis auf ansatzweise innerhalb der Literatur begonnene Überlegungen vor, entweder ein Durchführungshindernis anzunehmen[42] oder von einem nachträglichen „Wiederaufleben“ der ausgeschlossenen Bezugsrechte auszugehen.[43] Ähnliche Ansätze

---

40 Ähnlich ist die Problematik, wenn das Bezugsrecht zugunsten eines so genannten „weißen Ritters“ ausgeschlossen wird, um eine drohenden Übernahme zu verhindern dieser jedoch nach Wegfall der Übernahmegefahr aus anderen, davon losgelösten Gründen (beispielsweise Aufgabe des Übernahmeversuchs des abzuwehrenden Bieters), sich entscheidet, nun doch dauerhaft Aktionär der Gesellschaft zu bleiben, vgl. Ekkenga, AG 2001, 567, 627. Zur rechtlichen Zulässigkeit einer Kapitalerhöhung mit Bezugsrechtsausschluss für derartige (Verteidigungs-) Fälle, Bungert, NJW 1998, 492; Michalski, AG 1997, 152 f.. Seit 01.01.2002 gilt jedoch das Wertpapiererwerbs- und Übernahmegesetz (WpÜG), dort § 33 WpÜG.

41 Ekkenga AG 2001, 615, 626 ff. mit weiteren Beispielen; ders., in: VGR, Bd. 3 (2001), 77, 82 ff.; Fleischer/Ekkenga, Vorstandspflichten, § 23, Rn.63.

42 So die Kommentarliteratur zum Untergang des Sacheinlagegegenstandes, vgl. Lutter, in: KK, § 185, Rn.22.

43 Fleischer/Ekkenga, Vorstandspflichten, § 23, Rn.63

haben Teile der Rechtslehre für den Bereich der regulären Kapitalerhöhung vorgeschlagen, allerdings ohne deren Rechtsfolgen näher zu begründen.[44]
Dieser Lösungsvorschlag möchte den Schwerpunkt der Betrachtung darauf richten, die Eingriffswirkungen des Bezugsrechtsausschlusses im Falle eines nachträglichen Zweckfortfalls abzumildern und gleichzeitig die Kompensationsmöglichkeiten der mit dem Bezugsrecht ausgeschlossenen Aktionäre zu wahren. Denn gerade die im Rahmen eines genehmigten Kapitals erfolgte Kompetenzverlagerung erschwert den Altaktionären die Inanspruchnahme negatorischen Rechtsschutzes. Dies vor allem deshalb, weil das Gesetz den individuell verfügbaren Rechtsschutz in den §§ 241 ff. AktG auf die klageweise Abwehr belastender Hauptversammlungsbeschlüsse beschränkt. Eine Aktionärsklage, die dem einzelnen Mitglied vergleichbaren Schutz auch gegen rechtswidriges Vorstandshandeln gewährte, findet nach überwiegender Meinung im Gesetz bislang keine Stütze.[45] Daher erscheint jede Kompetenzverlagerung von der „Basis" (Hauptversammlung) an die „Spitze" (Management) im Zweifel mit dem Makel einer gewillkürten (mehrheitlich beschlossenen) Verkürzung von Mitgliedschaftsrechten behaftet.

Das Ziel der vorliegenden Arbeit ist, die Rechtsgrundlage dieser vorgeschlagenen Pflichtenbindung des Vorstands herauszuarbeiten und insbesondere darzulegen, ob und auf welcher Grundlage den Aktionären derartige Kompensationsmöglichkeiten anzubieten sind. Hierbei kommt es – soviel kann bereits an dieser Stelle gesagt werden – in zeitlicher Hinsicht entscheidend darauf an, ob bei Ein-

---

44 Hüffer, AktG, § 186, Rn.40 a.E.; Wiedemann, in: GK, § 186 Rn.187 für die reguläre bezugsrechtsfreie Kapitalerhöhung: Der Kapitalerhöhungsbeschluss könne entweder „gegenstandslos" oder „undurchführbar" geworden sein oder die Verwaltung müsse „zum gesetzlichen Bezugsrecht zurückkehren und den Aktionären die neuen Aktien nach dem gegenwärtigen Stand der Besitzverteilung" anbieten. Ferner Lutter, in: KK, § 186, Rn.89 a.E.; Cahn ZHR 163 (1999), 554, 589. Ähnlich Hefermehl/Bungeroth, in: Geßler/Hefermehl, AktG, § 186 Rn.141, wonach „...die AG den Wegfall der Rechtfertigung für den Bezugsrechtsausschluss nicht unberücksichtigt lassen..." dürfe.

45 Hirte, in: GK, § 203 Rn.128 m.w.N.

tritt des Zweckfortfalls die Durchführung der Kapitalerhöhung bereits in das Handelsregister eingetragen wurde oder nicht. Daneben können für die Art und den Umfang der Vorstandspflichten weitere Kriterien maßgeblich sein.

Die Problematik eines nachträglichen Zweckfortfalls lässt sich daher in folgende Fragen gliedern:

- Warum kann es überhaupt zu einem Zweckfortfall kommen?
- Wie konkret und zu welchem Zeitpunkt muss der Ausschlusszweck benannt werden?
- Gibt es einen „point of no return", ab welchem eine Selbstbindung des Vorstands eintritt und er die Maßnahme trotz erheblicher Änderung der Umstände aus Gründen anderer, schwerer wiegender Interessen umsetzten muss?
- Welche Pflichten ergeben sich für den Vorstand, wenn sich vor oder nach Eintragung der Durchführung der Kapitalerhöhung der Ausschlusszweck ändert?
- Ist möglicherweise eine (Wieder-)Vorlagepflicht des Vorstands à la „Holzmüller" zu erwägen, weil die unausführbar gewordenen oder inzwischen verworfenen Ausführungspläne des Vorstands das sichtbare Motiv, also die Geschäftsgrundlage des Ermächtigungsbeschlusses waren?
- Welche Auswirkungen hat ein Zweckfortfall für die Zeichner und Zeichnungsverträge?
- Welche Konsequenzen hat ein nachträglicher Zweckfortfall für den Ermächtigungsbeschluss?
- Welche Kompensationsmöglichkeiten stehen den Altaktionären zu, wenn im Fall einer gescheiterten Barkapitalerhöhung der Übernahmevertrag eine Andienungsklausel nicht vorsieht?

Auf diese Fragen eine Antwort zu finden, ist Aufgabe der vorliegenden Arbeit. Sie gliedert sich in drei Teile. Im ersten Teil steht die Frage des „Tatbestandes eines Zweckfortfalls" im Mittelpunkt. Untersucht wird, warum es überhaupt zu

einem Zweckfortfall kommen kann und hierbei, warum es eines Ausschlusszweckes bedarf. Ferner, wie konkret dieser Ausschlusszweck zu welchem Zeitpunkt benannt werden muss. Um dies zu verdeutlichen, ist es unerlässlich, die zu den sachlichen Ausschlussgründen ergangene Rechtsprechungsentwicklung aufzuzeigen und sich mit ihr im erforderlichen Rahmen auseinander zu setzten. Dem schließt sich die konkrete Darstellung einer ausgewählten Zweckfortfall-Konstellation an, anhand derer im Einzelnen auf die Voraussetzungen und praxisüblichen Verfahren eingegangen wird.
Der darauf folgende zweite Teil widmet sich den „Rechtsfolgen des Zweckfortfalls“. Den Schwerpunkt dieser Rechtsfolgenuntersuchung am Beispiel einer gescheiteren Barkapitalerhöhung bildet die Frage, welchen Pflichtenbindungen der Vorstand zu welchem Zeitpunkt des Kapitalerhöhungsverfahrens unterliegt und vor allem, welcher Haftung er im Fall einer gescheiterten Aktienplazierung im Wege einer Fremdemission unter Durchführung des Bookbuilding-Verfahrens ausgesetzt ist. Für den Aktionärsschutz ist insbesondere von Bedeutung, ob ein besonderes Treuepflichtverhältnis des Vorstands zugunsten der Aktionäre besteht, aus dem möglicherweise in Betracht kommende schadensersatzrechtliche Ansprüche abgeleitet werden können. Der abschließende dritte Teil fasst die gefundenen Ergebnisse zusammen.

1. Teil: Tatbestand des Zweckfortfalls

1. Kapitel: Zeitliche und inhaltliche Bestimmung des Zweckfortfalls

Warum kann es zu einem Zweckfortfall im Zuge eines genehmigten Kapitals kommen? Die Antwort ist mehrgliedrig. Die Problematik des Zweckfortfalls hat ihren Ausgangspunkt zunächst in der Eigenheit des genehmigten Kapitalerhöhungsverfahrens. Indem die Hauptversammlung den Vorstand zu einem genehmigten Kapital ermächtigt, trifft sie zunächst eine Verfahrensentscheidung, sich auf den Gebrauch der ihr (gesetzlich) vorgesehenen Ermächtigungskompetenz nach §§ 202 Abs. 2, 203 AktG zu beschränken. Gleichzeitig verzichtet sie im Wesentlichen auf die Wahrnehmung ihrer Sachentscheidungskompetenz und überträgt das Initiativ- und Letztentscheidungsrecht hinsichtlich der Kapitalerhöhung und im Fall einer Ausschlussermächtigung hinsichtlich des Bezugsrechtsausschlusses dem Vorstand. Dieser handelt daher bei Ausübung eines genehmigten Kapitals nicht kraft originärer Gesetzeszuständigkeit, sondern aufgrund einer abgeleiteten – derivativen – Sachentscheidungsbefugnis (so genannte Ausübungskompetenz).[46] Insofern wird im Schrifttum die Bewilligung eines genehmigten Kapitals als legitimer Vertrauensvorschuss der Hauptversammlung bzw. als „treuhänderische Verwaltung" durch den Vorstand bezeichnet.[47]

Als Kapitalerhöhung durch den Vorstand ist das Verfahren des genehmigten Kapitals ein mehrstufiger Entscheidungsprozess, bei dem ein Teil der Sachentscheidungen zeitversetzt stattfindet (so genanntes *Trennungsprinzip*).[48] Darin unterscheidet sie sich von einer regulären Kapitalerhöhung, bei welcher die Hauptversammlung die Kapitalerhöhung und gegebenenfalls den Bezugsrechtsausschluss einheitlich abschließend beschließt (so genanntes *Einheitsprinzip*). Es ist daher einem genehmigten (bezugsrechtsfreien) Kapital immanent und an sich

[46] Ekkenga, AG 2001, 567, 572 f.

[47] Hüffer, AktG, § 203 Rn.37; Ihrig, in: Happ, Aktienrecht, 12.05 Rn.39; Happ in: FS Ulmer, 2003, 175, 184.

[48] Fleischer/Ekkenga, Vorstandsrecht, § 23, Rn.2, 50.

dessen Legitimationsgrund, dass sich die Begleitumstände und die den Ausschluss des Bezugsrechtes rechtfertigenden Gründe im Laufe des Erhöhungsverfahrens ändern oder wegfallen können. Eine solche Änderung der Umstände kann theoretisch zu jedem Zeitpunkt des Verfahrens eintreten. Daher ist es denkbar, dass sich der Ausschlusszweck zu einem späteren Zeitpunkt als undurchführbar oder nicht zielführend erweist oder ein anderes, zunächst nicht berücksichtigtes Vorhaben im größeren Interesse der Gesellschaft liegt.[49].

Neben diesen verfahrensrechtlichen Besonderheiten des genehmigten Kapitals sowie der formellen Gesetzesvorgaben des Vorstands im Vorfeld seiner Ermächtigung ist er materiellen Handlungsgrenzen und -pflichten bei Ausübung der Ermächtigung unterworfen. Darunter fallen zum einen die durch die Rechtsprechung entwickelten, sachlichen Rechtmäßigkeitskontrollen des Bezugsrechtsausschlusses, anhand derer sich der Ermächtigungsbeschluss sowie die Ausübungsentscheidung messen lassen müssen. Zusätzlich besteht in Form des § 255 Abs 2 AktG ein zugunsten der Altaktionäre gesetzlich vorgesehener Vermögensverwässerungsschutz, welcher der Vorstand bei Ausübung seiner Ermächtigung beachten muss. Danach kann im Fall eines Bezugsrechtsausschlusses die Anfechtung eines entsprechenden Ermächtigungsbeschlusses auch darauf gestützt werden, dass der Ausgabebetrag der neuen Aktien unangemessen niedrig ist. Die Vorschrift des § 255 Abs. 2 AktG dient dem Schutz der Aktionäre vor einer Verwässerung des „inneren“ Wertes ihrer Aktien. Sie regelt zwar nicht die Frage, wie konkret der Zweck des Bezugsrechtsausschlusses bestimmt sein muss. Sie gibt aber Aufschluss darüber, zu welchen finanziellen Bedingungen der Bezugsrechtsausschluss erfolgen darf. Angesichts der Verknüpfung dieser

---

[49] Einen Überblick über die mit einem Bezugsrechtsausschluss verfolgten Zwecke liefern Hüffer, AktG, § 186, Rn.31 f.; Wiedemann, in: GK, § 186, Rn.159 ff.; Hirte, in: GK, § 203, Rn.90 f; ders., Bezugsrechtsausschluss, S. 58 ff.; Cahn, ZHR 163 (1999), 554, 557 f..

formellen und materiellen Ausschlussvoraussetzungen kann von einer „normativen Zweckbindung der Kapitalerhöhung" gesprochen werden.[50]

Die Frage, ab welchem Zeitpunkt und anhand welcher Kriterien ein Zweckfortfall bestimmt werden kann, hängt deshalb davon ab, wann und inwieweit der Ausschlusszweck und/oder der Mindestausgabebetrag konkretisiert werden müssen. Denkbar ist eine solche Konkretisierung entweder durch den vorgelagerten Bericht des Vorstands und/oder durch den Ermächtigungsbeschluss der Hauptversammlung. Der vor der Hauptversammlung zu erstattende Bericht ist zwar lediglich ein formelles Ausschlusskriterium. Gleichwohl besteht ein Zusammenhang zwischen Berichtspflicht und materiellen Ausschlussgründen insoweit, als der inhaltliche Umfang des Berichtes wesentlich durch die Anforderungen geprägt wird, welche an die sachlichen Ausschlussgründe gestellt werden.[51] Zu klären ist daher, inwieweit der Ausschlusszweck im Vorstandsbericht und/oder im Ermächtigungsbeschluss konkretisiert werden muss. Hierfür wird zunächst die Entwicklung der materiellen Ausschlusskontrolle dargestellt (nachfolgend unter A). Im Anschluss daran werden die jeweiligen Auswirkungen auf den Konkretisierungsgrad des Ausschlusszwecks in Vorstandsbericht und/oder Ermächtigungsbeschluss aufgezeigt. So gelingt es festzustellen, wann ein solcher Konkretisierungsgrad erreicht ist, um von einer Selbstbindung des Vorstands sowie einer daraus ableitbaren wesentlichen Änderung der Umstände und damit von einem Zweckfortfall auszugehen (anschließend unter B.).

A. Entwicklung der materiellen Ausschlusskontrolle beim genehmigten Kapital

Die gesetzlichen Zulässigkeitsvoraussetzungen eines Bezugsrechtsausschlusses der §§ 186 Abs 3, 4 AktG[52] erschöpfen sich im Wesentlichen in rein formellen

[50] Ekkenga, AG 2001, 567, 573.
[51] Lutter, in: KK, § 186, Rn.56; Sethe, AG 1994, 342, 351.
[52] Diese gelten kraft Verweisung in § 203 Abs. 1 AktG auch für das genehmigte Kapital.

Voraussetzungen. Neben einer qualifizierten Hauptversammlungsmehrheit (§ 186 Abs. 3 S. 3 AktG) bedarf es der ausdrücklichen und ordnungsgemäßen Bekanntmachung des beabsichtigten Ausschlusses in der Tagesordnung der Hauptversammlung (§ 186 Abs. 4 S. 1 AktG). Schließlich hat der Vorstand vorab einen schriftlichen Bericht zu erstatten (§ 186 Abs. 4 S. 2 AktG), um den Aktionären die erforderlichen Informationen zu geben, die sie benötigen, um sich im Hinblick auf den beabsichtigen Bezugsrechtsausschluss ein abschließendes Bild machen zu können.[53]

Materielle Anforderungen an einen Bezugsrechtsausschluss ergeben sich lediglich aus den allgemeinen Regelungen des Aktienrechtes, namentlich aus § 243 Abs. 2 AktG und § 255 Abs. 2 AktG. Dennoch herrscht überwiegend Einigkeit, dass die seitens der Rechtsprechung entwickelten materiellen Ausschlussvoraussetzungen sinnvoll und interessengerecht sind.[54]

I. Forderung materieller Ausschlusskontrolle durch die Literatur

Schon lange gab es innerhalb der Rechtslehre verschiedene Ansätze, auf welche eine materielle Inhaltskontrolle des Bezugsrechtsausschlusses gestützt wurde. Diese Ansätze reichen von der Indizwirkung der Berichtspflicht des § 186 Abs. 4 AktG[55] über die gesellschaftsrechtliche Treuepflicht zwischen den Aktionären[56], den aktienrechtlichen Gleichbehandlungsgrundsatz (§ 53a AktG)[57] bis hin zu § 255 Abs. 2 AktG als Indiz einer notwendigen gerichtlichen Inhaltskontrolle von Mehrheitsbeschlüssen[58].

53 Zur Frage des erforderlichen Berichtsinhaltes, siehe unten 1. Teil, 1. Kapitel, B, I.
54 Anders wohl Mülbert, Aktiengesellschaft, S. 232 ff, 328 ff, der eine materielle Sachkontrolle über eine Rechtsmissbrauchskontrolle (§ 242 BGB) hinaus weder für zulässig noch für erforderlich hält. Ebenso Sinewe, Bezugsrechtsausschluss, S. 99, 104.
55 Wiedemann, in: GK: § 186, Rn.104; Kindler, ZHR 158 (1994), 339, 357.
56 Werner, in: FS Semler, 1993, 419, 427; Hüffer, in: FS Steindorff, 1990,59, 67 f..
57 Hueck, in: FS Nipperdey, 1965, 427, 439; Roitzsch, Minderheitenschutz, S. 33 ff.
58 Wiedemann, in: GK, § 186, Rn.7; ferner die Untersuchung bei Schumann, Bezugsrecht, S. 28 f., 36.

II. Ausschlusskontrolle seitens der Rechtsprechung

Maßgeblich hat indes die Rechtsprechung die Entwicklung der materiellen Ausschlusskontrolle durch eine sich stetig entwickelnde Rechtsfortbildung geprägt.

1. Die Rechtsprechung des Reichsgerichts

Die Rechtsprechung des Reichsgerichts war zunächst von der Vorstellung beherrscht, dass die „Generalversammlung“ ohne weiteres über den Ausschluss bzw. die Ermächtigung hierzu entscheiden könne. Einziger Maßstab sei die Grenze der Sittenwidrigkeit.[59] In der Folgezeit wurde zunehmend die gesellschaftsrechtliche Treuepflicht ein als diese Macht der Aktionärsmehrheit einschränkendes Merkmal herangezogen.[60]

2. Die Rechtsprechung des BGH

a) Die Entscheidungen „Kali & Salz“ und „Holzmann“

Die sich anschließende Rechtsprechung des BGH legte zunächst den aktienrechtlichen Gleichbehandlungsgrundsatz als Beurteilungsmaßstab zugrunde.[61] Den nicht verstummenden Forderungen der Rechtslehre[62] nach einer klaren materiellen Ausschlusskontrolle kam der BGH in seiner „Kali & Salz“ - Entscheidung nach.[63] Streitgegenstand war ein Bezugsrechtsausschluss im Rahmen einer regulären Kapitalerhöhung. Der BGH entwickelte hier erstmals materielle Ausschlussvoraussetzungen und untersuchte die Wirksamkeit des Bezugsrechtsausschlusses anhand einer zweistufigen Rechtmäßigkeitsprüfung. Danach musste der Bezugsrechtsausschluss zunächst zum Zeitpunkt der Beschlussfassung bei gebührender Berücksichtigung der Folgen für die ausgeschlossenen Aktionäre

---

59 RGZ 68, 235, 244 f. (Hibernia); RGZ 107, 72, 75; RGZ 107, 202, 205.
60 RGZ 132, 149, 163 (Victoria).
61 BGHZ 33, 175 ff.
62 Zöllner, Schranken, S. 349 ff., 352; ders., in: KK, § 243, Rn.196; Lutter, in: KK, § 186, Rn.49 ff.; Füchsel, Bezugsrechtsausschluss, S. 79 ff.; ders., BB 1972, 1533 ff.; Blumenröhr, Schranken, S. 37 ff.; Timm, Konzernspitze, S. 81.
63 BGHZ 71, 41.

durch sachliche Gründe im Interesse der Gesellschaft gerechtfertigt sein.[64] Auf einer zweiten Stufe musste der Bezugsrechtsausschluss zur Erreichung des angestrebten Zwecks geeignet, erforderlich und unter Abwägung der widerstreitenden Interessen angemessen sein.[65] Der BGH dehnte diese Zwei-Stufen-Prüfung mit seiner – eine Ausschlussermächtigung betreffende – „Holzmann“ - Entscheidung[66] auf das genehmigte Kapital aus. Entsprechend bedurfte die Ermächtigung durch die Hauptversammlung einer sachlich-konkreten Ausschlussrechtfertigung und nicht erst die spätere Ausübungsentscheidung des Vorstands.[67] Das hatte zur Folge, dass bereits zum Zeitpunkt der Ermächtigung bestimmte tatsächliche Anzeichen dafür vorliegen mussten, aus denen die Hauptversammlung ersehen könne, dass die Ausübungsentscheidung des Vorstands zur bezugsrechtsfreien Kapitalerhöhung im Gesellschaftsinteresse liegen würde. Vorratsermächtigungen für Vorgänge ohne jeden konkreten Anlass, bei denen sich noch keine konkrete Entwicklung abzeichnete, waren von der Ermächtigung ausgeschlossen.[68] Im Ergebnis führte dies zu einer deutlichen Beschränkung der Ermächtigungskompetenz. Die im Rahmen der sachlichen Ausschlussrechtfertigung vorzunehmende Interessensabwägung wurde auf die Hauptversammlung und den durch sie zu beschließenden Ermächtigungsbeschluss vorverlagert: Vorgänge, für die sich noch keine konkrete Entwicklung abzeichnete, waren von der Ermächtigung ausgeschlossen. Nach Auffassung des BGH entstünden hierdurch keine Nachteile, da sobald die Frage eines Bezugsrechtsausschlusses konkret würde, die Hauptversammlung noch rechtzeitig eingeschaltet werden könne. Diese Entscheidung wurde vielfach – trotz bestätigender Instanzurteile[69] sowie befürwortender Stimmen innerhalb der Rechtslehre[70] – als zu

64 BGHZ 71, 41, 44.
65 BGHZ 71, 41,46.
66 BGHZ 83, 319 ff.
67 BGHZ 83, 319, 321.
68 BGHZ 83, 319, 321, 325; Kindler, ZHR 158 (1994), 339, 343.
69 OLG Frankfurt a.M., ZIP 1986, 1246; LG Landshut, WM 1990, 931; ZIP 1990, 1000 f.; LG Bochum, AG 1991, 213 ff.; OLG München, WM 1991, 1765; dass., WM 1993, 844 f.;

weitgehend und impraktikabel kritisiert, da ein schnelles und flexibles Handeln der Verwaltung erschwert und hierdurch dem genehmigten Kapital eine wesentliche Einsatzmöglichkeit geraubt worden sei.[71] Daher hat der BGH in einer weiteren Entscheidung, der ein Direktausschluss zugrunde lag, die strengen Anforderungen etwas eingeschränkt und das unternehmerische Ermessen des Vorstands wieder tendenziell gestärkt.[72]

Bis zu diesem Zeitpunkt herrschte innerhalb der Rechtslehre weitgehend Einigkeit, dass sich die Ausschlussanforderungen zumindest für den Fall eines Direktausschlusses und den einer regulären Kapitalerhöhung entsprachen.[73] Daher kam ein Direktausschluss nur dann in Betracht, wenn der Verwendungs- (und Ausschluss-)zweck in allen Einzelheiten konkret bekannt war und der Vorstand darüber die Hauptversammlung vorab im Einzelnen unterrichtete. Umstritten waren dagegen die Voraussetzungen einer Ausschlussermächtigung.[74] Unterschiedlich beurteilte man insbesondere die Frage, ob die Ermächtigung selbst oder nur die Ausübungsentscheidung des Vorstands einer Sachkontrolle bedurfte. Vertreten wurden die vollständige Sachkontrolle der Ermächtigung[75] über ei-

---

dass., WM 1995, 60 f.; dass., NJW-RR 1995, 674; LG München I, WM 1992, 1151; OLG Frankfurt a.M., ZIP 1993, 509.

70 Brandes, WM 1984, 289, 297; Quack, ZGR 1983, 257, 261; Lutter, in: KK, § 203, Rn.11, 18, 22 ff.

71 Heinsius, in: FS Kellermann 1991, 115, 120 a.E.; Marsch, AG 1981, 211 ff.; Martens, in: FS Steindorff 1990, 151, 154; ders., ZIP 1992, 1681 ff.; Hirte, Bezugsrechtsausschluss, S. 120 ff; Ulmer, ZGR 1999, 751, 764; Kindler, ZGR 1998, 35, 49; Mülbert, Aktiengesellschaft, S.313 bezeichnet die Übertragung der „Kali & Salz" - Grundsätze als *„...aktienrechtliches Beispiel eines weiterfressenden Mangels...".*

72 BGHZ 125, 239 ff.

73 Lutter, in: KK, § 203, Rn.11 m.w.N.; Hefermehl/Bungeroth., in: Geßler/Hefermehl, § 203, Rn.19; Natterer, ZIP 2002, 1672, 1678 f.; OLG Karlsruhe, NZG 202, 959, 965. Als Begründung wird angeführt, dass die Gefährdungslage der Aktionäre bei einem Direktausschluss derjenigen bei der bezugsrechtsfreien regulären entspräche.

74 Einigkeit bestand lediglich darin, dass der Ausschluss des Bezugsrechtes bei einem genehmigten Kapital angesichts einer vergleichbaren Gefährdungslage einer gleichwertigen Inhaltskontrolle unterliegen müsse wie bei der regulären Kapitalerhöhung, vgl. Hirte, in: GK, § 203, Rn.64 m.w.N. (Fn. 67)

75 Timm, DB 1982, 211 ff..

ne abgeschwächte erste Kontrolle der Ermächtigung und einer zweiten Kontrolle der Ausübungsentscheidung[76] bis hin zu einer bloßen Kontrolle allein der Ausübungsentscheidung.[77] Als bis dato herrschend konnte indes die Auffassung angesehen werden, die in Übereinstimmung mit dem BGH eine zweistufige Kontrolle für erforderlich hielt und eine Ausschlussermächtigung nur dann für zulässig erachtete, wenn hinreichend konkrete Anhaltspunkte zum Zeitpunkt der Ermächtigung vorlagen, die einen Bezugsrechtsausschluss als gerechtfertigt erscheinen ließen. Die Ausübungsentscheidung müsse sich insoweit im Rahmen der Ermächtigung halten, der Bezugsrechtsausschluss im Gesellschaftsinteresse liegen und verhältnismäßig sein.[78]

b) Die „Siemens/Nold" - Entscheidung

aa) Die Entscheidung

Eine beachtliche Kehrtwende seiner bisherigen Rechtsprechung hat der BGH mit der „Siemens/Nold" - Entscheidung vollzogen, indem er seine bis dahin geltende Rechtsprechung im Hinblick auf das Konkretheitserfordernis des Vorstandsberichts sowohl für eine Ausschlussermächtigung als auch einen Direktausschluss aufgegeben hat.[79] Nunmehr sei es sowohl für die Ermächtigung zum Bezugsrechtsausschluss als auch das Ausnutzen der Ermächtigung ausreichend, wenn die Maßnahme im wohlverstandenen Interesse der Gesellschaft[80] liege und

---

76 Lutter, in: KK, § 203, Rn.20, 22 ff. m.w.N.

77 Mit unterschiedlichen Begründungen wird ein Verzicht der Inhaltskontrolle des Ermächtigungsbeschlusses und die volle Sachkontrolle des Vorstandsbeschlusses befürwortet von Hirte, Bezugsrechtsausschluss, S. 117; Marsch, AG 1981, 211, 213; Kindler, ZHR 158 (1994), 339, 363.

78 Lutter, in: KK, § 203, Rn.22 ff; Quack, ZGR 1983, 257, 260. Zur bereits vor der „Holzmann" - Entscheidung bestehenden Gegenmeinung, die eine detaillierte Kontrolle der Ermächtigung anhand des Gesellschaftsinteresses und der Verhältnismäßigkeit als unpraktikabel ablehnte und den Aktionärsschutz allein über eine Kontrolle der Ausübungsentscheidung erreichen wollte: Hirte, Bezugsrechtsausschluss, S. 112; ders., in: GK § 203 Rn.84 ff; Lutter, BB 1981, 861 ff..

79 BGHZ 136, 133 ff.

80 BGHZ 136, 133 (zweiter Leitsatz), 139. Aus dieser Formulierung wird für den Zeitpunkt des Ermächtigungsbeschlusses von Teilen der Rechtslehre gefolgert, dass der Prüfungs-

der Hauptversammlung allgemein und in abstrakter Form bekannt gegeben werde.[81] Der Hauptversammlung obliege es daher nur zu prüfen, ob die abstrakt beschriebene Maßnahme einen Bezugsrechtsausschluss grundsätzlich zu rechtfertigen vermöge. Demgegenüber dürfe der Vorstand unter Anwendung seines unternehmerischen Ermessens nur dann von seiner Ausübungskompetenz Gebrauch machen, wenn das konkrete Vorhaben seiner abstrakten Umschreibung entspreche und auch zum Zeitpunkt seiner Realisierung noch im wohlverstandenen Interesse der Gesellschaft liege.[82] Überprüft werde die Einhaltung dieser

---

maßstab von der sachlichen Rechtfertigung im Sinne einer Verhältnismäßigkeitsprüfung hin zum Kriterium des Gesellschaftsinteresses reduziert worden sei. In diesem Sinne: Hüffer, AktG, § 203, Rn.11 f., 27; Bungert, NJW 1998, 488, 490; Kindler, ZGR 1998, 35, 39, 48 ff; Henze, BB 2001, 53, 54; ders., ZHR 167 (2003), 1, 2; Lutter, JZ 1998, 50, 51; Hofmeister, NZG 2000, 713, 714; Volhard, AG 1998, 397, 402; Grunewald/Müller, JZ 1999, 442, 447; Bayer, ZHR 163 (1999), 505, 513; Hirte, in: GK, § 203, Rn.72 ff; ders., Bezugsrechtsausschluss, S. 117; Kirchner/Sailer, NZG 2002, 305, 306; Bezzenberger, ZIP 2002, 1917, 1923; MünchHdb GesR IV/ Krieger, § 58, Rn.43. Offen gelassen und nicht differenzierend zwischen Ermächtigungsbeschluss und Vorstandsbeschluss: Cahn, ZHR 163 (1999), 554, 567, 572. Er meint, dass es sich bei der Formulierung des „wohlverstandenen Interesses der Gesellschaft" um eine weitere sprachliche Verkürzung der Rechtfertigungsvoraussetzungen handele, ohne dass damit gleichzeitig eine inhaltliche Neubestimmung bezweckt wäre. Ähnlich nunmehr auch Bayer, (2004), 132, 150 f..

Nach Auffassung von Fleischer/Ekkenga, Vorstandsrecht, § 23, Rn.22 f. ist die richterliche Überprüfung des Ermächtigungsbeschlusses unter dem Aspekt des Bezugsrechtsausschlusses künftig mehr im Sinne einer Verfahrenskontrolle durchzuführen; der Aspekt einer maßnahmenbezogenen (materiellen) Sachkontrolle sei zurückzustellen; ähnlich Natterer, ZIP 2002, 1672, 1678 f. (dort allerdings nur für die Ausschlussermächtigung). Die durch den BGH postulierte Ausrichtung des Beschlussinhalts nach dem „wohlverstandenen Interesse der Gesellschaft" bedeute dann regelmäßig, dass es im Zeitpunkt der Beschlussfassung Gründe geben müsse, die die Bevorzugung des genehmigten Kapitals gegenüber einer regulären Kapitalerhöhung im Interesse größtmöglicher Effektivität und Flexibilität rechtfertigen. Das sei jedoch im Hinblick auf die operativen Vorteile des genehmigten Kapitals regelmäßig der Fall.

81 BGHZ 136, 133 (erster Leitsatz), 140.

82 Streitig ist, ob die Ausübungsentscheidung des Vorstands (nach wie vor) dem Kriterium der sachlichen Rechtfertigung nach der „Kali & Salz" und „Holzmann" -Rechtsprechung unterliegt, d.h. ob der Ausschluss unter Berücksichtigung der Aktionärsinteressen verhältnismäßig sein muss. In diesem Sinne Ekkenga, AG 2001, 567, 569; Hirte, in: GK, § 203, Rn.79; Hüffer, AktG, § 203, Rn.35; Schöne, Spaltung, S. 241, 244; Henze, ZHR 162 (1998), 187, 188 ff.; Hüffer, AktG, § 203, Rn.35; Schumann, Bezugsrecht, S. 68 ff; Wymeersch, AG 1998, 382, 390. Offen gelassen bei Bayer, ZHR 163 (1999), 505, 513; Cahn, ZHR 163 (1999), 554, 567, 572. Dagegen betrachten andere die zweite Prüfungsstufe (Verhältnismäßigkeit) mit der „Siemens/Nold" - Rechtsprechung für erledigt, auch oder gerade für die Ausübungs-/Ausschlussentscheidung des Vorstands. Der Schutz der Aktio-

Bindung sowohl durch den Aufsichtsrat nach § 204 S. 2 AktG als auch dadurch, dass der Vorstand auf der nächsten Hauptversammlung Rede und Antwort stehen müsse. Hierbei könne ihm nicht nur die Entlastung verweigert werden sondern auch Schadensersatzansprüche gemäß § 93 Abs. 2 AktG gegen ihn geltend gemacht werden.

Die meisten Instanzgerichte haben die „Siemens/Nold" - Grundsätze übernommen.[83] Wesentliche Teile der Rechtslehre haben sie begrüßt[84], andere haben sie

näre sei auf eine reine Missbrauchskontrolle nach §§ 138 Abs. 1 BGB, 243 Abs. 2 AktG bzw. der Übereinstimmung mit dem Gesellschaftsinteresse reduziert, vgl. LG Stuttgart, ZIP 1998, 422, 425; OLG Stuttgart, ZIP 1998, 1482, 1487; Lutter, JZ 1998, 50, 51; Bungert, NJW 1998, 488, 490; Kindler, ZGR 1998, 35, 39, 48 ff., 60; Hofmeister, NZG 2000, 713, 714; Kerber, DZWiR 1998, 326 ff.; Bezzenberger ZIP 2002, 1917, 1922 f.; Sinewe, Bezugsrechtsausschluss, S. 162 f.. Dem wird entgegengehalten, dass sich der Minderheitenschutz lediglich auf die Ebene des Vorstandshandelns verschoben habe, ohne dass dadurch die Kontrollmaßstäbe gelockert seien, vgl. Zöllner AG 2002, 585, 587; Bayer, in: FS Ulmer, 2003, 21, 24, 26; ders. ZHR 168 (2004), 132, 150 f.; Wymeersch, AG 1998, 382, 390; Henze, ZHR 162 (1998), 187, 188 f.; Goette, 50 Jahre BGH, 140, Fn. 142. Anderenfalls könne sich die Gesellschaftermehrheit dem ihr nach der „Kali & Salz" und „Holzmann" - Rechtsprechung nach wie vor auferlegten Rechtfertigungs- bzw. Begründungszwang durch eine bloße Verfahrensentscheidung entziehen, vgl. zu Recht Ekkenga AG 2001, 567, 569; ebenso im Ergebnis Hirte, in: GK, § 203 Rn.79; Bayer ZHR 163 (1999), 505, 539. Daher bleibt nach zutreffender Auffassung die Ausübungsentscheidung des Vorstands nur dann zulässig, wenn die konkrete Maßnahme im Gesellschaftsinteresse liegt und darüber hinaus unter Berücksichtigung der Aktionärsinteressen verhältnismäßig, also geeignet, erforderlich und angemessen ist.

83 LG Darmstadt, NJW-RR 1999, 1122 f; LG Heidelberg, DB 2001, 1607, 1609; bestätigt von OLG Karlsruhe DB 2002, 2095 ff.; einschränkend dagegen LG München I, AG 2001, 319, 320 (MMH Mode AG); OLG München, ZIP 2002, 1580, 1583.

84 Fleischer/Ekkenga, Vorstandsrecht, § 23, Rn.19 f.; Hirte, in: GK, § 203, Rn.68 ff., 73 f.; Martens, ZIP 1992, 1687; Mülbert, Aktiengesellschaft, S. 344 f.; Bungert, NJW 1998, 488 f., 492; Kindler, ZHR 158 (1994), 367 f; ders., ZGR 1998, 35 ff, 39, 60, 67 f; Volhard, AG 1998, 397, 402, 404; Armbrüster, ZIP 1997, 1984, 1988; ähnlich Sinewe, Bezugsrechtsausschluss, S.134, 162.

dagegen heftig kritisiert.[85] Zwischenzeitlich hat sie der BGH bestätigt und auf den Fall einer Ausschlussermächtigung übertragen.[86]

bb) Ausstrahlungswirkung der Entscheidung

Welche sonstigen Auswirkungen die „Siemens/Nold“ - Entscheidung auf andere Bereiche und Kapitalerhöhungsmaßnahmen hat, ist umstritten.

Die Entscheidung bezieht sich – entgegen vereinzelter Stimmen in der Literatur[87] – nicht nur auf den streitgegenständlichen Fall einer genehmigten Sachkapitalerhöhung in Form eines zu finanzierenden Beteiligungserwerbs.[88] Der BGH hat allgemein auf den Gesichtspunkt der bis dato bestehenden Rechtsunsicherheit bei bezugsrechtsfreien genehmigten Kapitalerhöhungen abgestellt und den der Entscheidung zugrunde liegenden Sachverhalt lediglich besonders hervorgehoben.[89] Die Grundsätze der „Siemens/Nold“ - Entscheidung gelten daher gleichermaßen für bezugsrechtsfreie genehmigte Barkapitalerhöhungen.[90]

Eine Übertragung der „Siemens/Nold“ - Grundsätze auf eine reguläre Sach- bzw. Barkapitalerhöhung gemäß §§ 182 ff. AktG kommt dagegen nicht in Betracht. Zwar müssen die Anforderungen an einen Bezugsrechtsausschluss bei ei-

---

85 Lutter JZ 1998, 50, 51; ders., in: FS Zöllner, 1998, 363, 374 ff.; MünchHdb GesR IV/Krieger § 58 Rn.18, 43; Schöne, Spaltung, S. 241, 244; Henze, ZHR 162 (1998), 187, 188 ff.; Bayer, ZHR 163 (1999), 505, 543; Hofmeister NZG 2000, 713, 714; Bezzenberger ZIP 2002, 1917, 1922 f.

86 BGHZ 144, 290, 294 f. (Adidas). Bereits bei „Siemens/Nold“ hatte der BGH ausdrücklich auf eine Einheitswertung von Direktausschluss und Ausschlussermächtigung verwiesen, vgl. BGHZ 136, 133, 139. Dies fand überwiegend Zustimmung innerhalb der Rechtslehre, vgl. Hüffer, AktG, § 203 Rn.27; Hirte, in: GK, § 203 Rn.79; Lutter, in: KK, § 203 Rn.13. A.A. Kindler ZGR 1998, 35, 60.

87 Goette, DStR 1997, 1463; Schwark, LM § 186 AktG Nr.9.

88 So auch OLG Celle AG 2002, 292. Ablehnend Schröder in: Semler/Volhard, Hauptversammlung, Anm. II I 24.

89 BGHZ 136, 133, 137.

90 Zu Recht betont Hirte, in: GK, § 203 Rn.67, dass der BGH selbst in BGHZ 136, 133, 137 immerhin von einer flexiblen Nutzung der sich auf dem Kapitalmarkt bietenden Möglichkeiten spricht. Für die Anwendbarkeit auf alle Formen der Kapitalerhöhung deshalb zu Recht MünchHdb GesR IV/Krieger § 58 Rn.18; Ulmer ZGR 1999, 751, 764 f.; Volhard AG 1998, 397, 404; implizit KG, WM 2002, 653, 654; zweifelnd Bayer ZHR 163 (1999), 505, 514.

ner regulären Kapitalerhöhung und einem genehmigten Kapital gleich sein.[91] Gleichwohl sind die „Siemens/Nold“ - Grundsätze – entgegen vereinzelter Stimmen in der Literatur[92] – auf reguläre Sach- bzw. Barkapitalerhöhungen nicht übertragbar.[93] Bereits die Urteilsbegründung verdeutlicht, dass die Entscheidung den Besonderheiten des genehmigten Kapitals geschuldet ist. Der BGH hebt ausdrücklich zweierlei Umstände hervor: Zum einen stellt er auf den Sinn und Zweck des genehmigten Kapitals ab, dessen Funktionsfähigkeit wieder hergestellt werden müsse, um dem Vorstand ein flexibles Handeln zu ermöglichen. Zum anderen sollte die durch die „Holzmann“ -Rechtsprechung entstandene Rechtsunsicherheit beseitigt werden.[94] Gegen eine Übertragung der „Siemens/Nold“ - Grundsätze sprechen zudem die systematischen Unterschiede zwischen genehmigtem Kapital und regulärer Kapitalerhöhung. Im Unterschied zum genehmigten Kapital ist die reguläre Kapitalerhöhung auf den sofortigen Vollzug der Kapitalerhöhung angelegt; der Grund für die bezugsrechtsfreie Kapitalerhöhung steht fest, so dass die Hauptversammlung hierüber final beschließt (s.o. Einheitsprinzip). Eine reguläre Kapitalerhöhung bedarf gerade nicht der Flexibilität des Vorstands. Die im Rahmen des genehmigten Kapitals aufgetretene Rechtsunsicherheit stellt sich bei der regulären Kapitalerhöhung nicht.

Ebenso wenig sind die Entscheidungsgrundsätze trotz des zugrunde liegenden kapitalmarktrechtlich geprägten Sachverhaltes allein auf genehmigte Kapital-

---

91 Ekkenga, AG 2001, 567, 569

92 MünchHdb GesR IV/ Krieger, § 56, Rn.71; Kindler, ZGR 1998, 35, 48, 65; Sinewe, Bezugsrechtsausschluss, S. 258 ff.; Hofmeister, NZG 2000, 713, 718; Bungert, NJW 1998, 488, 492; Kirchner/Sailer, NZG 2002, 305, 308; Henze, ZHR 167 (2003), 1, 4 die mit unterschiedlichen Begründungen den Standpunkt vertreten, dass die reduzierten Anforderungen an die sachliche Ausschlussrechtfertigung von „Siemens/Nold“ bei allen Kapitalerhöhungsvarianten dieselben sein müssen.

93 Im Ergebnis ebenso OLG Schleswig, AG 2004, 155 ff.; OLG Celle, NZG 2001, 1140, 1141; LG Frankfurt a.M., DB 2003, 2541 ff.; Hüffer, AktG, § 186, Rn.1; Ulmer, ZGR 1999, 751, 765; Schumann, Bezugsrecht, S. 73.

94 BGHZ 136, 133, 136 ff.; vgl. auch ausdrücklich den Hinweis des mit entscheidenden Richters Henze, Aktienrecht, Rn.1009.

erhöhungen börsennotierter Gesellschaften nach § 3 Abs. 2 AktG zu beschränken.[95] Der „Siemens/Nold“ - Entscheidung ist eine solche kapitalmarktrechtliche Differenzierung nicht zu entnehmen. Im Gegenteil ist das ausdrückliche Ziel der Entscheidung einer verstärkten finanzpolitischen Flexibilität der Gesellschaften auf den Kapitalmärkten gleichermaßen auf börsennotierte wie auch nicht börsennotierter Gesellschaften anwendbar. Dies hat der BGH klar hervorgehoben.[96]

B. Konsequenzen für das Konkretisierungserfordernis des Ausschlusszwecks

Vor dem Hintergrund der skizzierten Rechtsprechungsentwicklung kann nunmehr der Frage nachgegangen werden, inwieweit diese Rechtsprechungsänderung das Konkretisierungserfordernis des Ausschlusszweckes beeinflusst.

I. Konkretisierungserfordernis des Ausschlusszwecks im Vorstandsbericht

1. Inhaltliche Berichtsanforderungen vor und nach der „Siemens/Nold“ - Entscheidung

Bis zur „Siemens/Nold“ - Entscheidung musste ein Direktausschluss des Bezugsrechts in vollem Umfang gerechtfertigt sein. Daher hatte auch der vorangehende Vorstandsbericht alle Tatsachen zu enthalten, die den Ausschluss materiell rechtfertigen konnten. Dementsprechend musste der Bericht konkrete Angaben über den im Gesellschaftsinteresse liegenden Ausschlussgrund sowie über dessen Geeignetheit, Erforderlichkeit und Verhältnismäßigkeit beinhalten.[97] Begehrte der Vorstand eine Ausschlussermächtigung, musste der Bericht konkrete Anhaltspunkte für einen erforderlichen Bezugsrechtsausschluss benennen und konkrete Angaben enthalten, welche den Wunsch nach einer Ausschluss-

[95] So aber Lutter, in: FS Zöllner, 1998, 363, 373, 374 f.; ähnlich wohl auch Bayer, ZHR 163 (1999), 505, 540, 543, der zwischen geschlossenen (Familien)Gesellschaften und Publikumsgesellschaften differenziert.

[96] BGHZ 136, 133, 136.

[97] Lutter, in: KK, § 203, Rn.10, § 186 Rn.55 ff..

ermächtigung plausibel machten.[98] Die bloße Aufzählung abstrakter Gründe war dementsprechend nicht ausreichend.

Nach der „Siemens/Nold“ - Entscheidung wird der Vorstand nunmehr seiner Berichtspflicht gerecht, wenn er – im Vorfeld der ermächtigenden Hauptversammlung[99] – abstrakt und allgemein beschriebene Angaben über den möglichen Verwendungszweck des genehmigten Kapitals sowie die Hintergründe des begehrten Bezugsrechtsausschlusses macht und diese im Gesellschaftsinteresse liegen.[100] Ausreichend ist daher die bloße Nennung mehrerer Verwendungsmöglichkeiten für ein bezugsrechtsfreies genehmigtes Kapital, wobei sich diese nicht in Unverbindlichkeiten erschöpfen darf. Sie muss vielmehr nähere, gerichtlich nachprüfbare Angaben enthalten. Andernfalls wäre die durch den BGH verlangte Subsumtion der Hauptversammlung, ob der Bezugsrechtsausschluss abstrakt im Interesse der Gesellschaft liegen kann, nicht möglich.[101] Eine Blankoermächtigung des Vorstands, wonach dieser ohne jegliche Angabe von Gründen zu der Kapitalerhöhung mit Bezugsrechtsausschluss ermächtigt wird, ist nach wie vor unzulässig.[102] Diese Grundsätze gelten angesichts der durch den BGH hervorgehobenen Einheitswertung gleichermaßen für den Bericht vor einem Direktaus-

---

[98] BGHZ 83, 319, 322, 327.

[99] Die Frage, ob im Ermächtigungszeitpunkt ein Vorstandsbericht zu erfolgen habe, wird nur noch vereinzelt verneint, vgl. AnwK-AktienR/Groß § 203 Rn.65; Hirte, in: GK, § 203, Rn.72 f, 74, 86; ders., Bezugsrechtsausschluss, S. 112 ff.; Heinsius, in: FS Kellermann, 1991, 115, 120 f.; Martens, in: FS Steindorff, 1990, 151, 154. Begründet wird dies mit der Überlegung, dass es im Ermächtigungszeitpunkt nichts Substantielles zu berichten gebe, weil erst die Ausübung durch den Vorstand einer sachlichen Rechtfertigung bedürfe. Die in der „Siemens/Nold“ -Entscheidung geforderte Offenlegung der avisierten Kapitalerhöhung im Sinne einer allgemeinen Umschreibung gerate so zur sinnentleerten Formalität. Man könne besser auf eine Berichterstattung vor der Ermächtigung ganz verzichten. Stattdessen sei der Vorstand zu verpflichten, den Bericht vor der Ausübung oder zu einem späteren Zeitpunkt nachzuholen. Zur Kritik daran vgl. Ekkenga AG 2001, 615, 617; Natterer, Kapitalveränderung, S. 134 ff..

[100] Hirte, in: GK, § 203, Rn.109; MünchHdb GesR IV/ Krieger, § 58, Rn.18.

[101] BGHZ 136, 133, 137 f..

[102] BGHZ 136, 133, 138, der von „Vorratsermächtigung“ spricht. Zur Abgrenzung vgl. Ekkenga, AG 2001, 567, 616.

schluss wie auch, wenn eine Ausschlussermächtigung begehrt wird.[103] Ein abstrakter und allgemein gehaltener Bericht verstößt zudem auch nicht gegen die Vorgaben des Art. 29 Abs. 5 der (Zweiten) Kapitalrichtlinie 77/91/EWG vom 13.12.1976.[104]

a) Berichtspflicht hinsichtlich des Ausgabebetrags

Für das Vorliegen eines Zweckfortfalls spielt der Ausgabebetrag der jungen Aktien eine maßgebliche Rolle. Der Ausgabebetrag ist gerade in der oben skizzierten Fallkonstellation von Bedeutung, in welcher der Vorstand an der Ausnutzung der Ermächtigung zwecks Streuung der jungen Aktien über die Börse gehindert sein kann, wenn der Börsenkurs während der Ausübungsfrist unter den nach § 255 Abs. 2 AktG einzuhaltenden Mindestausgabebetrag sinkt.[105] Es stellt sich daher die Frage, ob und inwieweit es zu einer Konkretisierung des Ausgabebetrags der neuen Aktien schon im Vorstandsbericht kommen muss.

Zwischen den Parteien der „Siemens/Nold" -Entscheidung war umstritten, ob der Vorstand den Ausgabebetrag der jungen Aktien eigenständig und ohne jed-

---

[103] So die herrschende Meinung, vgl. Ekkenga AG 2001, 615, 620 m.w.N.; Natterer, Kapitalveränderung, S. 134 ff.. A.A. Kindler ZHR 158 (1994), 339, 363 f.; ders., ZGR 1998, 35, 63 unter Hinweis auf Art. 29 Abs. 4, Abs. 5 S. 1 der Kapitalschutzrichtlinie; dagegen Hüffer, AktG, § 203 Rn.25; Hirte, in: GK, § 202 Rn.46 ff; Bayer, in: FS Ulmer, 2003, 21, 23 f.; Bosse ZIP 2001, 104, 105.

[104] Bei Sachkapitalerhöhungen besteht nach Art. 29 der Richtlinie schon kein Bezugsrecht, so dass die in Absatz 5 normierte Berichtspflicht nicht einschlägig ist. Im Falle einer Ausschlussermächtigung verweist Absatz 5 ausdrücklich lediglich auf „... die in Absatz 4 genannten, die Beschlussfähigkeit, Mehrheitserfordernisse und die Offenlegung betreffenden Vorschriften...", also gerade nicht auf den, ebenfalls in Absatz 4 geregelten Bericht, so dass die überwiegende Auffassung für den Fall einer Ausschlussermächtigung europarechtlich ebenfalls keine Berichtspflicht vorsieht. Gleiches gelte für den Fall eines Direktausschlusses, vgl. Hofmeister, NZG 2000, 713, 716; Kindler, ZGR 1998, 35, 63; Sethe, AG 1994, 342, 354; Kley, Bezugsrechtsausschluss, S. 64; Natterer, Bezugsrechtsausschluss, S. 137; Schumann, Bezugsrecht, S. 134. Anders Hirte, DStR 2001, 576, 580.
Dass der deutsche Gesetzgeber gleichwohl eine Berichtspflicht für alle Kapitalerhöhungsvarianten vorgesehen hat, liegt daran, dass es sich bei Art. 29 Abs. 5 der Richtlinie um eine Mindestnorm handelt, die weiterreichenden Regelungen des nationalen Gesetzgebers nicht entgegensteht, vgl. Sinewe, Bezugsrechtsausschluss, S. 148 f.

[105] Zu den Einzelheiten des § 255 Abs. 2 AktG, vgl. unter 2. Kapitel, A, I., 1.

wede Vorgabe der Hauptversammlung festsetzen könne. Der BGH hat dies ausdrücklich bejaht, sowohl für ein genehmigtes Kapital mit Bezugsrecht als auch für einen Direktausschluss oder eine Ausschlussermächtigung.[106] Der überwiegende Teil der Rechtslehre stimmt dieser Sichtweise zu[107], zumal die Höhe des Ausgabepreises zu den „Bedingungen der Aktienausgabe“ nach § 204 Abs. 1 S. 1 AktG gehört und dementsprechend die Hauptversammlung den Vorstand zur Festsetzung des Ausgabebetrags ermächtigen kann.[108]

Dementsprechend ist der Vorstand nicht verpflichtet, vor Erteilung der Ermächtigung auch über den Ausgabebetrag der jungen Aktien zu berichten. Dies ergibt sich aus einer vergleichenden Betrachtung zur Berichtspflicht bei der regulären Kapitalerhöhung. Zwar schreibt § 186 Abs. 4 S. 2 AktG für eine reguläre Kapitalerhöhung vor, dass der Ausgabebetrag der jungen Aktien zu begründen ist. Dies gilt allerdings nur für den Fall, dass der Vorstand der Hauptversammlung einen Ausgabebetrag vorschlägt. Der Vorstand hat nach § 186 Abs. 4 S. 2 AktG indes auch die Möglichkeit, keinen Ausgabebetrag oder nur einen Mindestbetrag vorzuschlagen. Verzichtet der Vorstand auf die Nennung eines Ausgabebetrages und schweigt der Kapitalerhöhungsbeschluss ebenfalls zur Höhe des Ausgabebetrages, vertritt eine starke Meinungsgruppe unter Berufung auf § 182 Abs. 3 AktG die Auffassung, dass die Aktien dann zum geringsten Ausgabebetrag (§ 9 Abs. 1 AktG) ausgegeben werden müssen.[109] Schlägt der Vorstand dagegen einen Mindest- oder Höchstbetrag vor, hat er diesen anhand der Kriterien zu begründen, die er für die Festlegung des konkreten Betrags anwenden will.[110]

---

106 BGHZ 136, 133, 141 f.

107 Fleischer/Ekkenga, Vorstandsrecht, § 23, Rn.89; Bayer, ZHR 163 (1999), 505, 520 f.; Hirte, in: GK, § 203, Rn.20, § 204 Rn.11.

108 Lutter, in: KK, § 204, Rn.7; Hüffer, AktG, § 204, Rn.5.

109 BGHZ 33, 175, 178; Bungeroth, in: Geßler/Hefermehl, AktG, § 182, Rn.72 ff.. A.A. Lutter, in: KK, § 182, Rn.28; Hüffer, AktG, § 186, Rn.25. Zum Streitstand: Bayer, ZHR 163 (1999), 505, 519.

110 MünchHdb GesR IV/ Krieger, § 56, Rn.82.

Besteht demnach bei der regulären Kapitalerhöhung keine Pflicht des Vorstands, auch über einen bestimmten Ausgabebetrag zu berichten bzw. einen konkreten Ausgabebetrag im Kapitalerhöhungsbeschluss festlegen zu lassen, gilt dies gleichermaßen für die Anforderungen an den Berichtsinhalt bei einem genehmigten Kapital.[111] Der Verweis auf die „sinngemäße" Anwendung des § 186 Abs. 4 S. 2 AktG in § 203 Abs. 1 S. 1, Abs. 2 S. 2 AktG bedeutet daher, dass über den Ausgabepreis nur zu berichten ist, wenn die Hauptversammlung über ihn befinden soll.[112] Eine Pflicht des Vorstands hierzu besteht aber nicht.

b) Konkrete Berichtspflicht in bestimmten Einzelfällen?

Einige Stimmen in der Rechtslehre vertreten ebenso wie manche Instanzgerichte die Auffassung, dass der Vorstand in bestimmten Fallkonstellationen verpflichtet sein soll, konkret über die Hintergründe des beabsichtigten Bezugsrechtsausschlusses zu berichten.

Der BGH hat sich in der „Siemens/Nold" - Entscheidung zu dieser Frage nicht ausdrücklich geäußert. Gleichwohl könnte aus seiner Formulierung, wonach die Hauptversammlung anhand der ihr bekannt gemachten Tatsachen des geplanten Vorhabens prüfen könne, ob der Bezugsrechtsausschluss im Gesellschaftsinteresse liege[113], geschlussfolgert werden, dass der Vorstand sämtliche Tatsachen des Verwendungszwecks den Aktionären zur Kenntnis bringen muss, die ihm bereits im Zeitpunkt der Berichterstattung vorliegen. Anderenfalls könnte dieses (bewusste) Informationsdefizit dem Sinn und Zweck der Berichtspflicht widersprechen, wonach die Aktionäre so informiert sein müssen, dass sie zu einer sachgerechten Entscheidung in der Lage sind. Darüber hinaus könnte eine konkrete Berichtspflicht immer dann angenommen werden, wenn eine Ermächti-

[111] So auch Fleischer/Ekkenga, Vorstandsrecht § 23, Rn.36 (Fn. 167 m.w.N.). Anders indes Schumann, Bezugsrecht, S. 134, der zumindest abstrakte Vorgaben für den Ausgabebetrag fordert.

[112] BGHZ 136, 133, 141 f.; BGHZ 144, 290, 295; AnwK-AktienR/Groß, § 203, Rn.70 m.w.N.

[113] BGHZ 136, 133, 139.

gung begehrt wird, welche die gesetzlichen Grenzen eines genehmigten Kapitals voll ausschöpft.

aa) Auffassung von Cahn[114]

Diesen Gedanken greift Cahn auf und vertritt hierbei eine differenzierte Sichtweise hinsichtlich der Informationspflichten des Vorstands. Entscheidend soll danach sein, ob zum Zeitpunkt der Berichterstattung bereits konkrete Pläne für die Verwendung des genehmigten Kapitals vorlägen oder nicht. Lägen zum Zeitpunkt der Berichtserstattung keine konkreten Pläne vor, dürfe sich der Vorstand entsprechend der „Siemens/Nold“ - Rechtsprechung auf die abstrakte Umschreibung des/der Verwendungszwecke des bezugsrechtsfreien genehmigten Kapitals gegenüber der Hauptversammlung beschränken. Lägen demgegenüber im Zeitpunkt der Berichtserstattung konkrete Pläne für die Verwendung des genehmigten Kapitals vor, sei der Vorstand verpflichtet, die Hauptversammlung – unter Berücksichtigung des jeweiligen Entwicklungsstadiums der konkreten Planung – umfassend darüber zu unterrichten und seine Pläne offen zu legen. Mit der Lockerung der Berichtspflicht in der „Siemens/Nold“ -Entscheidung habe der BGH ausschließlich solche Fälle erfassen wollen, in denen noch keine konkreten Pläne vorlägen.[115] Begrenzt werde diese – im Falle konkreter Planungen – weitgehende Informationspflicht des Vorstands im Einzelfall durch gesellschaftsrechtliche Geheimhaltungspflichten in Form der aktienrechtlichen Verschwiegenheitspflicht (§ 131 Abs. 3 AktG) und/oder – bei börsennotierten Gesellschaften – durch das kapitalmarktrechtliche Weitergabeverbot nach § 14 Abs. 1 Nr. 2 WpHG.[116]

---

[114] Cahn, ZHR 163 (1999), 554, 557 ff..
[115] Cahn, ZHR 163 (1999), 554, 559.
[116] Cahn, ZHR 163 (1999), 554, 560, 563. Ähnlich Ekkenga, AG 2001, 567, 578 ad (2); Fleischer/Ekkenga, Vorstandsrecht, § 23, Rn.33, 35 fordert zumindest eine Begründungspflicht des Vorstands, warum er auf konkrete Angaben verzichtet, wenn er sich unter Berufung auf „Siemens/Nold“ auf eine allgemeine Umschreibung des Verwendungszwecks trotz bestehender konkreter Verwendungspläne des genehmigten Kapitals beschränkt.

Eine solche differenzierte Bewertung der Berichtspflichten mag im Hinblick auf die schutzwürdigen Interessen der Aktionäre bei Ausschluss ihres Bezugsrechtes sowie im Hinblick auf den Sinn und Zweck der Berichtspflicht (Schaffung einer Informations- und Entscheidungsgrundlage der Hauptversammlung) rechtspolitisch zwar wünschenswert sein. Nichtsdestotrotz stößt sie auf praktische Anwendungsschwierigkeiten und ist daher abzulehnen. Bereits im Hinblick auf die durch „Siemens/Nold“ geschaffene Rechtssicherheit und Flexibilität erscheint der Lösungsansatz Cahn´s bedenklich. Das wesentliche Anliegen des BGH war es, die – aus den Vorgaben der „Kali & Salz“ - sowie „Holzmann“ - Rechtsprechung folgende – Fehleranfälligkeit von Ermächtigungsbeschlüssen und damit die Möglichkeit von Anfechtungsklagen wegen fehlender oder unzureichender Vorabinformationen zu reduzieren.[117] Würden die Anforderungen an den Vorstandsbericht durch eine solche differenzierende Sichtweise wieder angehoben, wäre die Zielsetzung des Gerichts, die Durchführung des genehmigten Kapitals wieder praktikabler zu machen, durch die Hintertür aufgehoben. Ebenso wenig wäre durch eine solche differenzierte Sichtweise die Rechtsunsicherheit behoben, welche der BGH gerade beseitigen wollte.[118] Daher kann der „Siemens/Nold“ –Entscheidung schwerlich der Rechtsgedanke entnommen werden, der BGH habe die Anforderungen an die Berichtspflicht vom jeweiligen Planungsstadium der beabsichtigten Kapitalmaßnahme abhängig machen wollen.

Hinzu kommt, dass die Aktionäre regelmäßig keine Kenntnis darüber haben, wie weit die jeweiligen Planungen vorangeschritten sind, insbesondere, ob es überhaupt Planungen gibt oder lediglich vorläufige oder gar abgeschlossene. Allein die Vorstandsmitglieder verfügen über diesen Kenntnisstand. Im Falle eines Anfechtungsprozesses trügen, den allgemeinen Beweislastprinzipien folgend, die Aktionäre die Darlegungs- und Beweislast für die Tatsache, dass der Vorstand

[117] BGHZ 136, 133, 137 f.
[118] BGHZ 136, 133, 138.

trotz konkreter Planungen der Hauptversammlung davon nicht berichtet habe. Ein entsprechender Prozessvortrag, dass es der Vorstand unterlassen habe, die Hauptversammlung angesichts einer konkreten Planung für die Verwendung des bezugsrechtsfreien, genehmigten Kapitals näher zu informieren, ist praktisch ausgeschlossen.[119] Im Übrigen ist es einem genehmigten Kapital immanent, dass sich der Vorstand gewisse Freiräume einräumen lässt, um flexibel und schnell auf besondere Marktsituationen reagieren zu können. Dies wäre nicht mehr gewährleistet, wenn es aufgrund eines obligatorischen detaillierten Berichts bereits im Ermächtigungszeitpunkt zu einer entsprechend konkreten Ermächtigung gekommen wäre.[120] Des Weiteren wird der Vorstand schon aus reinem Interesse an einer zu verhinderten Eigenhaftung (§ 93 Abs. 4 AktG) die Hauptversammlung konkret über den beabsichtigten Verwendungszweck informieren und eine konkrete Ermächtigung anstreben, wenn er – was selten vorkommen dürfte – schon alle Einzelheiten des geplanten Vorhabens kennt und dem keine Geheimhaltungsinteressen entgegenstehen. Schließlich ist – jedenfalls bei börsennotierten Gesellschaften – der Vorstand gemäß § 15 Abs. 1 WpHG ohnehin verpflichtet, kursrelevante, erhebliche Tatsachen (nunmehr: „Informationen“) mitzuteilen, worunter nach umstrittener, aber beachtlicher Meinung auch abgeschlossene Planungen fallen dürften.[121]

---

[119] Ähnliche Bedenken bei Ekkenga, AG 2001, 567, 617.

[120] Nach Ansicht des BGH (Z 144, 290, 295) würde der Handlungsspielraum des Vorstands unvertretbar eingeschränkt, wenn man ihm schon zu Beginn des Verfahrens vorausschauende Betrachtungen zur späteren Umsetzung abverlangte. Im Ergebnis auch Fleischer/Ekkenga, Vorstandsrecht, § 23, Rn.37, der an anderer Stelle (ebenda, Rn.67 und AG 2001, 567, 578) ausdrücklich darauf hinweist, dass den Angaben des Vorstandsberichts keine Bindungswirkung hinsichtlich der Verwendungszwecke des genehmigten Kapitals zukomme. In diesem Sinne aber Hirte, in: GK, § 203, Rn.80.

[121] Nach überwiegender Auffassung sind der vorbereitende Plan und die Absicht der Ausübung keine „Tatsache“ i.S.d. § 15 Abs.1 WpHG und lösen noch keine Meldepflicht aus, vgl. Assmann/Schneider - Kümpel/Assmann, WpHG, § 15 Rn.56, 69; Klitzing, Ad-hoc-Publizität, S. 76 f.; Heidmeier AG 1992, 110, 111; wohl auch Hopt ZHR 159 (1995), 135, 152. Demgegenüber vertritt eine beachtliche Meinungsgruppe den Standpunkt, dass sich der Anwendungsbereich der Vorschriften nicht nach derartigen Begrifflichkeiten richte, sondern nach dem Informationsbedürfnis der Anleger, vgl. Ekkenga ZGR 1999, 165, 200;

bb) Die „MHM-Mode“ - Entscheidung des LG München I[122]

Das LG München I hat in seiner Entscheidung vom 25.01.2001 die Auffassung vertreten, dass die Anforderungen an die Berichtspflichten des Vorstands von der Höhe des beantragten Kapitalvolumens abhängen. Danach erfordere die begehrte Ermächtigung immer dann einen besonders ausführlichen Bericht, wenn die Ermächtigung in zeitlicher (im dortigen Fall: vier Jahre) und umfänglicher (im dortigen Fall: annähernd 50 % des Grundkapitals) Hinsicht den gesetzlich zulässigen Ermächtigungsrahmen voll ausschöpfen solle.[123] Eine solche Ermächtigung bedeute einen derart erheblichen Vertrauensvorschuss für den Vorstand, dass dieser eine den Umständen entsprechenden vollständigen Bericht der Hauptversammlung vorlegen müsse. Nur so sei im Hinblick auf mögliche Schadensersatzansprüche der Aktionäre ein Mindestmaß an vorausschauender Beschlusskontrolle gewährleistet. Daher müssten bereits zum Beschlusszeitpunkt dem Vorstand bekannte Planungsergebnisse in den Bericht mit aufgenommen werden. Sei ein genehmigtes Kapital nahe am gesetzlich höchstzulässigen Volumen beantragt, könne dies auf die Existenz solcher Planungsergebnisse – beispielsweise auf die Absicht einer Neuausrichtung der Geschäftsstrategie – hindeuten.[124] Daher bedürfe der Bericht nicht nur deskriptiver Elemente, sondern auch prognostischer Angaben und Einschätzungen, um den Aktionären eine Vorausschau auf die zu erwartende Entwicklung des Kapitalangebots, der Börsenkurse oder der Leistungsmärkte zu ermöglichen.[125]

Gehrt, Ad-hoc-Publizität, S. 125 ff.; Sinewe, Bezugsrechtsausschluss, S. 161. Durch die zwischenzeitlich neu eingeführte Begrifflichkeit der „Insiderinformation“ dürfte sich der Streit indes erledigt haben.

122 LG München I, AG 2001, 319 ff. bestätigt durch OLG München, ZIP 2002, 1580 ff..

123 LG München I, AG 2001, 319, 320.

124 LG München I, AG 2001, 319, 320.

125 OLG München, ZIP 2002, 1580, 1582.

Obgleich diese Auffassung innerhalb der Rechtslehre vereinzelt auf Zustimmung gestoßen ist,[126] kann sie im Ergebnis nicht überzeugen. Ihr ist entgegen zu halten, dass die gesetzlich zulässige (Maximal)Ermächtigung des Vorstands weder in zeitlicher noch in umfänglicher Hinsicht einer besonderen Begründung oder spezieller Voraussetzungen bedarf. Zudem lässt das LG München I offen, ab welcher Höhe des genehmigten Kapitals die gesteigerten Informationspflichten des Vorstands greifen sollen. Dies führt zu einer erheblichen Verschärfung der Rechtsunsicherheit und letztendlich zur Aufgabe der mit „Siemens/Nold" intendierten Liberalisierung des Bezugsrechtsausschlusses. Des Weiteren gestehen selbst die Befürworter einer solch weiten Berichtspflicht ein, dass der Vorstand bei Berücksichtigung des auch hier geltenden unternehmerischen Geheimnisschutzes nicht gezwungen werden könne, einen bevorstehenden Beteiligungserwerb durch eine verfrühte Offenlegung zu gefährden.[127] Darüber hinaus wird übersehen, dass der der „Siemens/Nold" - Entscheidung zugrunde liegende Vorstandsbericht ebenfalls nur wenig detailliert war, aber dennoch für ausreichend erachtet wurde.[128] Der Forderung, prognostische Angaben und Einschätzungen in den Bericht mit einfließen zu lassen, steht ebenfalls die Ansicht des BGH im „Adidas" -Urteil[129] entgegen. Dort hat der BGH die Auffassung vertreten, dass es den Handlungsspielraum des Vorstands unvertretbar einschränke, wenn man ihm schon zu Beginn des Verfahrens vorausschauende Betrachtungen zur späteren Umsetzung abverlangte.[130] Dementsprechend ist die „Münchener Rechtsprechung" nicht nur innerhalb der Rechtslehre[131] auf Kritik gestoßen. Auch das LG

[126] Fleischer/Ekkenga, Vorstandsrecht, § 23, Rn.35 (Fn.161), der das Urteil im Kern für zutreffend, in der Begründung aber für zu weit gehend hält.

[127] Hierzu Cahn ZHR 163 (1999), 554, 560.

[128] Dort wurde der begehrte Bezugsrechtsausschluss mit der Möglichkeit begründet, „...in geeigneten Einzelfällen Beteiligungen gegen Überlassung von Aktien erwerben zu können...", vgl. BGHZ 136, 133, 134.

[129] BGHZ 144, 290 ff..

[130] BGHZ 144, 290, 295. So auch schon BGH, NJW 2000, 2356, 2357.

[131] Kirchner/Sailer NZG 2002, 305, 306; Bungert BB 2001, 742, 743; Kossmann AG 2005, 9, 11.

Heidelberg hat sich in seiner Entscheidung vom 26. Januar 2001 ausdrücklich gegen die Auffassung des LG München I gestellt. Es hat die Auffassung vertreten, dass selbst bei der relativen Höhe des genehmigten Kapitals (im dortigen Fall: rund 37 % des bisherigen Grundkapitals) keine gesteigerten Berichtspflichten an den vom Vorstand nach §§ 186 Abs. 4 S. 2, 203 Abs. 1 S. 1, Abs. 2 S. 2 AktG zu erstattenden Bericht zu stellen seien.[132]

2. Zwischenergebnis

Die „Siemens/Nold" - Rechtsprechung hat zu erheblichen Erleichterungen der materiellen Inhaltskontrolle von Bezugsrechtsausschlüssen geführt. Gleichzeitig haben sich die inhaltlichen Anforderungen an den der Ermächtigung vorgelagerten Vorstandsbericht geändert. Die durch den BGH ausdrücklich betonte Einheitswertung von Direktausschluss und Ausschlussermächtigung gilt auch im Hinblick auf die jeweiligen Berichtsanforderungen. Ausreichend sind demnach abstrakte Angaben über den oder die beabsichtigten Verwendungszwecke des genehmigten Kapitals. Der Ausschlusszweck – der regelmäßig dem Ausübungszweck des genehmigten Kapitals entspricht – ist zu diesem Zeitpunkt nicht konkret zu benennen. Eine Pflicht des Vorstands besteht nicht, selbst bei Vorliegen konkreter Planungen, den Aktionären detaillierte Informationen über die Hintergründe des Verwendungszwecks zu liefern. Eine dahingehend differenzierende Auffassung innerhalb der Literatur widerspricht der Zielsetzung von „Siemens/Nold", die Anforderungen an einen Bezugsrechtsausschluss zu liberalisieren. Zudem scheitert sie an der praktischen Durchführbarkeit. Ebenso wenig besteht entgegen der Rechtsprechung des LG München I eine gesteigerte Informationspflicht bei erheblichen, die gesetzlichen Grenzen nahezu ausschöpfenden Kapitalvolumina.

---

132 LG Heidelberg, BB 2001, 1809.

Die Frage nach dem Konkretisierungsgrad des Ausschlusszwecks in der Vorbereitungsphase des genehmigten Kapitals führt damit zu dem Ergebnis, dass eine Konkretisierung zu diesem Zeitpunkt regelmäßig noch nicht zu erfolgen hat. Damit kann es in der Vorbereitungsphase noch nicht zu einem Zweckfortfall kommen. Etwas anderes gilt nur für den – praktisch selten vorkommenden – Fall, dass es zu einer konkreten Ermächtigung des Vorstandes deshalb gekommen ist, weil er bereits konkrete Kenntnisse über den Verwendungszweck des genehmigten Kapitals hatte und – auch um sich gegebenenfalls selbst zu enthaften – er darüber (freiwillig) und konkret der ermächtigenden Hauptversammlung berichtet hat.

II. Konkretisierungserfordernis des Ausschlusszwecks im Ermächtigungsbeschluss

Nach den bisher gemachten Ausführungen kann für das Konkretisierungserfordernis des Ausschlusszwecks innerhalb des Ermächtigungsbeschlusses nichts anderes gelten als dies schon für den zuvor ergangenen Vorstandsbericht der Fall ist.

1. Abstraktheit des Ermächtigungsbeschlusses

Regelmäßig müssen der Anlass und Zweck der Kapitalerhöhung nicht im Vorhinein spezifiziert werden. Andererseits beinhaltet die bloße Ermächtigung des Vorstands zur Erhöhung des Kapitals nicht automatisch die Ermächtigung zum Bezugsrechtsausschluss. Gleichwohl reicht es nach „Siemens/Nold" aus, wenn der Verwendungszweck des genehmigten Kapitals und die Ausschlussgründe abstrakt und lediglich allgemein umschrieben sind, sofern diese im Gesellschaftsinteresse liegen. Nicht notwendig ist, dass der Ermächtigungsbeschluss einen konkreten Ausübungs-/Ausschlusszweck beinhaltet. Es reicht aus, wenn der Ermächtigungsbeschluss einen Bezugsrechtsausschluss für mehrere, alternativ genannte Verwendungszwecke des genehmigten Kapitals vorsieht, zwischen denen der Vorstand sodann bei seiner Ausübungsentscheidung frei wählen kann.

Durch die Möglichkeit, sich zu verschiedenen potentiellen Verwendungszwecken des genehmigten Kapitals abstrakt ermächtigten zu lassen, hat die „Siemens/Nold“ - Rechtsprechung die dem Charakter des genehmigten Kapitals innewohnende Flexibilität des Vorstandes wieder hergestellt. Das war mit den der „Holzmann“ und „Kali & Salz“ - Rechtsprechung zugrunde liegenden Anforderungen an die Konkretheit der Begründung des Ermächtigungsbeschlusses ausgeschlossen. Nichtsdestotrotz darf sich die Ermächtigung – wie der Vorstandsbericht – nicht in Unverbindlichkeiten erschöpfen. Er muss nähere, gerichtlich nachprüfbare Angaben enthalten. Die potentiellen Verwendungszwecke des genehmigten Kapitals (und damit einhergehend die Gründe des Bezugsrechtsausausschlusses) müssen – wenn auch abstrakt – zumindest so gefasst sein, dass nicht nur der Vorstand für die Dauer des Ermächtigungszeittraums feststellen kann, ob der von ihm avisierte Verwendungsweck noch von den Angaben des Ermächtigungsbeschlusses gedeckt ist. Zusätzlich muss eine nachträgliche Kontrolle möglich sein, ob es zu einer Überschreitung der Befugnisse gekommen ist.[133] Eine Blankoermächtigung des Vorstandes bleibt daher nach wie vor unzulässig.[134]

Der Ausschluss des Bezugsrechtes muss auch nicht ausdrücklich im Ermächtigungsbeschluss erfolgen; er kann durch die Festlegung der Ausgabebedingungen konkludent mit ausgesprochen werden.[135] Der Hauptversammlung bleibt es aber unbenommen, den Vorstand durch eine konkret gefasste Ermächtigung an einen sachlich und zeitlich definierten Anlass der Kapitalerhöhung zu binden. Das kann dazu führen, dass dessen Dispositionsfreiheit auf die schlichte Handlungs-

133 Goette, DStR 1997, 1463.

134 Hierzu bereits oben und Ekkenga, AG 2001, 567, 616.

135 Dies kann sich beispielsweise daraus ergeben, dass die Aktien gemäß § 202 Abs. 4 AktG an Arbeitnehmer oder an den Investor X ausgegeben werden, vgl. Fleischer/Ekkenga, Vorstandsrecht, § 23, Rn.13; MünchKommAktG/Bayer, § 202, Rn.98 f.; a.A. Hirte, in: GK, § 205 Rn.177.

alternative „Ja“ oder „Nein“ der Kapitalerhöhung sowie gegebenenfalls auch hinsichtlich des Bezugsrechtsausschlusses zusammenschrumpft.[136]

2. Auslegung des Ermächtigungsbeschlusses

Wo die Ermächtigungsgrenzen verlaufen, wird nicht immer leicht auszumachen sein, da der (Ermächtigungs-)Beschluss nach satzungsrechtlichen Grundsätzen auszulegen ist, so dass die Interpretation seines Inhalts anhand externer Umstände grundsätzlich ausscheidet.[137] Insbesondere kann aus dem vorgelagerten Vorstandsbericht nicht auf den Ermächtigungsumfang geschlossen werden.[138] Damit scheidet der Vorstandsbericht als externes Hilfsmittel für die Interpretation des Beschlussinhalts als Satzungsbestandteil aus.[139] Da es gerade der Zweck des genehmigten Kapitals ist, die Voraussetzungen für eine möglichst flexible Finanzierungspolitik zu schaffen, lässt sich immerhin die Regel aufstellen, dass in Zweifelsfällen nicht am Wortlaut der Ermächtigung „geklebt“ werden darf.[140] Daher wird eine genehmigte Kapitalerhöhung gegen Einlagen einer Beteiligung nicht daran scheitern, dass die Hauptversammlung ursprünglich einen anderen Investor akzeptiert hatte, der seine Einlage zwischenzeitlich jedoch an eine dritte Person veräußert hat. Stand insbesondere die Beteiligung und weniger die Person des künftigen Aktionärs im Vordergrund, wird die genehmigte Kapitalerhö-

---

[136] Ekkenga, AG 2001, 567, 616.

[137] Röhricht, in: GK, § 23, Rn.29; Hüffer, AktG, § 23, Rn.39 f..

[138] Anders wäre es nur, wenn der Vorstandsbericht öffentlich - d.h. nicht nur gegenüber den Mitgliedern, sondern gegenüber der Allgemeinheit - publiziert werden müsste, vgl. Röhricht, in: GK, § 23, Rn.32. Das ist aber nicht der Fall; vielmehr ist der Bericht nach h.M. nicht einmal von der Einberufung der Hauptversammlung in den Geschäftsräumen zur Einsichtnahme auszulegen, vgl. Martens ZIP 1992, 1677, 1685 f.; Sethe AG 1994, 342, 357 m.w.N.. Mindestens missverständlich auch die Formulierungen des BGH im „Siemens/Nold“ - Urteil, bei solchen Ermächtigungsentscheidungen sei davon auszugehen, dass die Hauptversammlung die ihr unterbreitete Begründung des Bezugsrechtsausschlusses in ihren Beschluss aufgenommen (geprüft und bejaht) habe, vgl. BGHZ 136, 133, 139.

[139] Näher Ekkenga, AG 2001, 567, 578; ebenso i.E. Sinewe, EWiR § 186 AktG, 133, 134. Anders die h.M., vgl. BGHZ 136, 133, 139; OLG Schleswig, AG 2005, 48, 50 (Behrens); OLG Celle, AG 2002, 292, 293; Hirte, in: GK, § 203 Rn.121. m.w.N; Busch in: Marsch-Barner/Schäfer, Handbuch AG, 2005, § 40 Rn.11.

[140] Ekkenga, AG 2001, 567, 578.

hung noch vom Umfang der keine weiteren Beschränkungen beinhaltenden Ermächtigung erfasst sein. Gleiches gilt, wenn der ursprüngliche Investor selbst ein Ersatzangebot, beispielsweise die Einlage der Beteiligung an einem anderen vergleichbaren Unternehmen, unterbreitet.[141]

3. Nennung eines Ausgabebetrages gemäß § 255 Abs. 2 AktG

Der BGH hat es in der „Siemens/Nold“ -Entscheidung für zulässig erachtet, dass die Hauptversammlung den Vorstand auch zur Festlegung des Ausgabepreises ermächtigt. Dies ist sachgerecht und entspricht dem Charakter des genehmigten Kapitals als mehrstufigem Verfahren. Denn wird der Vorstand ermächtigt, über das „Ob“ des genehmigten Kapitals zu bestimmen, dann ist es notwendig, dass er auch in bestimmten Grenzen über das „Wie“ dieser Kapitalerhöhung entscheiden kann. Anderenfalls wäre die in „Siemens/Nold“ gewollte Erleichterung bzw. Aufgabe des Konkretheitserfordernisses ad absurdum geführt. Im Zeitpunkt der Vorstandsermächtigung ist regelmäßig nicht absehbar, wie hoch der spätere Ausgabebetrag der jungen Aktien für den bis dahin abstrakten Verwendungszweck des genehmigten Kapitals ist. Das „Fixing“ des Ausgabebetrages gehört damit auch zu den Bedingungen der Aktienausgabe, die der Vorstand gem. § 204 Abs. 1 AktG mit Zustimmung des Aufsichtsrats festlegt, soweit der Ermächtigungsbeschluss keine Bestimmungen enthält.[142] Dies hat zwischenzeitlich auch der Gesetzgeber klargestellt, indem er dem Vorstand die Möglichkeit des hinausgeschobenen Fixing in § 203 Abs. 1 S. 1, § 186 Abs. 2 S. 1 AktG eröffnet hat. Der Vorstand hat dann aber bei Ausnutzung des genehmigten Kapitals die Vorschrift des § 255 Abs. 2 AktG zu beachten und dafür Sorge zu tragen, dass der Ausgabebetrag der jungen Aktien nicht unangemessen niedrig ist.[143]

---

[141] Beispiele nach Ekkenga, AG 2001, 567, 578.

[142] BGHZ 21, 354, 357; bestätigt von BGHZ 136, 133, 141; Hüffer, AktG, § 204 Rn.5; Fleischer/Ekkenga, Vorstandsrecht, § 23, Rn.89

[143] BGHZ 136, 133, 141. Ausführlich zu § 255 Abs. 2 unter 1 Teil, 2. Kapitel, A, I. 1.

4. Zwischenergebnis

Eine Pflicht, den Verwendungszweck des bezugsrechtsfreien genehmigten Kapitals konkret im Ermächtigungsbeschluss zu benennen, besteht nicht. Ausreichend ist die abstrakte und allgemein umschriebene Nennung potentieller Verwendungs- und Ausschlussgründe des genehmigten Kapitals. Allerdings darf die Beschreibung der Ausübungszwecke nicht derart allgemein sein, dass die Grenze zu einer unzulässigen Pauschalermächtigung überschritten ist. Ist der Ermächtigungsbeschluss andererseits inhaltlich – in den zulässigen Grenzen – offen gestaltet, kann der vorangegangene Vorstandsbericht bei Unklarheiten nicht als Auslegungshilfe herangezogen werden. Die Auslegung des Ermächtigungsbeschlusses erfolgt vielmehr nach satzungsrechtlichen Grundsätzen.

Für die Frage der zeitlichen und inhaltlichen Bestimmung eines Zweckfortfalls bedeutet dies, dass eine Konkretisierung des Ausschlusszwecks in der Vorbereitungsphase nicht obligatorisch ist und daher regelmäßig nicht erfolgt. Damit kann selbst nach Ermächtigung des Vorstandes ein Zweckfortfall dann nicht inhaltlich bestimmt werden, wenn die Vorgaben des Ermächtigungsbeschlusses zulässigerweise abstrakt und allgemein gehalten sind. Deshalb sind bis zu diesem Zeitpunkt des Kapitalerhöhungsverfahrens jegliche Veränderungen der Umstände, die dem beabsichtigten Bezugsrechtsausschluss ursprünglich zugrunde lagen, unbeachtlich.

III. Konkretisierungserfordernis des Ausschlusszweckes bei Ausnutzung der Ermächtigung durch den Vorstand

Besteht demnach keine Verpflichtung des Vorstands, den Ausschlusszweck im Ermächtigungsbeschluss und/oder in dem ihm vorgelagerten Vorstandsbericht zu konkretisieren, stellt sich gleichwohl die Frage, ob der Vorstand nicht verpflichtet sein könnte, sich hinsichtlich der avisierten Maßnahme zu binden, bevor er seine Ermächtigung ausübt. Denn denklogisch wird er einen konkreten Verwendungszweck des genehmigten Kapitals im Blick haben, wenn er sich zur

Ausübung des genehmigten Kapitals entschließt. Insbesondere scheint eine Bindung des Vorstandes hinsichtlich des Ausschlusszweckes gerade auch dann sachgerecht, wenn durch den Ausschluss des Bezugsrechtes in die Mitgliedschaftsrechte der Aktionäre eingegriffen würde.

1. Zeitpunkt des Eingriffs in die Mitgliedschaftsrechte

Der nächste chronologische „Entscheidungspunkt" innerhalb des genehmigten Kapitalerhöhungsverfahrens („Trennungsprinzip") ist der Zeitpunkt, zu welchem der Vorstand seine Ermächtigung nutzt und das genehmigte Kapital ausübt. Nach den bisherigen Feststellungen besteht bis zu diesem Zeitpunkt keine Pflicht (und Notwendigkeit), den Ausschlusszweck näher zu konkretisieren oder sich gar auf einen konkreten Ausschlusszweck festzulegen. Allerdings erscheint es sinnvoll, eine solche Konkretisierungspflicht dann anzunehmen, wenn es tatsächlich zu dem mit dem Bezugsrechtsausschluss verbundenen schweren Eingriff in die mitgliedschaftliche und vermögensrechtliche Stellung der Aktionäre kommt.[144] Dies ist – sowohl im Fall einer Ausschlussermächtigung als auch bei einem Direktausschluss – der Zeitpunkt der Ausübungsentscheidung des Vorstands. Mit seiner Entscheidung, das genehmigte Kapital auszuüben, kommt es zu einer Selbstbindung des Vorstands hinsichtlich der Durchführung der Kapitalerhöhung und – im Fall eines Bezugsrechtsausschlusses – hinsichtlich des mit ihm verfolgten Ausschlusszweckes.

Bei der *Ausschlussermächtigung* ist es der Vorstand, der in der konkreten Situation endgültig über die Nutzung des genehmigten Kapitals und über die Erforderlichkeit des Bezugsrechtsausschlusses entscheidet.[145] Der Vorstand greift folgerichtig mit seiner Entscheidung, ein bezugsrechtsfreies genehmigtes Kapi-

[144] BGHZ 71, 41, 44.
[145] Zur Frage, ob und in welchem Umfang der Vorstand einer materiellen Pflichtenbindung im Zeitpunkt seiner Ausübungsentscheidung unterliegt, siehe oben, Fn. 82.

tal auszuüben, in das Mitgliedschaftsrecht der Aktionäre ein.[146] Daraus folgt, dass der Ermächtigung der Hauptversammlung keine Eingriffsqualität zukommt. Im Zeitpunkt der Ermächtigung entscheidet die Hauptversammlung lediglich, die ihr zugewiesene Ausschlusskompetenz und damit die Entscheidung über den Eingriff in die Mitgliedschaftsrechte der Aktionäre auf den Vorstand zu verlagern. Eine Entscheidung, ob das Bezugsrecht ausgeschlossen wird, fällt die Hauptversammlung dagegen nicht. Sie ist zu einer Abwägung der schutzwürdigen Belange der Aktionäre angesichts des – zulässigen – abstrakten Berichtes und Entscheidungsvorschlags des Vorstands hierzu gar nicht in der Lage. Ein Eingriff liegt zu diesem Zeitpunkt noch nicht vor.

Im Fall eines *Direktausschlusses* bewirkt ebenfalls erst die Ausübungsentscheidung des Vorstands den Eingriff in die Mitgliedschaftsrechte. Obwohl in dieser Konstellation die Hauptversammlung darüber entscheidet, dass die Kapitalerhöhung nur unter Ausschluss des Bezugsrechtes stattfinden darf, handelt es sich gleichwohl nicht um einen Ausschluss- bzw. Eingriffstatbestand, der dem Fall des § 186 Abs. 3 S. 1 AktG vergleichbar wäre. Denn im Unterschied zur regulären Kapitalerhöhung ist im Ermächtigungszeitpunkt über eine Kapitalerhöhung, die Grundlage für das gesetzliche Bezugsrecht sein könnte, noch nicht entschieden. Dabei ist gänzlich offen, ob solche Bezugsrechte künftig (durch Ausübung des genehmigten Kapitals) entstehen. In der Regel lässt sich auch nicht sicher bestimmen, wer aus dem Kreis der schutzbedürftigen (nicht zustimmenden) Minderheitsgesellschafter bezugsberechtigt sein wird. Es besteht also nicht einmal eine wie auch immer geartete individuelle Anwartschaft auf ein künftiges Bezugsrecht, in die per Mehrheitsbeschluss eingegriffen werden könnte.[147] Im Zeitpunkt der Ermächtigung zu einem Direktausschluss liegt allenfalls ein „drohender" Eingriff in die Mitgliedschaftsrechte der Aktionäre vor,

[146] Schumann, Bezugsrecht, S. 84.

[147] Das gilt sogar dann, wenn die Gesellschaft mit dem Bezugsberechtigten bereits einen Zeichnungsvertrag geschlossen hat, vgl. Hüffer, AktG, § 186, Rn.6 i.V.m. § 185 Rn.23.

was angesichts der Unklarheit, ob es überhaupt zu einer Nutzung der Ermächtigung kommen wird, nahe liegt. Wenn daher – was dem praktische Regelfall entspricht – im Zeitpunkt der Ermächtigungsentscheidung noch nicht absehbar ist, ob und unter welchen Bedingungen der Vorstand die ihm übertragene Ausübungskompetenz nutzen wird bzw. der Vorstand selbst bei Kenntnis konkreter Pläne angesichts bestehender Geheimhaltungsinteressen darüber keine nähere Auskunft gibt, ist im Fall des Direktausschlusses von einer Eingriffswirkung ebenfalls erst bei Ausnutzung des genehmigten Kapitals auszugehen.[148]

2. Erneute Berichtspflicht vor/nach Ausübung der Ermächtigung

Die Rechtslehre diskutiert die Frage kontrovers, ob der Vorstand verpflichtet ist, die Aktionäre unmittelbar vor Durchführung der bezugsrechtsfreien Kapitalerhöhung über den Bezugsrechtsausschluss und dessen Gründe (erneut) zu unterrichten.[149] Die Frage wird vor dem Hintergrund des jeweiligen Verständnisses und Auswirkungen der „Siemens/Nold“ - Entscheidung hinsichtlich der materiellen Anforderungen des Bezugsrechtsausschlusses erörtert.[150] Streitig ist dabei vor allem, ob ein solcher Zweitbericht als Ausgleich erforderlich ist für die seit „Siemens/Nold“ bestehenden Berichts- und Ausschlusserleichterungen.[151] Anderenfalls, so die Befürchtung, seien die Aktionäre an einer Vorabkontrolle der Ausübungsentscheidung gehindert. Denn regelmäßig erfahren sie von den Umständen der Ausnutzung des genehmigten Kapitals und des damit verbundenen Eingriffs in ihre Mitgliedschaftsrechte erst aus der Wirtschaftspresse oder per Bekanntmachung der handelsregisterlichen Eintragung (§§ 203 Abs. 1 S. 1, 190 S. 1 AktG), zumal es eine gesellschaftsrechtliche Publizitätspflicht von Vorstandsbeschlüssen regelmäßig nicht gibt.[152]

---

[148] Ekkenga, AG 2001, 567, 617, 620; Schumann, Bezugsrecht, S. 84.

[149] So die aufgeworfene Frage bei Lutter, BB 1981, 861, 863; ders., in: KK, § 203, Rn.30 ff..

[150] Vgl. hierzu bereits Fn. 82.

[151] Für viele Fleischer/Ekkenga, Vorstandsrecht, § 23, Rn.71 f.

[152] AnwK-AktienR/Groß § 202 Rn.78; Hirte, in: GK, § 202, Rn.165; Lutter, in: KK, § 204, Rn.21; ders. in JZ 1998, 50, 51 f.; Fleischer/Ekkenga, Vorstandsrecht, § 23, Rn.62, 71.

Die Diskussion ist für die vorliegende Frage einer Konkretisierung des Ausschlusszwecks von nicht unerheblicher Bedeutung. Für den Fall, dass eine solche Zweitberichtspflicht bestünde, wäre gleichzeitig sichergestellt, dass die durch die Ausübungsentscheidung des Vorstands an anderer Stelle[153] festgestellte Selbstbindung hinsichtlich des Verwendungs- und Ausschlusszwecks auch gegenüber den Aktionären dokumentiert und kommuniziert wäre. Die zu dieser Frage bestehende Diskussion innerhalb der Rechtslehre ist indes noch nicht abgeschlossen.[154]

a) Meinungsstand

Eine starke Meinungsgruppe innerhalb der Rechtslehre befürwortet – mit unterschiedlichen Begründungsansätzen – eine zusätzliche Berichtspflicht des Vorstands. Teilweise wird sie direkt aus dem Wortlaut des § 203 Abs. 1, 2 AktG und der dort in Bezug genommenen sinngemäßen Anwendung von § 186 Abs. 4 hergeleitet,[155] teilweise aus einer analogen Anwendung der Vorschriften.[156] Vereinzelt wird der Standpunkt vertreten, eine erneute Berichtspflicht leite sich aus einer europarechtskonformen Auslegung dieser Vorschriften her.[157] Jedenfalls ergebe sie sich aus dem Gesetzeszweck sowie aus dem Rechtsschutzbedürfnis der Aktionäre.[158] Aufgrund der die mit der „Siemens/Nold“ - Entscheidung ein-

Etwas anders gilt bei börsennotierten Gesellschaften. Da es sich um eine „Insidertatsache“ im Sinne des § 15 Abs. 1 WpHG handelt, muss dort der Beschluss unverzüglich veröffentlicht werden, sofern ihm nicht ein Befreiungsgrund nach § 15 Abs. 3 WpHG zur Seite steht.

153 Siehe hierzu soeben unter 1. Teil, 1. Kapitel, B., III., 1.

154 Zum Streitstand vgl. Hirte, in: GK, § 203, Rn.84 ff.

155 AnwK-AktienR/Groß, § 203 Rn.97; Meilicke/Heidel DB 2000, 2358, 2359.

156 Lutter, in: KK, § 203, Rn.30 ff.; ders., BB 1981, 861 f.; Fleischer/Ekkenga, Vorstandsrecht, § 23, Rn.71; Bayer, in: FS Ulmer, 2003, 21, 30; ders., ZHR 168 (2004), 132, 155; Timm, DB 1982, 211, 215; Kimpler, DB 1994, 767, 768; ders., Zuständigkeiten, S. 84 f.; Schockenhoff, Gesellschaftsinteresse, S. 96; Paefgen, ZIP 2004, 145, 153 f..

157 Hirte, in: GK, § 203, Rn.86.

158 Fleischer/Ekkenga, Vorstandsrecht, § 23, Rn.71; ders., in AG, 2001, 567, 619; Schockenhoff, Gesellschaftsinteresse, S. 96; Hirte, Bezugsrechtsausschluss, S. 122 ff.; ders., in: GK, § 203, Rn.84 f.; Korthals, Kapitalerhöhung, S. 154 f; Bayer, ZHR 168 (2004), 132, 154 ff.;. Sethe, AG 1994, 342, 352, der auf den Gesetzeszweck sowie den Zweck des Berichts abstellt, der Hauptversammlung eine sachgerechte Entscheidung zu ermöglichen.

hergehenden Berichts- und Ermächtigungserleichterungen und der damit verbundenen Verlagerung der richterlichen Inhaltskontrolle von der Ermächtigungs- auf die Ausführungsebene liefe der den Minderheitsaktionären materiellrechtlich zugebilligte Eingriffsschutz de facto ins Leere, wenn diese nicht über die konkrete Finanzierungsmaßnahme rechtzeitig informiert würden. Durch einen erneuten Bericht erhielten sie Gelegenheit, sich gegen die Maßnahme - notfalls unter Inanspruchnahme einer Abwehrklage oder vorläufigen Rechtsschutzes in Form einer vorbeugende Unterlassungs- oder Feststellungsklage – gerichtlich zu wehren, wobei ihnen der Vorstand hierfür gegebenenfalls analog § 246 Abs. 1 AktG einen Monat Zeit geben müsse.[159]

Demgegenüber hat sich der BGH mit der „Siemens/Nold“ - Entscheidung und der zwischenzeitlich ergangenen „Mangusta./.Commerzbank I“ - Entscheidung vom 10. Oktober 2005 auf eine nachträgliche gerichtliche Kontrolle des Vorstandshandelns beschränkt. Insbesondere hat er der Frage einer (erneuten) schriftlichen Berichtspflicht vor Ausübung eines genehmigten bezugsrechtsfreien Kapitals eine klare Absage erteilt.[160] Damit hat sich der BGH einer vielfach zuvor geäußerten Rechtsauffassung innerhalb der Rechtslehre angeschlossen, die von vornherein eine erneute Berichtspflicht abgelehnt hat.[161]

---

[159] Lutter, in: KK, § 203, Rn.31; Hirte, Bezugsrechtsausschluss, S. 122; ders., in: GK, § 203, Rn.86, der indes darauf hinweist, dass es sich hierbei weniger um eine starre Frist als mehr um eine „Warteobliegenheit“ handele; Kimpler, DB 1994, 767, 768 f.; Sethe, AG 1994, 342, 353 f.; Timm, DB 1982, 211, 215.

[160] BGH, ZIP 2005, 2205 ff..; LG Frankfurt, ZIP 2001, 117, 118. Hierzu Bosse, ZIP 2001, 104 ff; Sinewe, ZIP 2001, 403, 405; bestätigt durch: OLG Frankfurt, ZIP 2003, 902 ff.; Paefgen, ZIP 2004, 145 f.. Offen gelassen dagegen noch in BGHZ 83, 319, 327.

[161] Hüffer, AktG, § 203, Rn.36 f. (anders noch in der 4. Auflage 1999); Marsch, AG 1981, 211, 215; Quack, ZGR 1983, 257, 267; Bosse, ZIP 2001, 104, 106; MünchHdb GesR IV/ Krieger, § 58, Rn.4; Krieger, in: FS Wiedemann, 2002, 1081, 1085 ff.; Volhard, AG 1998, 397, 402 f.; Heinsius, in: FS Kellermann, 1991, 115, 123 ff.; Krämer/Kiefner, ZIP 2006, 301 ff.; Waclawik, ZIP 2006, 397 ff; wohl auch Sinewe, ZIP 2001, 403, 404; ders., Bezugsrechtsausschluss, S. 133 f.; Schumann, Bezugsrecht, S. 135 ff.; Natterer, Kapitalveränderung, S. 134 f.

b) Stellungnahme und eigene Ansicht

Die Gegner einer erneuten Berichtspflicht berufen sich in ihrer Ablehnung auf ein ganzes Bündel von Argumenten. Weder lasse sich eine solche Zusatzberichtspflicht aus dem Gesetz entnehmen[162], noch lasse sie sich mittels einer historischer Auslegung der §§ 186 Abs. 4, 203 Abs. 2 S. 2 AktG oder dem Zweck der Berichtspflicht begründen.[163] Ferner widerspreche sie der notwendigen Flexibilität und damit dem Sinn und Zweck des genehmigten Kapitals. Schließlich trage das Aktiengesetz dem Aktionärsschutz insoweit hinreichend Rechnung, als es die Kontrolle des Vorstandshandelns über die Zustimmungspflicht des Aufsichtsrats vorsieht und eben nicht über eine Vorabprüfung durch die Hauptversammlung.[164] Ferner schränke eine zusätzliche Berichtspflicht und die dadurch entstehenden Zeitverzögerungen die Effektivität des genehmigten Kapitals erheblich ein und raube dem Vorstand jedwede Flexibilität.[165] Schließlich seien die Aktionäre durch ein „dichtes Netz an Nachkontrolle" geschützt.[166] Ausreichend sei daher, wenn der Vorstand den Aktionären auf der der Ausübung des genehmigten Kapitals nachfolgenden ordentlichen Hauptversammlung berichte und ihnen Rede und Antwort stehe.[167]

Zwischen diesen beiden Ansichten hat sich eine beachtliche Meinungsgruppe gebildet, die eine vermittelnde Auffassung vertritt.[168] Sie versucht einen Aus-

---

162 Bosse, ZIP 2001, 104, 106; Heinsius, in: FS Kellermann, 1991, 115, 122; Marsch, AG 1981, 211, 215; Natterer, Kapitalveränderung, S. 134 f.

163 Kley, Bezugsrechtsausschluss, S. 170 ff; Schumann, Bezugsrecht, S. 135 ff.

164 Kley, Bezugsrechtsausschluss, S. 171.

165 Die mit einer erneuten Berichtspflicht verbundene Verzögerungsgefahr einer schnellen und flexiblen Kapitalbeschaffung betonen: Hüffer, AktG, § 203, Rn.36, 37a; Meilicke/ Heindl, DB 2000, 2358 ff.

166 BGHZ 164, 241, 244 f.; Henze, Aktienrecht, Rn.1011, der eine Zweitberichtspflicht unter Hinweis auf die Möglichkeit ablehnt, dass die Hauptversammlung die Entlastung des Vorstands verweigern könne.

167 BGHZ 136, 133, 140; MünchHdb GesR IV/Krieger, § 58 Rn.44; Cahn, ZHR 164 (2000), 113, 118; Volhard, AG 1998, 397, 402 f.; Ihrig WiB 1997, 1181, 1182; Kirchner/Sailer NZG 2002, 305, 307; Kossmann, AG 2005, 9, 17; Paschos, WM 2005, 356, 359 ff., 364 f.

168 Fleischer/Ekkenga, Vorstandsrecht, § 23, Rn.71 f. m.w.N..

gleich zu finden zwischen den in der „Siemens/Nold" - Entscheidung zugebilligten Verfahrenserleichterungen einerseits und dem Erhalt negatorischen Rechtsschutzes gegen administrative Bezugsrechtsausschlüsse andererseits. Letzterer müsse dem Rechtsschutz der Aktionäre gegen Bezugsrechtsausschlüsse der Hauptversammlung qualitativ zumindest angenähert sein. Ohne eine vorherige Berichterstattung sei jedoch diese Gleichwertigkeit nach den vom Gesetzgeber selbst zugrunde gelegten Maßstäben, wie § 186 Abs. 4 S.2 AktG unmittelbar zu entnehmen sei, nicht gegeben.[169] Die Aktionäre liefen Gefahr, von dem Eingriff in ihre Mitgliedschaftsrechte erst aus der Wirtschaftspresse oder per Bekanntmachung der Eintragung (§§ 203 Abs. 1 S. 1, 190 S. 1 AktG) zu erfahren, weil es eine Pflicht, Vorstandsbeschlüsse nach außen zu publizieren, nicht gibt.[170] Des Weiteren lasse das Ausübungsverfahren keinen Raum für vorbereitende Bekanntmachungen, wie sie vor der Beschlussfassung über einen regulären Bezugsrechtsausschluss obligatorisch sind.
Auf der anderen Seite sei nicht zu übersehen, dass durch Vorabberichterstattung der Kapitalmarkt zu frühzeitig informiert werden und der Erfolg der Emission gefährdet sein könne.[171] Dieses Problem lasse sich jedoch dann vermeiden, indem der Zeitpunkt des Zweitberichts geschickt justiert und mit der kapitalmarktrechtlichen Meldepflicht nach § 15 Abs. 1 WpHG abgestimmt werde.[172] Ausnahmsweise könne auf einen Zweitbericht verzichtet werden, wenn schon der Erstbericht sämtliche Motive und Umstände des Bezugsrechtsausschlusses konkret wiedergebe.[173].

Vor diesem Hintergrund wird eine Zweitberichterstattungspflicht dem Grunde nach bejaht. Allerdings nicht im Sinne einer Vorabberichterstattung, bei welcher

[169] Fleischer/Ekkenga, Vorstandsrecht, § 23, Rn.71.
[170] AnwK-AktienR/Groß § 202 Rn.78; Hirte, in: GK § 202 Rn.165; Lutter, in: KK, § 204 Rn.21.
[171] Angedeutet auch bei LG Frankfurt AG 2001, 430; Ekkenga ZGR 1999, 165, 185.
[172] Fleischer/Ekkenga, Vorstandsrecht, § 23, Rn.72; Hirte, in: GK, § 203 Rn.113.
[173] AnwK-AktienR/Groß, § 203, Rn.99, Hirte, in: GK, § 203, Rn.110.

der Vorstand vor Ausübung des genehmigten Kapitals zu berichten habe.[174]. Schon gar nicht handele es sich um eine – dem Erstbericht im Zeitpunkt der Ermächtigung vergleichbare – Ausübungsbedingung, deren Unterbleiben oder Fehlerhaftigkeit den Vorstandsbeschluss mit einem Formfehler behafte und diesen unwirksam mache, selbst wenn objektiv feststehe, dass der Eingriff der Sache nach gerechtfertigt ist.[175] Denn dies wäre mit der börsen- und marktrechtlichen Publizität börsennotierter Gesellschaften nicht ausreichend abgestimmt. Jene wird nämlich frühestens durch die Ausübung des genehmigten Kapitals, kaum aber schon im vorbereitenden Stadium ausgelöst.[176] Damit hätte eine Vorabberichterstattung im Sinne einer Ausübungsbedingung eine Flut von Redundanzen durch Informationsdoppelung zur Folge. Das ist nicht nur unerwünscht, sondern verletzt das Prinzip der Bereichsöffentlichkeit, das der Gesetzgeber durch die Sperrklausel des § 15 Abs. 5 S. 1 WpHG geschützt hat. Danach sind selbst solche „alternativen" Publikationswege gesperrt, die - wie die Bekanntmachung durch Einstellung in den elektronischen Bundesanzeiger (§ 25 S. 1 AktG) - unter dem Gesichtspunkt des insiderrechtlichen Weitergabeverbots (§ 14 Abs. 1 Nr. 2 WpHG) unbedenklich sind.[177]

Deshalb ist richtigerweise die Anschlussberichterstattung als Verfahrensbedingung zu sehen. Fehlt sie, liegt ein Verfahrens- oder Durchführungshindernis vor, so dass die Kapitalerhöhung nicht eingetragen werden kann. Für den Zeit-

---

[174] Hirte, in: GK § 203 Rn.86; AnwK-AktienR/Groß § 203 Rn.97; Bayer, in: FS Ulmer, 2003, S. 21, 31; ders., ZHR 168 (2004), 132, 154 f.; Meilicke/Heidel DB 2000, 2358, 2360 f..

[175] So wohl AnwK-AktienR/Groß § 203 Rn.97.

[176] Der vorbereitende Plan und die Absicht der Ausübung sind nach h.M. keine „Tatsachen" i.S.d § 15 WpHG und lösen noch keine Meldepflicht aus, vgl. Assmann/Schneider - Kümpel/Assmann, WpHG, § 15 Rn.56, 69; Klitzing, Ad-hoc-Publizität, S. 76 f.; Heidmeier AG 1992, 110, 111; wohl auch Hopt ZHR 159 (1995), 135, 152. Nach a.A. richtet sich der Anwendungsbereich der Vorschriften nicht nach derartigen Begrifflichkeiten, sondern nach dem Informationsbedürfnis der Anleger; dazu näher Ekkenga ZGR 1999, 165, 200.

[177] Schäfer, in: Schäfer, WpHG/BörsG, § 13 Rn.48; Assmann/Schneider - Kümpel/Assmann, WpHG, § 15 Rn.230.

punkt dieser Anschluss- bzw. Nachberichterstattung gilt: Grundsätzlich hat der Vorstand unverzüglich zu berichten, sobald der Aufsichtsrat der Entscheidung zugestimmt hat.[178] Was die Art und Weise der Berichterstattung anbelangt, sind die Verfahrensregeln zur regulären Kapitalerhöhung entsprechend anzuwenden, sofern sie eine Hauptversammlung nicht notwendig voraussetzen. Der Bericht ist also schriftlich abzufassen[179] und analog § 124 Abs. 2 S. 2 AktG seinem wesentlichen Inhalt nach in den Gesellschaftsblättern[180] oder durch Einstellung in die gesellschaftseigene Website bekanntzumachen[181]. In Rechtsanalogie zu §§ 175 Abs. 2, 179 a Abs. 2, 293 f AktG sowie zu § 63 Abs. 1 Nr. 3, Abs. 3 UmwG ist der Vorstand weiter verpflichtet, den vollständigen Bericht in den Geschäftsräumen der Gesellschaft auszulegen und jedem Aktionär auf Verlangen zuzusenden.[182] Der Berichtsinhalt muss dem Standard des § 186 Abs. 4 S. 2 AktG entsprechen, er ist also grundsätzlich so konkret zu fassen, als hätte nunmehr die Hauptversammlung über einen Bezugsrechtsausschluss im regulären Verfahren nach § 186 Abs. 3 S. 1 AktG zu befinden. Die Erleichterungen, die der BGH dem Vorstand im Rahmen der Erstberichterstattung zugebilligt hat, entfallen in diesem Verfahrensstadium naturgemäß. Andererseits ist zu berücksichtigen, dass für manche Entscheidungen bei der Ausübung des genehmigten Kapitals das Trennungsprinzip[183] gilt. Über Bedingungen der Aktienausgabe, die

[178] Umstritten ist, ob die Bekanntgabe schon nach dem Ausübungsbeschluss des Vorstands zu erfolgen hat, vgl. zum Streitstand Ekkenga, ZGR 1999, 165 ff.; Cahn, ZHR 162 (1998), 1, 21 f.

[179] Streitig ist, ob die Schriftform i.S.d. § 126 BGB einzuhalten ist und ob alle Vorstandsmitglieder (statt die für eine Gesamtvertretung benötigte Anzahl) unterzeichnen müssen. Ablehnend AnwK-AktienR/Groß § 203 Rn.103; Fuhrmann AG 2004, 135, 140.

[180] Gemäß § 25 S. 1 AktG n.F. erfolgt die Bekanntmachung durch Einstellen in den elektronischen Bundesanzeiger. Nach h.M. ist daneben eine Veröffentlichung in der gedruckten Ausgabe nicht erforderlich, selbst wenn die Satzung eine Klausel enthält, die für Bekanntmachungen auf „den Bundesanzeiger" verweist, vgl. insgesamt hierzu: Fleischer/Ekkenga, Vorstandsrecht, § 23, Rn.75 m.w.N..

[181] AnwK-AktienR/Groß § 203 Rn.105; Bayer, in: FS Ulmer, 2003, 21, 30 f.

[182] AnwK-AktienR/Groß § 203 Rn.104; Lutter, in: KK, § 203, Rn.32; Bayer, in: FS Ulmer, 2003, 21, 30 f.; ders., ZHR 168 (2004), 132, 155.

[183] Siehe hierzu oben 1. Tei, 1. Kapitel, Einleitung.

der Vorstand erst zu einem späteren Zeitpunkt festlegen will, muss er also nicht berichten, wenn er die hierfür maßgeblichen Gründe offen legt. Das gilt - anders als bei der regulären Kapitalerhöhung - gerade auch für die Ankündigung von Preisvorstellungen[184].

Ergebnis 1. Kapitel:

Die Frage eines Zweckfortfalls hängt eng mit dem Umstand zusammen, dass es sich bei dem genehmigten Kapitalerhöhungsverfahren um ein mehrstufiges Verfahren handelt, welches im Hinblick auf die zu treffenden Entscheidungen des Vorstandes durch das Trennungsprinzip geprägt ist. Zu einem Zweckfortfall kann es überhaupt nur deshalb kommen, weil zum einen ein Bezugsrechtsausschluss neben den gesetzlich vorgesehenen Ausschlusskriterien zusätzlich die seitens der Rechtsprechung und Literatur entwickelten materiellen Ausschlussgründe erfüllen muss. Zum anderen, weil sich angesichts der zeitlich versetzten Entscheidungsmöglichkeiten des Vorstands die Umstände des Ausschlussgrundes nachträglich verändern können. Zu einem Eingriff in das aktienrechtliche Mitgliedschaftsrecht der Aktionäre kommt es sowohl bei einem Direktausschluss als auch bei einer Ausschlussermächtigung durch die Ausübungsentscheidung des Vorstands. Ab diesem Zeitpunkt ist hinsichtlich der durchzuführenden Kapitalmaßnahme und des damit verbundenen Zwecks des Bezugsrechtsausschlusses von einer Selbstbindung des Vorstands auszugehen. Erst dann kann im Rahmen des mehrstufigen Erhöhungsverfahrens überhaupt ein möglicher Zweckfortfall eintreten. Angesichts der mit der „Siemens/Nold" - Entscheidung statuierten Verfahrenserleichterungen für ein bezugsrechtsfreies genehmigtes Kapital ist mit einer innerhalb der Rechtslehre aufkommenden Meinungsgruppe davon auszugehen, dass ein Ausgleich zwischen diesen (Aus-

[184] So schon die Literatur zur regulären Kapitalerhöhung, Hüffer, AktG, § 186, Rn.24; Hefermehl/Bungeroth, AktG, § 186 Rn.100; Bungert, NJW 1998, 488, 491. Anders (Ausgabebetrag ist stets zu begründen) AnwK-AktienR/Groß § 203 Rn.100; wohl auch Hirte, in: GK, § 203, Rn.110.

schluss-)Verfahrenserleichterungen einerseits und dem Rechtsschutz der Aktionäre andererseits durch eine Nachberichtspflicht des Vorstands im Sinne einer Verfahrensbedingung erforderlich ist. Der Vorstand hat konkret über die avisierte Maßnahme zu berichten, nachdem der Aufsichtsrat zugestimmt hat, aber noch bevor die Durchführung der Maßnahme eingetragen wird. Hierdurch erhalten die Aktionäre rechtzeitig die Informationen, die sie benötigen, um gegebenenfalls gegen die selbstbindende Entscheidungskonkretisierung des Vorstands in Bezug auf die Verwendung des bezugsrechtsfreien, genehmigten Kapitals gerichtlich vorzugehen.

2. Kapitel: Der Zweckfortfall am Beispiel einer gescheiterten Bar- und Sachkapitalerhöhung

Haben die vorangegangenen Ausführungen verdeutlicht, warum es überhaupt eines Ausschlusszwecks bedarf und wie weit sich dieser zu welchem Zeitpunkt des Kapitalerhöhungsverfahrens konkretisiert haben muss, sollen nachfolgend anhand ausgewählter Fallbeispiele die Hintergründe eines Zweckfortfalls konkret dargestellt werden. Hierbei wird auf die jeweils damit verbundenen Probleme eingegangen, um zu verdeutlichen, aufgrund welcher Umstände es zu einem Zweckfortfall kommen kann. Die Rechtsfolgen und Pflichtenbindungen, die sich daraus für den Vorstand ergeben, werden sodann in dem sich anschließenden Abschnitt untersucht.

A. Plazierungshindernis bei genehmigter Barkapitalerhöhung

Es ist zulässig, das Bezugsrecht auszuschließen, um die neuen Aktien über die Börse am Kapitalmarkt zu plazieren.[185] Diese Zweckerreichung kann indes gefährdet sein, wenn der Börsenkurs während der Ausübungsphase dauerhaft sinkt. Zum einen kann der Verwendungs- und Ausschlusszweck „Streuung der jungen Aktien“ dann nicht mehr erreicht werden, wenn der Ermächtigungs-

---

185 Ähnlich der Fall BGHZ 125, 239 f..

beschluss (ausnahmsweise) konkrete Vorgaben hinsichtlich eines Mindestausgabebetrags der jungen Aktien enthält und dieser sich – entgegen der ursprünglichen Marktgegebenheiten – aufgrund rückläufiger Nachfrage auf dem Kapitalmarkt innerhalb des Ermächtigungszeitraums nicht mehr realisieren lässt. Denn die Plazierung der Aktien ist de facto ausgeschlossen, weil kein potentieller Investor den vorgesehenen Ausgabepreis zahlen wird, wenn er die Aktien günstiger über die Börse beziehen kann. Damit wäre die Kapitalerhöhung undurchführbar.[186]

Gleiches gilt, wenn der im Ermächtigungsbeschluss vorgegebene Ausgabebetrag gegen die rechtlichen Preisuntergrenzen (§§ 186 Abs. 3 Satz 4, 255 Abs. 2 AktG) verstieße.[187] Denn der Vorstand hat bei Ausübung des genehmigten Kapitals diese Grenzen zu berücksichtigen.

Dieselben Erwägungen greifen schließlich für den Fall, dass der Ermächtigungsbeschluss keinen Ausgabepreis vorgibt und der Vorstand dementsprechend diesen selbst bestimmen kann. Auch hier könnte die Kapitalerhöhung undurchführbar werden, wenn der Börsenkurs unter den nach § 255 Abs. 2 AktG „inneren" Anteilswert der Aktien fällt. Zwar wird der Vorstand in einer solchen Konstellation den Ausgabepreis regelmäßig im Wege einer Fremdemission, d.h. unter Zuhilfenahme eines Bankenkonsortiums unter Durchführung eines Bookbuilding-Verfahrens[188] bestimmen. Ein Folgeproblem ergibt sich insbesondere aber dann, wenn die Emissionsbank(en) aufgrund einer gescheiterten Aktienplazierung die jungen Aktien über einen längeren Zeitraum oder gar dauerhaft halten und damit das Bezugsrecht aufgrund eines nachträglichen Zweckfortfalls ausgeschlossen bleibt, also auch eine Zukaufsmöglichkeit über die Börse nicht

---

[186] Schwark, in: FS Claussen, 1997, 357, 363.
[187] Siehe hierzu unter 1. Teil, 2. Kapitel, A, I.
[188] Hierzu unter 1. Teil, 2. Kapitel, A. II.2.

in Betracht kommt.[189] Denn in diesem Fall ist das Bezugsrecht der Altaktionäre ausgeschlossen, der damit verfolgte Zweck – Streuung der Aktien über die Börse – aber ist nicht eingetreten.

Die Frage nach dem Eintritt eines Zweckfortfalls hängt daher nicht nur mit dem Zeitpunkt seines Eintretens zusammen, sondern auch mit der Bestimmung und Festlegung des Ausgabebetrags der jungen Aktien. Damit kommt der Regelung des § 255 Abs. 2 AktG sowie den Methoden der Preisfindung zentrale Bedeutung zu für die Frage, ob die Plazierung der jungen Aktien aufgrund eines Kursverfalls scheitert und damit der Verwendungszweck des genehmigten Kapitals wegfällt. Gleichzeitig wirkt sie sich auf die Pflichten des Vorstands bei der Ausgabe der neuen Aktien aus.

I. Ausgabebetrag

Der Ausgabebetrag bestimmt den Betrag, zu welchem die Interessenten/Investoren die neuen Anteile zeichnen. Die Bestimmung des Ausgabebetrags gehört zu den Bedingungen der Aktienausgabe, die der Vorstand gemäß § 204 Abs. 1 AktG mit Zustimmung des Aufsichtsrats festlegt, soweit der Ermächtigungsbeschluss keine Bestimmungen enthält.[190]

1. Ausgabebetrag bei der Barkapitalerhöhung

Mit der Festlegung des Ausgabebetrags bestimmt der Vorstand zugleich das nominelle Kapitalaufbringungssoll, dessen Erfüllung im Interesse der Gesellschaftsgläubiger geboten ist und von dessen Vermögensdeckung die Eintragung der Kapitalerhöhung im Handelsregister und damit die Durchführung der Kapitalerhöhung abhängen.[191] Dieses nominelle Kapitalaufbringungssoll ist im Fall

---

189 Siehe hierzu 2. Teil, 1. Kapitel, A, II. und B. II. 1.
190 Hüffer, AktG, § 204 Rn.5.
191 Preisbemessung und Kapitalaufbringung hängen auch bei der Barkapitalerhöhung untrennbar zusammen, weil die Kapitalaufbringung nicht eingetragen wird, bevor nicht das

der Selbstemission identisch mit dem wirtschaftlichen oder effektiven Kapitalaufbringungssoll, von dessen Erfüllung der angestrebte Plazierungserfolg abhängt.[192] Demgegenüber kann im Fall einer Fremdemission das nominelle Kapitalaufbringungssoll vom effektiven Kapitalaufbringungssoll aufgrund des so genannten „Bookbuilding-Verfahrens" abweichen.[193]

a) Rechtliche Preisuntergrenzen

Hat die Hauptversammlung den Vorstand auch zur Bestimmung des Ausgabebetrags ermächtigt, ist fraglich, ob und wenn ja, welche Preisuntergrenze der Vorstand hierbei zu beachten hat. Fest steht, dass der Ausgabebetrag den Nennbetrag der neuen Aktien jedenfalls nicht unterschreiten darf (§ 9 Abs. 1 AktG). Abgesehen von eventuellen Festlegungen im Ermächtigungsbeschluss ist der Vorstand indes an keine konstanten Preisuntergrenzen gebunden.

Bei bezugsrechtsfreien Kapitalerhöhungen börsennotierter Gesellschaften hängt die Bestimmung des Ausgabepreises davon ab, ob der Bezugsrechtsausschluss im so genannten „vereinfachten Verfahren" nach § 186 Abs. 3 S. 4 AktG oder – wie bei nicht börsennotierten Gesellschaften – nach den allgemeinen Vorschriften erfolgt.

aa) Bestimmung des Ausgabebetrags bei „regulärem" Bezugsrechtsausschluss

Fehlt es an einer Börsennotierung der Gesellschaft, ist für den Vorstand bei der Bestimmung des Ausgabebetrags die Regelung des § 255 Abs. 2 AktG die maßgebliche Norm.[194] Hierbei ist er an das Verbot des „unangemessen niedrigen" Ausgabebetrags gebunden. Anderenfalls steht den Aktionären ein Anfechtungsrecht zu, wenn der Ausgabe- oder Mindestbetrag der neuen Aktien unangemes-

gesetzlich geforderte Minimum des Ausgabebetrags für die neuen Anteile inklusive Agio einbezahlt ist, vgl. § 203 Abs. 1 S. 1 i.V.m. §§ 188 Abs. 2 S.1, 36a Abs. 1 AktG.

192 Fleischer/Ekkenga, Vorstandsrecht, § 23, Rn.89.

193 Siehe hierzu unter 1. Teil, 2. Kapitel, II. 2.

194 BGHZ 136, 133, 141; Lutter, in: KK, § 204, Rn.11.

sen niedrig ist und es infolge der Kapitalerhöhung zu einer Entwertung ihrer Unternehmensbeteiligung kommt.

(1) Anwendungsbereich des § 255 Abs. 2 AktG beim genehmigten Kapital

Von ihrem Tatbestand her erfasst die Vorschrift eine ordentliche bezugsrechtsfreie Barkapitalerhöhung, weil nur in diesem Fall der Ausgabebetrag oder jedenfalls ein Mindestbetrag ausdrücklich festzusetzen ist. Sie gilt nach überwiegender Auffassung bei einer Sachkapitalerhöhung entsprechend.[195]

Fraglich ist indes, ob sich der Anwendungsbereich der Vorschrift auf ein genehmigtes Kapital erstreckt. Hiergegen spricht zunächst, dass die Regelung als Anfechtungsgrund formuliert ist. Anfechtbar sind jedoch nur Hauptversammlungsbeschlüsse (vgl. § 243 AktG) und bei Kapitalerhöhungsbeschlüssen nur diejenigen, die einen Ausgabe- oder Mindestbetrag für die neuen Aktien vorsehen.

Demgegenüber ermöglicht ein Ermächtigungsbeschluss dem Vorstand lediglich, das Grundkapital zu erhöhen, ohne dass es zu dieser Erhöhung auch tatsächlich kommen muss. Insoweit wird innerhalb der Rechtslehre hinsichtlich des Normanwendungsbereichs nach dem Inhalt des Ermächtigungsbeschlusses differenziert. Enthalte dieser An- und Vorgaben eines Ausgabe- oder Mindestbetrags der Aktien, solle § 255 Abs. 2 AktG jedenfalls sinngemäß auf den Ermächtigungsbeschluss Anwendung finden.[196] Enthalte er – was dem praktischen Regelfall entspricht – keine Vorgaben, sei er nicht, auch nicht sinngemäß anzuwenden, weil die Vorschrift insoweit wegen ihres Anfechtungscharakters nicht greife.[197]

---

[195] BGHZ 71, 40, 50 f; Hüffer, AktG, § 255, Rn.7; Zöllner, in: KK, § 255, Rn.7; Schmidt, in: GK, § 255 Rn.5; Ekkenga, AG 2001, 615, 622.

[196] Fleischer/Ekkenga, Vorstandsrecht, § 23, Rn.90; Hirte, in: GK, § 203, Rn.97. Zur Analogiefähigkeit von § 255 Abs. 2 AktG, Hüffer, AktG, § 255, Rn.7.

[197] Bayer, ZHR 163 (1999), 505 ff, 521; Hüffer, AktG, § 255, Rn.8; Zöllner, in: KK, § 255, Rn.7.

Dagegen hat der BGH in der „Siemens/Nold" - Entscheidung den Standpunkt vertreten, dass der Vorstand bei der Bemessung des Ausgabebetrags neben § 9 Abs. 1 AktG die materiell-rechtlichen Regelungen des § 255 Abs. 2 AktG zu beachten habe.[198] In der Konsequenz bedeutet das, die Norm auch auf die Ausübungsentscheidung des Vorstands analog anzuwenden. Das hat zur Folge, dass ein materiell-rechtlicher Vermögensverwässerungsschutz der Aktionäre auch bei Nutzung eines genehmigten Kapitals aufgrund des in § 255 Abs. 2 AktG gesetzlich normierten allgemeinen Rechtsgedanken gewährleistet ist.[199] Dieser Auffassung ist zu folgen.

(2) Angemessenheit des Ausgabebetrags

Unterschiedlich wird die Frage beantwortet, anhand welcher Maßstäbe die Angemessenheit des Ausgabebetrags zu beurteilen ist. Problematisch ist dies vor allem bei nicht börsennotierten Gesellschaften, weil hier ein transparenter Markt fehlt, anhand dessen der innere Wert abgeleitet werden kann. Daher ist regelmäßig eine gesonderte betriebswirtschaftliche Unternehmensbewertung vorzunehmen, um den „wirklichen"[200] bzw. „inneren"[201] Wert der einzelnen Aktie zu bestimmen.[202] Zwischen den unterschiedlichen Bewertungsmethoden, auf die vorliegend nicht näher eingegangen werden soll, hat sich zwischenzeitlich wohl

---

198 BGHZ 136, 133 ff, 141 f..

199 Martens, in: FS Bezzenberger, 2000, 267 ff. 269 f., der sich für eine „normative Fernwirkung" des § 255 Abs. 2 AktG auf die Vorstandsentscheidung beim genehmigten Kapital ausspricht.

200 Hüffer, AktG, § 255, Rn.5.

201 Darunter ist der nach den Methoden der Unternehmensbewertung zu ermittelnde Bilanzkurs zu verstehen.

202 BVerfGE 14, 263, 284; BVerfGE 100, 289, 307; BGHZ 71, 40, 51; BGHZ 136, 133, 141; Hüffer, AktG, § 305, Rn.18 (zur Angemessenheit der Abfindung bei Beherrschungs- und Gewinnabführungsverträgen); Schanz, Börseneinführung, S. 318; Lutter, JZ 1998, 50, 52; ders. in: KK, § 204, Rn.13.

das so genannte „Ertragswertverfahren“ sowie das „Discounted Cash-Flow (DCF) – Verfahren“ gegenüber dem „Substanzwertverfahren“ durchgesetzt.[203] Demgegenüber war bei börsennotierten Gesellschaften lange die Frage umstritten, nach welchen Kriterien der Vorstand den Ausgabebetrag der neuen Aktien festlegen müsse. Einigkeit herrschte lediglich dahingehend, dass es jedenfalls auf den „inneren“ Wert der neuen Aktien unter Einschluss der stillen Reserven und des inneren Geschäftswerts ankomme.[204] Der Streit ging im Kern darum, ob der Vorstand verpflichtet sei, die neuen Aktien immer auf der Bewertungsgrundlage ihres „inneren“ Wertes im Sinne einer starren Grenze auszugeben oder ob ihm auch hier ein unternehmerisches Ermessen zustehe mit der Folge, dass der „innere“ Wert lediglich eine Orientierungsgröße unter mehreren, insbesondere dem Börsenkurs der Aktien, darstelle.[205]

(a) Erste Meinungsgruppe: Börsenkurs als maßgebliche Bezugsgröße

Die Frage wird von einer starken Meinungsgruppe innerhalb der Rechtslehre dahingehend beantwortet, dass allein der Börsenkurs einer Aktie als maßgebliche Bewertungsgrundlage heranzuziehen sei.[206] Zur Begründung wird angeführt, dass es gerade unter marktwirtschaftlichen Gesichtspunkten folgerichtig sei, die Unternehmensbewertung anhand des täglichen an den Kapitalmärkten bestimmten Börsenkurses durchzuführen und damit den in der Aktie verkörperten Anteilswert zu berücksichtigen.[207] Der Börsenkurs als Ausdruck einer mark-

---

[203] Hüffer, AktG, § 305, Rn.19 f; Großfeld, Unternehmensbewertung, S. 20 f.; ders., NZG 2002, 353, 355; Hüttemann, ZHR 162 (1998), 563, 566, 582 ff.; Seetzen, WM 1994, 45, 46.

[204] BGHZ 71, 40 ff., 51; Hüffer, AktG, § 255, Rn.5.

[205] Cahn, ZHR 163 (1999), 554, 582 f.; einschränkend Bayer, ZHR 163 (1999), 505, 532 ff..

[206] Seibert/Köster/Kiem, Kleine AG, Rn.219; Sinewe, Bezugsrechtsausschluss, S. 91 ff.; ders., NZG 2002, 314, 316 f.; Martens, in: FS Bezzenberg, 2000, 267, 279 ff.; Steinhauer, AG 1999, 299 ff, 302 f.; Cahn, ZHR 163 (1999), 554, 584; Lutter, JZ 1998, 50, 51; Lutter/Leinekugel, ZIP 1998, 805, 813; Trapp, AG 1997, 115, 117 f.; Luttermann, ZIP 1999, 45, 52; ders., ZIP 2001, 869, 871; Aha, AG 1997, 26, 28; Bayer, ZHR 163 (1999), 505, 533 f.; Kübler, ZBB 1993, 1, 5; Technau, AG 1998, 445, 452.

[207] Luttermann, ZIP 1999, 45, 47; Steinhauer, AG 1999, 299, 302 f.; Aha, AG 1997, 26, 27 f..

twirtschaftlichen Unternehmensbewertung repräsentiere den größtmöglichen Konsens unter den Anlegern über den Wert der Aktien und sei daher das Ergebnis einer fairen Preisbildung.[208] Des Weiteren weisen die Vertreter dieser Meinungsgruppe darauf hin, dass neben § 186 Abs. 3 S. 4 AktG auch in anderen Rechtsbereichen (vgl. §§ 385, 1221, 1235 Abs. 2, 1295 BGB, im Handelsrecht, vgl. §§ 376 Abs. 2, 3 HGB und Steuerrecht § 11 Abs. 1 BewG) auf den Börsen- und Marktpreis als maßgebliches Kriterium abgestellt werde.[209] Darüber hinaus habe der Gesetzgeber mit der Einführung des vereinfachten Bezugsrechtsausschlusses nach § 186 Abs. 3 S. 4 AktG die Angemessenheitsprüfung im Rahmen von § 255 Abs. 2 an den Börsenkurs gekoppelt, so dass hieraus die Anerkennung des Börsenkurses aktienrechtlich als Referenzgröße zur Ermittlung einer Vermögensbeeinträchtigung deutliche werde.[210] Schließlich argumentieren sie, dass anderenfalls bei börsennotierten Gesellschaften bezugsrechtsfreie Kapitalerhöhungen de facto ausgeschlossen wären, wenn der allein nach Unternehmensbewertungsgrundsätzen ermittelte „innere" Wert der Aktie über deren aktuellem Börsenkurs liege (und damit das Unternehmen am Markt unterbewertet ist), da in diesem Fall die Plazierung der Aktien mangels Kaufinteressenten scheitern würde.[211] Ein starres Festhalten am „wirklichen" Unternehmenswert als einzige Wertungsgrenze könne daher den Plazierungserfolg der Aktien gefährden.[212] Deshalb sei regelmäßig allein auf den Börsenkurs abzustellen; der „wirkliche" Wert sei nur ausnahmsweise heranzuziehen. Dies sei beispielsweise dann der Fall, wenn sich der Börsenkurs ausnahmsweise nicht als Ergebnis eines

---

208 Luttermann, AG 2000, 459, 461 f; Steinhauer, AG 1999, 299, 302 f..

209 BVerfGE 100, 289, 308; ausführlich hierzu Luttermann, ZIP 1999, 45, 47 ff; Aha, AG 1997, 26, 27.

210 Seibert/Köster/Kiem, Kleine AG, Rn.219; Hoffmann-Becking, in FS Lieberknecht, 1997, 25, 29 ff.; Hirte, ZIP 1994, 356, 358 f.; Sinewe, NZG 2002, 314, 316.

211 Ekkenga, AG 1994, 59, 65; Cahn, ZHR 163 (1999), 554, 584; Sinewe, NZG 2002, 314, 316.

212 Ekkenga, in: VGR, Bd. 3 (2001), 77, 88 f..

funktionierenden Kapitalmarkts darstelle und daher nicht aussagefähig sei[213] oder es mangels Börsennotierung an einem Börsenkurs von vornherein fehle.[214]

(b) Zweite Meinungsgruppe: Innerer Wert als maßgebliche Bezugsgröße

Zu Recht steht dieser Meinungsgruppe nach wie vor die Auffassung der Rechtsprechung[215] und der überwiegende Teil der Rechtslehre[216] gegenüber, die den Börsenkurs als Bewertungsgrundlage bei der Berechnung des Unternehmenswertes ablehnen und ausschließlich auf den „inneren" Wert der Gesellschaft abstellen.[217] Begründet wird dies mit der Unsicherheit des Börsenkurses, weil dieser von zu vielen zufälligen und nicht wertbezogenen Faktoren (bspw. spekulative Einflüsse, tagespolitische Ereignisse etc.) abhinge und daher den „wahren" Unternehmenswert nur unzureichend wiedergebe.[218] Ferner hat der BGH in der „Kali & Salz" - Entscheidung betont, dass sich die Angemessenheit des Ausgabebetrags grundsätzlich nicht nach Börsenkursen, sondern nach dem „wirk-

---

[213] Dies sei beispielsweise bei einer Marktenge oder dann der Fall, wenn am Tag der Aktienausgabe praktisch keine Handelsumsätze stattgefunden haben oder aufgrund mangelnder Liquidität einer Aktie der Aktienkurs kein hinreichendes Indiz für den realisierbaren Verkehrswert darstelle, vgl. hierzu BVerfG 100, 289, 309; BGH, DStR 2001, 754, 756; Luttermann, ZIP 2001, 869, 871 f.; Bungert, BB 2001, 1163, 1164; Weber, NZG 2000, 113 ff.; Steinhauer, AG 1999, 299, 307; Aha, AG 1997, 26, 28.

[214] Schanz, Börseneinführung, S. 318; Lutter, JZ 1998, 50, 52; ders., in: KK, § 204, Rn.13.

[215] BGH, AG 1967, 264; BGHZ 71, 40, 51; OLG Düsseldorf, WM 1984, 732, 733; OLG Düsseldorf, AG 1995, 85, 86; OLG Celle, DB 1998, 2006.

[216] Fleischer/Ekkenga, Vorstandsrecht, § 23, Rn.90 m.w.N.; Ekkenga, in: VGR, Bd. 3 (2001), 77, 90 f.; Hüffer, AktG, § 305, Rn.19 m.w.N.; § 255, Rn.5; Schmidt, in: GK, § 255, Rn.12; Hirte, in: GK, § 203, Rn.10; ders., WM 1997, 1001, 1004; Mülbert, Unternehmensgruppe, S. 262 ff; Korthals, Kapitalerhöhung, S. 113; Kort, ZGR 1999, 402, 414 f; Kirchner/Sailer, NZG 2002, 305, 309; Bungert, NJW 1998, 488, 491; Hoffmann-Becking, in: FS Lieberknecht, 1997, 25, 28; Bayer ZHR 168 (2004), 132, 141 f..

[217] Eine tendenzielle Umkehr der Rechtsprechung wird von den Befürwortern einer börslichen Angemessenheitsprüfung durch die Entscheidung des BVerfG vom 27.04.1999, BVerfGE 100, 289, 308 (DAT/Altana) gefolgert, vgl. hierzu Luttermann, ZIP 1999, 45, 47 f..

[218] BGH, AG 1967, 264; BGHZ 71, 40, 51; OLG Düsseldorf, AG 1995, 85, 86; OLG Celle, DB 1998, 2006; Hüffer, AktG, § 255, Rn.5, § 305, Rn.19; Schmidt, in GK, § 255, Rn.12; Hirte, in: GK, § 203, Rn.100; Mülbert, Unternehmensgruppe, S. 262 ff; Korthals, Kapitalerhöhung, S. 113; Großfeld, Unternehmensbewertung, S. 34 ff; Kort, ZGR 1999, 402, 414 f., Bungert, NJW 1998, 488, 491.

lichen“ Wert des Unternehmens bestimme.[219] Das von den Befürwortern einer börsenkurslichen Grundlage ins Feld geführte Argument greife nicht, wonach aus der „DAT/Altana“ - Entscheidung des BVerfG[220] eine Abkehr der Rechtsprechung von der strikten Nichtberücksichtigung des Börsenkurses für die Unternehmensbewertung geschlossen werden könne. In dieser Entscheidung ging es um die Bemessung von Abfindungen zugunsten außenstehender Aktionäre anlässlich des Abschlusses eines Unternehmensvertrags (§ 304, 305 AktG) im Rahmen einer Eingliederung nach § 320a AktG. Diese Fallgestaltung sei jedoch nicht auf den Anwendungsbereich des § 255 Abs. 2 AktG übertragbar.[221] Die Abfindungskonstellation der §§ 304 ff. AktG, in welcher der Aktionär infolge einer ihm aufgedrängten Strukturänderung sein Recht wahrnehme, gegen Erhalt seines vollen Beteiligungswertes aus der Gesellschaft auszuscheiden, sei von der Ausgabebetragskonstellation des § 255 Abs. 2 AktG zu unterscheiden. Hier gehe es nicht um die Aufgabe der Aktionärsstellung, sondern um die Vermeidung einer Vermögensverwässerung. Daher liege den §§ 304 ff. AktG ein anderer Regelungszweck als § 255 Abs. 2 AktG zugrunde. Die §§ 304 ff. AktG bezwecken, die Aktionäre an den Ergebnissen der bisherigen Unternehmenstätigkeit teilhaben zu lassen, so dass eine gegenwartsbezogene Bezifferung dieser Ergebnisse anhand des Ertragswertes sinnvoll sei. Demgegenüber gehe es bei § 255 Abs. 2 AktG um den Verwässerungsschutz bei einer bezugsrechtsfreien Kapitalerhöhung, um durch die Bestimmung des Ausgabebetrags den auf die einzelnen Aktien entfallenden anteiligen Ertragswert auch künftig gleich bleibend zu erhalten.[222] Des Weiteren sei ausschließlich am „inneren“ Wert des Unternehmens auch dann festzuhalten, wenn die Gesellschaft am Kapitalmarkt unterbewertet[223]

---

219 BGHZ 71, 40, 51.

220 BVerfGE 100, 289, 307 f..

221 Fleischer/Ekkenga, Vorstandsrecht, § 23, Rn.90; MünchKommAktG/Hüffer, § 255, Rn.18; Kirchner/Sailer, NZG 2002, 305, 309.

222 Cahn, ZHR 163 (1999), 554, 585.

223 Das ist der Fall, wenn der Börsenkurs unter dem nach Unternehmensbewertungsgrundsätzen bestimmten „inneren“ Wert liegt.

und daher die neuen Aktien auf der Grundlage ihres „inneren" Wertes nicht absetzbar seien.[224] Auch im Fall einer Überbewertung der Gesellschaft – also bei einem, gemessen am inneren Wert überhöhten Börsenkurs – sei an dieser Maßgabe festzuhalten. Durch eine börsenkursliche Bestimmung des Ausgabepreises werde das Erhaltungsinteresse der Altaktionäre einseitig über das Äquivalenzinteresse der neuen Gesellschafter gesetzt, was jedoch angesichts der Umstellung des Gesetzgebers auf eine kapitalmarktliche Sichtweise in § 186 Abs. 3 S. 4 AktG keine gesetzliche Grundlage mehr habe.[225] Anderenfalls erhielte die Gesellschaft einen Vorteil, der im Ergebnis auf einen Mangel an marktlicher Transparenz ihrer Vermögens- und Ertragslage zurückzuführen sei.[226]

(c) Stellungnahme und Zwischenergebnis

Eine ausschließlich börsenkursorientierte Bestimmung des Ausgabepreises ist mit der herrschenden Meinung abzulehnen. Hierfür sprechen neben den bereits benannten Argumenten insbesondere auch folgende Erwägungen. Zum einen kann nicht aus der gesetzlichen Normierung des als Ausnahmetatbestand formulierten § 186 Abs. 3 S. 4 AktG auf einen allgemeinen gesetzgeberischen Gesamtwillen geschlossen werden, der außerhalb des Anwendungsbereichs von § 186 Abs. 3 S. 4 AktG Geltung beansprucht. Zum anderen räumen selbst die Vertreter einer börsenkurslichen Bemessungsgrundlage in bestimmten Fallvarianten die Notwendigkeit ein, den „inneren" Wert der Aktien anstelle des Börsenkurses zugrunde zu legen. Schließlich spricht für eine ausschließliche Bemessungsgrundlage anhand des „inneren" Wertes der Umstand, dass bei nicht

[224] Hirte, WM 1997, 1001, 1004; Hoffmann-Becking, in: FS Lieberknecht, 1997, 25, 28; Fleischer/Ekkenga, Vorstandspflichten, § 23, Rn.90; Ekkenga, in: VGR, Bd. 3 (2001), 77, 90 f.; Bayer, ZHR 168 (2004), 132, 141 f.

[225] Ekkenga, in: Bd. 3 (2001), 77, 89.

[226] Fleischer/Ekkenga, Vorstandspflichten, § 23, Rn.90; Ekkenga, in: VGR, Bd. 3 (2001), 77, 89, 91, Kirchner/Sailer, NZG 2002, 305, 309 f.

börsennotierten Gesellschaften eine börsenkursliche Bemessung nicht und der „innere“ Unternehmenswert als einzige Grundlage in Betracht kommen.[227]

Der Ausgabebetrag der neuen Aktien ist daher – abgesehen von der gesetzlichen Ausnahme des § 186 Abs. 3 S. 4 AktG[228] – anhand des „wahren“ inneren Wertes der Aktien zu bestimmen. Als maßgeblicher Referenzkurs ist hierbei auf den Durchschnittskurs der letzten drei Monate abzustellen.[229] Ein Anfechtungsrecht nach § 255 Abs. 2 AktG ist daher (bereits) dann gegeben, wenn die jungen Aktien im Fall eines höheren „inneren“ Wertes „nur“ zum Börsenkurs ausgegeben werden und der Altaktionär insoweit eine Vermögensverwässerung erleidet. Gleichwohl scheint es in Zweifelsfällen angesichts des heute üblichen Bookbuilding-Preisfindungsverfahrens vertretbar, „marktnah“ gefundene Ausgabepreise als angemessen im Sinne des § 255 Abs. 2 AktG anzuerkennen.[230]

bb) Bestimmung des Ausgabebetrags im vereinfachten Verfahren nach § 186 Abs. 3 S. 4 AktG

Wird das Bezugsrecht in diesem gesetzlich gesonderten Verfahren ausgeschlossen, darf der Ausgabepreis der neuen Aktien deren Börsenkurs nicht wesentlich unterschreiten. Die Grenzen zulässiger Regelabschläge, die erforderlich werden können, um die Kapitalerhöhung attraktiv zu gestalten, werden hierbei zwischen drei Prozent und – in Ausnahmefällen – auch mehr als fünf Prozent eingestuft.[231] Der BGH geht bei der Bestimmung des Abschlags von einem Durchschnittskurs der letzten drei Monate aus.[232]

---

[227] Schanz, Börseneinführung, S. 318; Lutter, in: KK, § 204, Rn.13.

[228] Siehe hierzu 1. Teil, 2. Kapitel, A. 2.

[229] BGH, DStR 2001, 754, 757; Bungert, BB 2001, 1163, 1164 ff; Stiltz, ZGR 2001, 875, 887 f..

[230] MünchKommAktG /Hüffer, § 255, Rn.18.

[231] Seibert/Köster/Kiem, Kleine AG, Rn.230; Lutter, AG 1994, 429, 442; Martens, ZIP 1992, 1677, 1987; Marsch-Barner, AG 1994, 532, 537; MünchHdb GesR IV/Krieger § 56 Rn.77.

[232] BGH, DStR 2001, 754, 757; Bungert, BB 2001, 1163, 116. Kritisch dagegen OLG Düsseldorf, BB 2000, 1905, 1906 f.; Piltz, ZGR 2001, 185, 199 f.; Sinewe, Bezugsrechtsaus-

Für die Ermittlung des noch zulässigen Ausgabebetrags sind der beim Fixing ermittelte Ausgabebetrag einerseits und der ebenfalls zu diesem Zeitpunkt ermittelte Kurswert der bereits zirkulierenden Aktien andererseits gegenüberzustellen.[233] Nach verbreiteter Ansicht ist hierfür der Schnittwert aller Notierungen einer Referenzperiode von maximal fünf Börsentagen maßgeblich.[234] Andere favorisieren im Interesse der Gesellschaft eine Stichtagsbewertung, um das Risiko des Scheiterns der Plazierung aufgrund eines Kursverfalls während der Referenzperiode auszuschalten.[235] Stehen mehrere Börsenpreise als Referenzwert zur Auswahl (vgl. § 24 Abs. 2 S. 4 BörsG), so ist aus ihnen ein Schnittwert zu bilden.[236] Die Ausgabe der neuen Aktien zum oder annähernd zum Börsenkurs ist ausreichend, selbst wenn die Gesellschaft am Kapitalmarkt unterbewertet, der innere Wert der Aktie (Bilanzkurs) also höher ist als der Börsenwert.

Die Äquivalenzkontrolle nach § 255 Abs. 2 S. 1 AktG ist im vereinfachten Ausschlussverfahren nach zutreffender Ansicht durch den spezielleren § 186 Abs. 3 S. 4 AktG verdrängt.[237] Die Gegenansicht[238] vermag nicht zu überzeugen. Sie

schluss, S. 96 f.; ders., NZG 2002, 314, 317; Trapp, AG 1997, 115, 119, die für die Bestimmung des Abschlags auf den aktuellen Börsenkurs zum Zeitpunkt der Aktienplazierung abstellen wollen.

233 Fleischer/Ekkenga, Vorstandsrecht, § 23, Rn.83.

234 Hüffer, AktG, § 186 Rn.39 d; Lutter AG 1994, 429, 442; kritisch Zöllner AG 2002, 585, 592.

235 Groß, in: Happ, Aktienrecht, 12.06 Rn.13; ders. ZHR 162 (1998), 318, 337. Für Möglichkeit der Stichtagbewertung auch AnwK-AktienR/Rebmann § 186 Rn.63; Marsch-Barner AG 1994, 532, 536 f.. Einen Überblick zum aktuellen Meinungsstand bietet Schlitt/Schäfer, AG 2005, 67, 71.

236 MünchKommAktG/*Peifer* § 186 Rn.87; a.A.. Schlitt/Schäfer, AG 2005, 67, 70 f, die auf den Handelsplatz mit den größten Umsätzen abstellen wollen. Nach Groß, ZHR 162 (1998), 318, 338 kann auch auf den Börsenplatz mit den meisten Umsätzen abgestellt werden; ähnlich Marsch-Barner AG 1994, 532, 536.

237 MünchHdb GesR IV/Krieger § 56, Rn.79; Schröder in: Semler/Volhard, Hauptversammlung, Anm. II G 65, 67; Seibert/Köster/Kiem, Kleine AG, Rn.281 ff.; Bayer ZHR 163 (1999), 505, 537; ders., ZHR 168 (2004), 132, 141; Krause in: Habersack, Unternehmensfinanzierung, § 5 Rn.32; Hoffmann-Becking, FS Lieberknecht, 1997, 25, 29; Schwark, in: FS Claussen, 1997, 357, 365; Martens ZIP 1994, 669, 672; Technau AG 1998, 445, 451.

berücksichtigt nicht, dass der Gesetzgeber den Altaktionären zumutet, sich zur Wiederauffüllung ihrer ursprünglichen Beteiligungsquote zum Börsenpreis am Zirkulationsmarkt einzudecken.[239] Der Gesetzgeber brachte mit der Einführung des vereinfachten Bezugsrechtsausschlusses zum Ausdruck, dass bei börsennotierten Gesellschaften ein über den Verwässerungsschutz hinausgehender Schutz der Altaktionäre hinsichtlich des Erhalts ihrer quotenmäßigen Beteiligung an der Gesellschaft nicht erforderlich sei. Dies vor allem deshalb, weil die Aktionäre anstelle des ausgeschlossenen Bezugsrechts Aktien über die Börse erwerben könnten, wenn ihnen der „Börsenkurs im Verhältnis zum Wert des Unternehmens zu gering“ erschiene.[240] Insoweit stehe den Altaktionären ein „faktisches Bezugsrecht“[241] zu, mit dem sie eine Verwässerung des „inneren Wertes“ ihrer Beteiligung abwenden könnten.[242]

Hinzu kommen die unterschiedlichen Gesetzeszwecke von § 186 Abs. 3 S. 4 AktG einerseits und § 255 Abs. 2 AktG andererseits. Die Regelung des § 255 Abs. 2 AktG schützt die Aktionäre vor einer Verwässerung des „inneren“ Wertes ihrer Aktien, indem sie den Ausschluss des Bezugsrechts zu einem unangemessen niedrigen Ausgabebetrag verbietet. Die Regelung dient dem Schutz des Bezugsrechts und nicht der Werterhaltung bereits ausgegebener Aktien. Demgegenüber schützt § 186 Abs. 3 S. 4 AktG die Altaktionäre vor einer Kursverwässerung der Altaktien.

---

238 Hüffer, AktG, § 186 Rn.39 e; ders. in MünchKommAktG § 255 Rn.20 f.; Schmidt, in: GK, § 255 Rn.12; Mülbert, Unternehmensgruppe, S. 267 f., 341; Hirte WM 1997, 1001, 1004 f.

239 Fleischer/Ekkenga, Vorstandsrecht, § 23, Rn.83.

240 Begründung, BT-DS. 12/6721, S. 10.

241 Begriff nach Hoffmann-Becking, in: FS Lieberknecht, 1997, 25, 27.

242 Seibert/Köster/Kiem, Kleine AG, Rn.219; Korthals, Kapitalerhöhung, S. 115; Martens, ZIP 1994, 669, 672. Kritisch Cahn, ZHR 163 (1999), 554, 585; ebenso MünchKomm-AktG/Hüffer, § 255, Rn.21 bemängelt, dass das durch die Zukaufsmöglichkeit geschaffene „faktische Bezugsrecht“ mit dem in § 255 Abs. 2 AktG geschützten Bezugsrecht nicht gleichwertig sei.

b) Rechtliche Preisobergrenzen

Im Falle einer bezugsrechtsfreien Kapitalerhöhung[243] unterliegt der Vorstand im Bereich des private placement nach zutreffender Auffassung keiner rechtlichen Preisobergrenze. Der Vorstand hat sich hier darum zu bemühen, den höchsten am Markt erzielbaren Kurs festzusetzen, um den Emissionserlös zum Wohle des Unternehmens und der ausgeschlossenen Aktionäre zu maximieren.[244] Eine Preisobergrenze gibt es dabei für ihn nicht (Prinzip der Erlösmaximierung), da die potentiellen Einleger Gelegenheit haben, das Angebot wertmäßig zu prüfen.[245]

Ausnahmsweise kann es bei öffentlichen Angeboten zu Situationen kommen, in denen das Unternehmen am Markt überbewertet ist, der Börsenkurs den inneren Anteilswert also übersteigt.[246] In diesem Fall laufen die Neuaktionäre Gefahr, für ihr Geld keine äquivalente Gegenleistung zu erhalten. Würde das Äquivalenzinteresse der Neuaktionäre dem Interesse der Altaktionäre an einem Verwässerungsschutz sowie an einem erhöhten Mittelzufluss untergeordnet, käme es zu einer nicht gerechtfertigten „Quersubventionierung" der Altaktionäre.[247] Eine gleichwohl zum Schutze der Erwerbsinteressenten vereinzelt vertretene

---

243 Demgegenüber besteht bei Bezugsrechtsemissionen insofern eine variable Bemessungsobergrenze, als den Aktionären die Ausübung ihrer Rechte durch eine überteuerte Preispolitik nicht unmöglich gemacht werden darf, vgl. Fleischer/Ekkenga, Vorstandsrecht, § 23, Rn.92; MünchHdb GesR IV/Krieger, § 58 Rn.28; Busch in: Marsch-Barner/Schäfer, Handbuch AG, 2005, § 39 Rn.91. Problematisierend: Hirte, in: GK, § 204 Rn.10, wonach der Vorstand nicht durch Einforderung zu hoher Aufgelder die Kapitalhöchstgrenze von 50 % eigenmächtig verschieben dürfe. Andererseits haben die bezugsberechtigten Altaktionäre auch keinen Anspruch auf Zeichnung unter Wert, so dass prinzipiell eine Ausgabe zum oder nahezu zum Börsenkurs noch zulässig ist, vgl. Fleischer/Ekkenga, Vorstandsrecht, § 23, Rn.92.

244 Hüffer, AktG, § 204 Rn.5; Lutter, in: KK, § 204 Rn.11; Cahn, ZHR 163 (1999), 554, 582.

245 Lutter, in: KK, § 204 Rn.12; Hirte, in: GK, § 203 Rn.104.

246 So liegt es beispielsweise im Falle einer nachhaltigen Überbewertung nahe, dass die Gesellschaft nachteilige Geschäftszahlen unter Verstoß gegen die Ad-hoc-Publizitätspflicht des § 15 Abs. 1 S. 1 AktG zurückgehalten haben könnte.

247 Ekkenga, in: VGR, Bd. 3 (2001), 77, 91; ders., AG 2001, 615, 624 f.; Fleischer/Ekkenga, Vorstandspflichten, § 23, Rn.92.

„vormitgliedschaftliche Organtreuepflicht“[248], aufgrund derer der Vorstand verpflichtet wäre, zum Schutze der eintretenden Neuaktionäre bei der Festlegung des Ausgabebetrags eine rechtliche Preisobergrenze zu beachten, ist rechtsdogmatisch nicht zu begründen. Die Vorstandsmitglieder sind allein der Gesellschaft – und ggf. den Aktionären[249] – gegenüber verpflichtet, da sie deren Vermögensbetreuungsinteressen aufgrund ihrer rechtsgeschäftlichen Organbestellung zu wahren haben. Solche Vermögensbetreuungspflichten bestehen jedoch nicht gegenüber potentiellen Neuaktionären, die gerade noch nicht Mitglied der Gesellschaft sind.[250] Hat die Überbewertung ihre Ursache in kapitalmarktrechtlichen Versäumnissen, insbesondere einer vorhergehenden Verletzung der Ad-hoc-Meldepflichten nach § 15 Abs. 1 S. 1 WpHG, haften die Vorstandsmitglieder nach §§ 823 Abs. 2 BGB i.V.m. § 88 Nr. 1 BörsG sowie gegebenenfalls nach § 826 BGB. Hinzu kommt eine Verantwortlichkeit nach den Grundsätzen der Börsenprospekthaftung gemäß § 45 BörsG.

2. Ausgabebetrag bei der Sachkapitalerhöhung

Die umstrittene Frage, ob die Nennung eines Ausgabebetrags auch bei der Sachkapitalerhöhung erforderlich ist,[251] kann im Hinblick auf § 255 Abs. 2 AktG indes offen bleiben, da sich der Ausgabebetrag jedenfalls mittelbar aus dem Wert der Sacheinlage dividiert durch die Anzahl der hierfür ausgegebenen Aktien er-

[248] Weber, Vormitgliedschaftliche Treuebindungen, S. 213 ff; offen gelassen bei Ekkenga, in: VGR, Bd. 3 (2001), 77, 91 f.

[249] Zur gesellschafterbezogenen Organtreuepflicht s.u. 2. Teil, B., II. 2.

[250] Fleischer/Ekkenga, Vorstandsrecht, § 23, Rn.92.

[251] Dagegen: Fleischer/Ekkenga, Vorstandsrecht, § 23, Rn.93; Hüffer, in: Geßler/Hefermehl, AktG, § 255, Rn.8; Maier-Reimer, in: FS Bezzenberger, 2000, 253, 257 f., 262; Martens, in: FS Bezzenberger, 2000, 267, 268. Für eine obligatorische Nennung des Ausgabebetrags: MünchHdb GesR IV/Krieger, § 56, Rn.40; Hefermehl/Bungeroth, in: Geßler/Hefermehl, AktG, § 183, Rn.106. Hierfür spräche der Wortlaut des § 186 Abs. 4 S. 2 AktG, wonach der vorgeschlagene Ausgabebetrag bei jeder bezugsrechtfreien Kapitalerhöhung und damit auch bei einer Sachkapitalerhöhung im Vorstandsbericht zu begründen ist.

gibt.[252] Dies gilt insbesondere, wenn der Gegenstand der Sacheinlage, die Person des Inferenten und der Nennbetrag bzw. die Stückzahl der zu gewährenden Aktien im Kapitalerhöhungs- oder Ermächtigungsbeschluss festgelegt sind (vgl. § 183 Abs. 1 S. 1 AktG). Denn im Unterschied zur Barkapitalerhöhung besteht kein Preisbemessungsspielraum des Vorstands.[253] Der Ausgabebetrag entspricht vielmehr stets und zwingend dem objektiven Wert des Einlageobjekts.[254] Demgegenüber scheint die Literatur[255] keine Bedenken zu haben, dass der Vorstand den Ausgabepreis in den Grenzen des § 204 Abs. 1 S. 1 AktG unter den objektiven Wert des Einlageobjektes absenken kann. Das Problem betrifft weniger den Ansatz eines überschießenden Ausgabepreises, der gemäß § 36 a Abs. 2 S. 3 AktG jedenfalls unzulässig ist[256], als vielmehr die umgekehrte Situation, in der dem Vorstand für den Erwerb des (noch nicht bestimmten) Einlageobjekts lediglich ein Mindestpreis vorgegeben ist.[257] Eine nähere Betrachtung zeigt indes, dass die Absenkung des Ausgabepreises unter den objektiven Wert des Einlageobjekts ohne Bruch mit grundlegenden Prinzipien des Aktien- und Bilanz-

---

252 Hierzu BGHZ 71, 40, 50, wenn er darauf hinweist, dass der Gegenstand der Sacheinlage an die Stelle des förmlich nicht festgelegten Ausgabebetrags trete.

253 So die herrschende Auffassung, vgl. BGHZ 71, 40, 50; Fleischer/Ekkenga, Vorstandsrecht, § 23, Rn.93; Ekkenga, AG 2001, 567, 624; Hüffer, AktG, § 183 Rn.9 m.w.N.. Anders dagegen Wiedemann, in: GK, § 183 Rn.51 zur regulären Kapitalerhöhung.

254 Ausführlich Ekkenga AG 2001, 615, 622 ff..

255 MünchKommAktG/Pentz § 27 Rn.57; Lutter, in: KK, § 183 Rn.46, deren Ausführungen sich allerdings nicht auf das genehmigte Kapital, sondern auf die Gründung bzw. die reguläre Kapitalerhöhung beziehen, also auf Fälle, in denen die Identität des Einlageobjekts im Augenblick der erstmaligen Preisfestsetzung bereits feststeht. Hier besteht aber für die Zulassung eines reduzierten Ausgabebetrags von vornherein kein Bedürfnis, vgl. Schmidt, in: GK § 255 Rn.5.

256 Zur Gefahr der Überbewertung bei der Einbringung von Unternehmen Bayer ZHR 163 (1999), 505, 534 f..

257 Hierzu Ekkenga, AG 2001, 567, 624 mit folgendem Anschauungsbeispiel: Das im Jahre 01 bewilligte genehmigte Kapital soll den Erwerb einer strategischen Beteiligung im Wege der Sacheinlage vorbereiten. Laut Ermächtigungsbeschluss sollen die neuen Anteile nicht unter dem Wert x ausgegeben werden. Im Jahre 03 findet der Vorstand einen Interessenten, der sich mit einer Zeichnung zum Mindestbetrag gegen Einbringung einer wesentlich wertvolleren Beteiligung einverstanden erklärt. Darf der Vorstand - etwa um die Verhandlungsposition der AG nicht unnötig zu schwächen - davon absehen, den von ihm erkannten Mehrwert der Beteiligung durch Festsetzung eines erhöhten Ausgabebetrages nach außen zu deklarieren?

rechts nicht möglich ist: Dotiert die Gesellschaft das Einlageobjekt auf der Aktivseite ihrer Bilanz in Höhe des Ausgabepreises statt mit dem (höheren) Anschaffungswert, so entsteht allein durch die Einlageerbringung eine stille Rücklage. Eine solche ist durch das bilanzrechtliche Vorsichtsprinzip nicht veranlasst und deshalb nach verbreiteter Auffassung mit dem Verbot willkürlicher Unterbewertungen (vgl. § 279 HGB) nicht zu vereinbaren.[258] Abgesehen davon ist die Einlage in Höhe des Mehrwertes als freiwillige Zusatzleistung zu qualifizieren, für die gem. § 272 Abs. 2 Ziff.4 HGB eine offene Rücklage gebildet werden muss.[259] Aktiviert der Vorstand das Einlageobjekt dagegen korrekterweise mit dem objektiven Verkehrswert, so fallen Bilanzansatz und Ausgabebetrag auseinander. Das ist insofern problematisch, als die Einlagepflicht des Aktionärs durch den Ausgabebetrag nach oben begrenzt ist (§ 54 Abs. 1 AktG).[260] Der Vorstand hat daher keine Handhabe, die volle Kapitalaufbringung durch Nachforderung zu erzwingen, wenn sich der eingebrachte Gegenstand im Nachhinein als minderwertig erweist[261] oder wenn die Erfüllung der Einbringungsverpflichtung nach Eintragung der Kapitalerhöhung (vgl. §§ 203 Abs. 1 S. 1, 188 Abs. 2 S. 1, 36 a Abs. 2 S. 2 AktG[262]) auf Hindernisse stößt.[263]

---

[258] Hüffer, AktG, § 27 Rn.27; Baumbach/Hueck/Schulze-Osterloh, GmbHG, 42 Rn.281, jeweils m.w.N.; zweifelnd auch Lutter, in: KK, § 183 Rn.47; Ekkenga, AG 2001, 567, 624. Für die Zulässigkeit der Unterbewertung - vor allem die bilanzrechtliche Literatur vgl. hierzu die Nachweise bei Ekkenga, AG 2001, 567, 624 Fn. 186.

[259] Lutter, in: KK, § 54 Rn.23.

[260] Das gilt zwar nicht für schuldvertraglich begründete Zusatzleistungen, vgl. Lutter, in: KK, § 54 Rn.21 m.w.N., wohl aber für den überschießenden Wert der Einlageleistung; so auch Hüffer, AktG, § 54 Rn.5.

[261] Die Gefahr besteht um so mehr, als das Registergericht die Werthaltigkeit der Einlage bei der Kapitalerhöhung nicht prüft, soweit das Aufgeld betroffen ist, vgl. § 205 Abs. 3 S. 2 AktG sowie Lutter, in: KK § 183 Rn.52; ders. in 50 Jahre BGH, 2000, 321, 326. Beim offenen Aufgeld hat der Inferent unstreitig Nachzahlung in bar bis zur Höhe des Ausgabebetrags zu leisten. Die Begründungen sind unterschiedlich, vgl. MünchKommAktG/Pentz § 27 Rn.57 (Prinzip der realen Kapitalaufbringung); Hüffer, AktG, § 9 Rn.6 (Rechtsgedanke des § 66 AktG); Lutter, in: KK § 54, Rn.5; Röhricht, in: GK, § 27 Rn.10, 104 (Wiederaufleben der Bareinlagepflicht als Primärverpflichtung).

[262] § 36 a Abs. 2 S. 2 AktG wird unterschiedlich gedeutet. Eine zunehmend verbreitete Meinung gestattet die auf fünf Jahre nach Eintragung hinausgeschobene Erfüllung der Sacheinlageverpflichtung, sofern nur die Einlage in der dinglichen Übertragung eines Ver-

Analog § 255 Abs. 2 S. 1 AktG muss somit die Sacheinlage mindestens so werthaltig sein, dass eine unangemessene Benachteiligung der vom Bezugsrecht ausgeschlossenen Aktionäre wenigstens in vermögensrechtlicher Hinsicht vermieden wird.[264] Der zu ermittelnde Wert der Sacheinlage muss in einem angemessenen Verhältnis zum „wahren" Wert der jungen Aktien stehen. Der Wert der jungen Aktien darf daher weder zu niedrig angesetzt noch darf die Sacheinlage unangemessen hoch bewertet werden. Soll als Sacheinlage ein Unternehmen eingebracht werden, bedarf es einer doppelten Unternehmensbewertung, die sich auf die neue Beteiligung einerseits sowie das Einlageobjekt andererseits bezieht und stille Reserven und den Goodwill beider Unternehmen berücksichtigt.[265]

II. Methoden der Preisfindung: Festpreis- und Bookbuilding-Verfahren

Die Bestimmung des Ausgabebetrags erfolgt entweder im so genannten „Festpreisverfahren" oder im so genannten „Bookbuilding-Verfahren".[266]

1. Festpreisverfahren

Für die Ermittlung des Ausgabebetrags im Festpreisverfahren einigen sich Emittent und die (Emissions-)Bank(en) nach Durchführung einer Marktanalyse und entsprechenden Vorgesprächen mit potentiellen Investoren auf einen Bezugs-

---

mögensgegenstandes besteht, vgl. Hüffer, AktG § 36 a Rn.4; MünchKommAktG/Pentz § 36 a Rn.9 ff., 13 ff. m.w.N. Dagegen Ekkenga, AG 2001, 567, 624 f.; ders. ZHR 161 (1997), 599, 618 ff.. Es spricht indes einiges dafür, § 36 a Abs. 2 S. 2 AktG ausschließlich auf die Erfüllung eingebrachter Übertragungsansprüche anzuwenden, vgl. Ekkenga, AG 2001, 567, 624; Schmidt, Gesellschaftsrecht, § 27 II 3 h; Lutter, in: KK, § 188 Rn.28 m.w.N.

263 Ekkenga, AG 2001, 567, 624 f.

264 BGHZ 71, 40, 50; OLG Frankfurt, NZG 1999, 119, 121; Schmidt, in: GK, § 255 Rn.5; Martens, in: FS Bezzenberger, 2000, 267, 268 ff.. Zur (lediglich) analogen Anwendbarkeit der Vorschrift auf die Sachkapitalerhöhung Hüffer, AktG, § 255, Rn.1; Ekkenga AG 2001, 615, 622 m.w.N.

265 Kirchner/Sailer, NZG 2002, 305, 308.

266 Schanz, Börseneinführung, S. 308 ff; Willamowski, Bookbuilding, S. 19 ff.

preis, der dem öffentlichen oder privaten Verkaufsangebot zugrunde gelegt wird. Die tatsächliche Nachfrageentwicklung des Marktes und die Bewertung der Aktie durch die Investoren bleiben hierbei unberücksichtigt. Diese Verfahrensweise birgt die Gefahr erheblicher Fehleinschätzungen, welche die von den Banken übernommenen Absatz- und Plazierungsrisiken vergrößern und zu spürbaren Sicherheitsabschlägen führen.[267]

2. Bookbuilding-Verfahren

a) Allgemeines

Mit Hilfe des heute üblichen mehrstufigen Bookbuilding-Verfahrens lassen sich die beschriebenen Nachteile des Festpreisverfahrens vermeiden bzw. abmildern. Das Bookbuilding-Verfahren zielt darauf ab, zunächst den Ausgabepreis vor Eintragung der Durchführung soweit wie möglich zu minimieren, um anschließend den Verkaufserlös durch marktgerechte Bestimmung des „Bezugspreises" zu maximieren. Hierbei sind verschiedene Verfahrensphasen zu unterscheiden. Während der ersten Stufe, der so genannten „Pre-Marketing-Phase", legen sich Emittent und (Konsortial)Bank(en) lediglich auf eine Preisspanne fest, die meist zwischen 10 % und 20 % der zugrunde gelegten Preisschätzung liegt. Gerade die Einbeziehung institutioneller Investoren in den Prozess der Preisfindung sowie Orientierung an einer bereits bestehenden Börsennotierung unterscheidet dieses Verfahren wesentlich vom Festpreisverfahren.[268] Ein weiterer Unterschied liegt darin, dass nach Abschluss der so genannten „Road Show" (zweite Stufe) die eigentliche Bestimmung des Emissionspreises (so genanntes „Preisfixing")[269] nicht vor Beginn der Zeichnungsfrist erfolgt, sondern erst unmittelbar

---

[267] Die Abschläge können bis zu 25 % vom aktuellen Börsenkurs erreichen, vgl. Fleischer/Ekkenga, Vorstandsrecht, § 23, Rn.114 m.w.N.

[268] Schanz, Börseneinführung, S. 311.

[269] Die Entscheidung über das Preisfixing ist dem Vorstand und Aufsichtsrat vorbehalten, wobei die Zustimmung des Aufsichtsrats Wirksamkeitserfordernis ist, vgl. BayOLG ZIP 2002, 1398, 1399. Der Vorstand darf die Entscheidung nicht der Emissionsbank überlassen, weil anderenfalls die Zustimmungskompetenz des Aufsichtsrats (§ 204 Abs. 1 S. 2 AktG) unterlaufen

vor Zuteilung der jungen Aktien und nach Ablauf einer zwei- bis zehntägigen Bookbuildingperiode auch Order-Taking-Periode genannt (dritte Stufe). Die Bookbuilding-Periode dient dazu, eingehende Kaufofferten in einem Orderbuch zu sammeln und anhand einer Analyse dieses Buches den optimalen Bezugspreis zu ermitteln.[270] Dies eröffnet gegenüber dem Festpreisverfahren die Möglichkeit einer marktorientierten Preisgestaltung durch Einbeziehung der Investoren in den Preisfindungsprozess, was im Ergebnis zu einer Maximierung des Emissionserlöses führt. Geschmälert werden die Vorteile dieser Preisfindungsmethode oft durch gezielte Preisabschläge (so genanntes „underpricing“), die einerseits die marktliche Optik der Emission kurzfristig verbessern, andererseits aber den Emissionserlös zum Nachteil des Emittenten vermindern.[271]

Die Anwendbarkeit des Bookbuilding-Verfahrens bei vereinfachtem Bezugsrechtsausschluss ist durch § 186 Abs. 3 S. 4 AktG modifiziert.[272] Da nämlich die neuen Aktien ohnehin nur nahe am Börsenkurs als Referenzkurs ausgegeben werden dürfen, erübrigt sich von vornherein eine preisliche Vorformung in der Pre-Marketing - Phase. Während der Order-Taking-Periode ist ein Bookbuilding allenfalls in der Form denkbar, dass statt einer Preisspanne ein prozentual be-

---

würde, vgl. Mertens, in: KK, § 76, Rn.4; Hopt, in: GK, § 93 Rn.89; speziell zum genehmigten Kapital Schanz, Börseneinführung, § 10 Rn.65 m.w.N.; Ekkenga AG 2001, 567, 570; Schlitt/Schäfer AG 2005, 67, 73. Das Ergebnis der Preisfindung ist per Ad-hoc-Meldung nach Maßgabe von § 15 WpHG, § 4 Abs. 2 WpAIV zu veröffentlichen. Den Zeitpunkt des Preisfixing hat der Vorstand so zu wählen, dass unmittelbar im Anschluss daran die Zuteilung an die angemeldeten Investoren stattfinden und der Börsenhandel beginnen kann. Da die Aufnahme des Börsenhandels die Entstehung der neuen Aktien und somit auch die Eintragung der Durchführung der Kapitalerhöhung im Handelsregister voraussetzt, sollte das Fixing im Idealfall erst nach der Eintragung der Durchführung stattfinden, vgl. Hoffmann-Becking in: FS Lieberknecht, 1997, 25, 39; Technau AG 1998, 445, 447; Meyer, in: Marsch-Barner/Schäfer, Handbuch AG, 2005, § 6 Rn.102.

270 Schanz, Börseneinführung, § 10 Rn.52 ff., insbes. 57.; AnwK-AktR/Willamowski Kap. 17 Rn.64 ff.; Groß ZHR 162 (1998), 318, 320 ff.; Hein WM 1996, 1 ff.

271 Gravenhorst, Plazierungsverfahren S. 35 ff.; Fredebeil, Aktienemissionen, S. 98 ff.; Busch/Groß AG 2000, 503, 504.

272 Zur Anwendbarkeit des Bookbuilding-Verfahrens bei Bezugsrechtsemissionen, Fleischer/Ekkenga, Vorstandsrecht, § 23, Rn.116.

messener Angebotsspielraum bestimmt wird, der sich an den (noch) zulässigen Risikoabschlägen vom jeweils aktuellen Börsenkurs orientiert.[273]

b) Besondere Rolle der Emissionsbank(en)

Den Emissionsbanken kommt im Bookbuilding-Verfahren eine bedeutsame Rolle zu.[274] Regelmäßig schließen sie mit der Emittentin, vertreten durch den Vorstand, einen Übernahmevertrag.[275] Kernstück dieses Vertrages ist die Verpflichtung der Emissionsbanken, die neu zu plazierenden Anteile zu übernehmen.[276] Aus Kostenreduzierungs- und Flexibilitätsgründen[277] zeichnen die Emissionsbanken die neuen Anteile zum gesetzlich vorgeschriebenen Minimum des Ausgabebetrags, mithin zum Nennbetrag (§ 9 Abs. 1 AktG)[278] unter Einzahlung der sofort aufzubringenden 25 % des Nennbetrags (vgl. §§ 36a Abs. 1, 188 Abs. 2 S. 1, 203 Abs. 1 S. 1 AktG).[279] Sobald die Kapitalerhöhung in das Handelsregister eingetragen ist, entstehen die neuen Aktien originär in der Hand der Emissionsbank bzw. des Konsortialführers. Damit haben die Banken zu diesem Zeitpunkt ihre vertragliche Verpflichtung zur Übernahme der neuen Aktien erfüllt.[280]

Üblicherweise bedingt sich der Vorstand ein Regelung aus, nach der die Gesellschaft innerhalb einer bestimmten Frist nach Scheitern der Plazierung das Recht hat, den Konsortialbanken einen Dritten zu benennen, an den die Aktien zu ei-

---

273 Zum Ganzen Groß, ZHR 162 (1998), 318, 339 mit folgendem Beispiel: „Kaufangebote ab einem Mindestpreis von 3 % unterhalb des arithmetischen Mittels der Schlusskurse an der Frankfurter Wertpapierbörse zu einem ausgewählten (zuteilungsnahen) Zeitpunkt".

274 Schlitt/Seiler, WM 2003, 2175, 2178.

275 Zum Übernahmevertrag: Technau, AG 1998, 445, 446.

276 Technau, AG 1998, 445, 446.

277 Technau, AG 1998, 445, 447 f.

278 Das bedeutet, dass die Aktien ohne Festsetzung eines höheren, über dem Nennwert liegenden Ausgabebetrag i.S.v. § 185 Abs. 1 S.3 Nr. 2 AktG gezeichnet werden. Die Zulässigkeit der Zeichnung von Aktien zum Nennwert ist innerhalb der Rechtslehre umstritten, vgl. die Nachweise bei Technau, AG 1998, 445, 448.

279 Zu den Vorteilen einer Zeichnung „nur" zum Nennbetrag, Technau, AG 1998, 445, 446 f.

280 Technau, AG 1998, 445, 447.

nem bestimmten Preis[281] zu veräußern sind (so genannte „Andienungsklauseln“).[282]

Die Emissionsbanken erhalten eine exklusive, gegenüber den gesetzlich bezugsberechtigten Aktionären bevorzugte Zuteilung. Diese ist jedoch nur ein Zwischenschritt zur Vorbereitung des Plazierungserfolges. Diesen führt nicht der Vorstand, sondern die zeichnende Bank durch Weiterveräußerung für die Gesellschaft nach deren Weisungen[283] herbei. Obwohl sie üblicherweise in eigenem Namen und für eigene Rechnung zeichnet[284], erwirbt die Bank die jungen Aktien als fremdnützige Treuhänderin der Gesellschaft.[285] Zwar handeln die Emissionsbanken „für eigene Rechnung”, doch sind sie üblicherweise nicht bereit, das effektive Kapitalaufbringungssoll gegen Vereinnahmung des Verkaufserlöses zu garantieren, als wären sie Zwischenhändler am Sekundärmarkt. Vielmehr soll das Preisrisiko weitgehend bei der Emittentin, also der Gesellschaft, verbleiben. Daher zeichnen die Emissionsbank(en) die jungen Aktien nur zu deren Nennbetrag. Der verbleibende Einlagebetrag bleibt zunächst offen und wird später aus dem Verkaufserlös beglichen. Aus dem beim Selling realisierten Be-

---

281 Das in internationalen Übernahmeverträgen vorgesehene weite Ermessen der Konsortialbanken, bei gescheiterter Plazierung den Ausgabepreis frei zu bestimmen, widerspricht dem deutschen Aktienrecht. Der Vorstand kann die ihm von der Hauptversammlung gemäß § 204 Abs. 1 AktG übertragene Pricing-Kompetenz nicht einseitig den Emissionsbanken übertragen, vgl. Lutter, in: KK, § 186, Rn.37; Technau, AG 1998, 445, 453. Vielmehr hat die Verwaltung sicherzustellen, dass je nach Anwendungsbereich die Grenzen des § 255 Abs. 2 AktG bzw. § 186 Abs. 3 S. 4 AktG bei der Preisfindung berücksichtigt werden.

282 Technau, AG 1998, 445, 453. Zu den Folgen, wenn eine Andienungsklausel nicht vereinbart wird und die Aktienplazierung scheitert, siehe unten 2. Teil.

283 BGH NJW 1995, 2486.

284 Zu den rechtlichen und wirtschaftlichen Hintergründen vgl. Hopt, Verantwortlichkeit, Rn.24.

285 Meyer in: Marsch-Barner/Schäfer, Handbuch AG, 2005, § 7 Rn.144; Schlitt/Seiler WM 2003, 2175, 2179. Dadurch unterscheidet sich ihre Funktion von der einer unternehmerisch beteiligten Holding im Private-Equity-Geschäft einerseits und von der einer im Auftrage der Anleger handelnden Effektenbank im Wertpapierhandel andererseits. Bei Bezugsrechtsemissionen i.S.d. § 186 Abs. 5 AktG besteht die Treuhand außerdem den bezugsberechtigten Aktionären gegenüber, vgl. Wiedemann, in: GK, § 186 Rn.208; Ulmer, ZHR 154 (1990), 128, 142.

zugspreis deckt die Bank schließlich ihre eigenen Kosten und führt die Restmarge an den Emittenten ab.

c) Risiko und aktienrechtliche Zulässigkeit des Bookbuilding-Verfahrens

Das Risiko dieser Preisfindungsmethode ist darin begründet, dass die nachhaltige Aufbringung desjenigen Ausgabebetrags, den Vorstand oder Hauptversammlung nach Maßgabe des § 255 Abs. 2 AktG festgelegt haben, keinesfalls gesichert ist. Denn scheitert die Plazierung der jungen Aktien beispielsweise aufgrund eines unvorhergesehenen Kursverfalls, kommt es nicht zur Vollvalutierung. Die Kapitalerhöhung wird zwar (wirksam) in das Handelsregister eingetragen, allerdings nur mit dem Aktiennennbetrag.[286]

Obwohl das Bookbuilding-Verfahren die tatsächliche Zuführung der insgesamt aufzubringenden Mittel der registergerichtlichen Kontrolle nach §§ 36 a Abs. 1, 188 Abs. 2, 203 Abs. 1 S. 1 AktG teilweise entzieht und das Aufgeld wie das Grundkapital einer strikten Kapitalbindung zum Schutze der Gesellschaftsgläubiger unterliegt (vgl. §§ 272 Abs. 2 Ziff.1 HGB, § 150 Abs. 3, 4 AktG), verstößt es nach herrschender Auffassung nicht gegen den gesellschaftsrechtlichen Grundsatz der realen Kapitalaufbringung.[287] Denn die Gläubiger können redlicherweise nur auf die Aufbringung derjenigen Mittel vertrauen, welche die Gesellschaft als Grundkapital ausgewiesen oder in eine Kapitalrücklage eingestellt hat. Für das Aufgeld ist aber eine kapitalerhaltende Rücklage erst zu bilden, sobald es der Gesellschaft tatsächlich zugeflossen ist.[288] Ferner verlangt der Gläubigerschutz nicht, dass der Ausgabepreis stets so hoch ist wie der Bezugspreis

---

[286] Ekkenga, in: VGR, Bd. 3 (2001), 77, 94.

[287] Ekkenga, AG 2001, 567, 623; ders., in: VGR, Bd. 3 (2001), 77, 96 ff. m.w.N.. Kritisch dagegen Schippel, in: FS Steindorff, 1990, 249, 258; Immenga, in: FS Beusch, 1993, 413, 419 ff..

[288] Ekkenga, AG 2001, 567, 623.

oder, mit anderen Worten, dass das nominelle dem effektiven Kapitalaufbringungssoll entspricht.[289].

B. Untergang der Sacheinlage

Der „Tatbestand" des Zweckfortfalls im Rahmen einer genehmigten Sachkapitalerhöhung stellt sich vergleichsweise einfach dar. Zu einem Zweckfortfall kann es kommen, wenn die zu erbringende Sacheinlage untergeht oder sich aufgrund rechtlicher Beschränkungen als nutzlos erweist.[290]

Vergleichbare Probleme wie bei einer Barkapitalerhöhung können in diesem Zusammenhang nicht auftreten. Dies liegt, wie an anderer Stelle[291] dargelegt wurde, daran, dass bei der Bestimmung des Ausgabebetrags ein Preisbemessungsspielraum nicht besteht und sich der Ausgabebetrag der jungen Aktien am objektiven Wert des Einlageobjekts zu halten hat. Denn nach § 205 Abs. 1 AktG dürfen Aktien gegen Sacheinlagen nur ausgegeben werden, wenn die Ermächtigung es vorsieht. Ob die Hauptversammlung die Ausgabe gegen Bareinlagen untersagt oder daneben zulässt, steht in ihrem Belieben[292], doch bedarf es hierzu einer klaren Entscheidung. Legt die Hauptversammlung den Ausgabebetrag selbst fest, so ist sie an die Preisuntergrenze analog § 255 Abs. 2 S. 1 AktG[293] gebunden, auch wenn sie die Entscheidung über den Bezugsrechtsausschluss nach § 203 Abs. 2 S. 1 dem Vorstand überlässt.[294]

Die im Zusammenhang mit einer Sachkapitalerhöhung darüber hinaus umstrittenen Punkte – insbesondere hinsichtlich der Einlageverpflichtung des Inferenten (vgl. §§ 203 Abs. 1 S. 1, 188 Abs. 2 S. 1, 36 a Abs. 2 S. 2 AktG), wenn die Erfüllung nach Eintragung der Kapitalerhöhung auf Hindernisse stößt – sind für

289 BayObLG, AG 2002, 510, 511. Zum Ganzen Ekkenga, VGR, Bd. 3 (2001), 77, 92 ff.

290 Zu diesen Fällen, Ekkenga, AG 2001, 567, 626 f..

291 S.o. 1. Teil, 2. Kapitel, A., I. 2.

292 Hüffer, AktG, § 205 Rn.3; Lutter, in: KK; § 205, Rn.4.

293 Zur (lediglich) analogen Anwendbarkeit der Vorschrift auf die Sachkapitalerhöhung BGHZ 71, 40, 50 f; OLG Frankfurt, NZG 1999, 119, 121; Ekkenga AG 2001, 615, 622 m.w.N.

294 Anders OLG Karlsruhe, NZG 2002, 959, 965; („MLP"); Schmidt, in: KK, § 255 Rn.10.

die vorliegende Frage des „Tatbestandes“ Zweckfortfalls nur von sekundärer Bedeutung. Sie werden daher im Zusammenhang mit den Rechtsfolgen eines Zweckfortfalls behandelt.[295]

Zusammenfassung des ersten Teils

Die Untersuchung der zeitlichen und inhaltlichen Bestimmung des „Tatbestandes“ Zweckfortfall führt zu folgendem Ergebnis:

Das genehmigte Kapitalerhöhungsverfahren ist ein mehrstufiges Verfahren, in dessen Verlauf ein Teil der Sachentscheidungen zeitversetzt stattfindet. Zu einem Zweckfortfall kann es kommen, weil neben den gesetzlichen, formellen Ausschlussvoraussetzungen auch materielle Ausschlussgründe erfüllt sein müssen. Die „Siemens/Nold“ - Entscheidung des BGH hat für die Vorbereitungsphase eines genehmigten Kapitals zu wesentlichen Verfahrenserleichterungen im Hinblick auf das Konkretisierungserfordernis des Verwendungszwecks sowie der Ausschlussgründe geführt. An den materiell-rechtlichen Anforderungen des Bezugsrechtsausschlusses hat sich dagegen nichts geändert; sie haben sich lediglich von der Ermächtigungs- auf die Ausübungsentscheidung verlagert. Das bedeutet, dass in der Vorbereitungsphase weder der Vorstandsbericht noch der Ermächtigungsbeschluss konkrete Angaben hinsichtlich des Verwendungszwecks des genehmigten Kapitals (der regelmäßig mit der Begründung des Bezugsrechtsausschlusses identisch ist) enthalten muss. Gleiches gilt hinsichtlich des Ausgabebetrags der jungen Aktien, sofern die Hauptversammlung den Vorstand auch zum Pricing ermächtigt.

Die Ausübungsentscheidung des Vorstands muss im Hinblick auf die konkrete Maßnahme im Gesellschaftsinteresse liegen und unter Berücksichtigung der Aktionärsinteressen verhältnismäßig sein. (Erst) die Ausübungsentscheidung greift unmittelbar in das mitgliedschaftliche Bezugsrecht der Altaktionäre ein. Dies gilt gleichermaßen für den Fall eines Direktausschlusses wie für eine Aus-

[295] Vgl. hierzu unten 2. Teil, 2. Kapitel.

schlussermächtigung. Als Ausgleich der im Zuge von „Siemens/Nold“ judizierten Verfahrenserleichterungen ist mit einer stärker werdenden Meinungsgruppe innerhalb der Rechtslehre eine Nachberichtspflicht des Vorstands anzunehmen, die jedenfalls vor der Eintragung der Durchführung der Kapitalerhöhung und damit vor deren Wirksamkeit erfolgen muss. Ab diesem Zeitpunkt liegt eine Selbstbindung des Vorstands hinsichtlich des Verwendungszwecks des genehmigten Kapitals vor.

Im Rahmen einer genehmigten Barkapitalerhöhung kann es insbesondere dann zu einem Zweckfortfall kommen, wenn es während der Durchführungsphase zu einem Kursverfall kommt mit der Folge, dass entweder der im Ermächtigungsbeschluss vorgegebene Mindestausgabebetrag nicht mehr erreicht werden kann oder aber der Ausgabebetrag nicht mehr angemessen im Sinne von § 255 Abs. 2 AktG ist. Die Angemessenheit des Ausgabebetrags bestimmt sich regelmäßig nach dem inneren, „wahren“ Wert der Aktien. Die praktisch übliche Preisfindungsmethode ist das Bookbuilding-Verfahren. Es hat sich gegenüber dem früher üblichen Festpreisverfahren durchgesetzt. Regelmäßig sehen die zwischen der Emittentin und den beteiligten Emissionsbanken geschlossenen Übernahmeverträge eine Andienungspflicht der Banken für den Fall vor, dass die Aktienplazierung aufgrund nachträglich eintretender Umstände („Kursverfall“) scheitert.

Der „Tatbestand“ einer bezugsrechtsfreien Sachkapitalerhöhung wirft demgegenüber im Rahmen dieser Arbeit kaum zu vertiefende Probleme auf.

2. Teil: Rechtsfolgen des Zweckfortfalls

Der Vorstand greift in die Mitgliedschaftsrechte der Altaktionäre ein, sobald er seine Ausübungsentscheidung umsetzt, das genehmigte Kapital unter Ausschluss des Bezugsrechtes zu nutzen.[296] Im Zuge dieser Ausübungsentscheidung ist er verpflichtet, eigenverantwortlich zu prüfen, ob die durchzuführende Maßnahme den Vorgaben der – in der Regel abstrakten – Ermächtigung entspricht und im wohlverstandenen Interesse der Gesellschaft liegt. Je abstrakter die Vorgaben der Ermächtigung gefasst sind, desto weiter ist sein Entscheidungsspielraum innerhalb der gesetzlichen Grenzen. Gleichzeitig steigt seine Verantwortung. Der Ermessensumfang des Vorstands ist in erster Linie nicht normativ, sondern rechtsgeschäftlich durch die Vorgaben des Ermächtigungsbeschlusses vorbestimmt.[297] Enthält dieser keine weiteren Angaben, ist das Ausübungsermessen durch die gesetzlichen Schranken begrenzt. Die Prüfungspflicht des Vorstands besteht nicht nur im Zeitpunkt der Ausübungsentscheidung. Sie ist vielmehr eine Dauerpflicht. Der Vorstand muss bis zum Abschluss des Kapitalerhöhungsverfahrens die rechtsgeschäftlichen (Ermächtigungsbeschluss) und normativen (§§ 255 Abs. 2, 36a AktG) Grenzen mit den tatsächlichen Umständen der Maßnahme abgleichen und auf deren Vereinbarkeit hin überprüfen. Gelangt er hierbei zu der Einschätzung, dass diese Grenzen nicht mehr einzuhalten bzw. zu erreichen sind oder hat er bloße dahingehende Zweifel, stellt sich die Frage, welche Verhaltenspflichten sich hieraus für ihn ergeben. Natürlich kann er sich dadurch absichern, dass er die konkrete Maßnahme der Hauptversammlung freiwillig zur Entscheidung vorlegt und erneut bestätigen lässt (§ 119 Abs. 2 AktG).[298] Die Frage ist vielmehr, ob der Vorstand hierzu nicht sogar ver-

[296] S.o. 1. Teil, 1. Kapitel, B. III. 1.

[297] Ekkenga AG 2001, 567, 568. Zur rechtsgeschäftlichen Natur von Gesellschafterbeschlüssen s. etwa Hüffer, AktG, § 119, Rn.3 m.w.N. über den Streitstand.

[298] Cahn, ZHR 163 (1999), 554, 581 f.. Streitig ist, ob ein solcher Beschluss nicht – wie die Ermächtigung selbst – den erschwerten Bedingungen der §§ 202 f. AktG genügen müsste,

pflichtet ist, weil seine Ausübungskompetenz im Falle eines nachträglichen Zweckfortfalls eingeschränkt ist oder gar entfällt. In Betracht käme eine Rückverlagerung der Entscheidungszuständigkeit auf die Hauptversammlung: Der Vorstand könnte gehalten sein, zunächst die Durchführung der Maßnahme einzustellen und sie der Hauptversammlung zur erneuten Zustimmung vorzulegen. Des Weiteren ist zu überlegen, ob der Vorstand verpflichtet ist, darauf hinzuwirken, die Eingriffswirkung des Bezugsrechtsausschlusses insoweit zu minimieren, dass bevorzugt den Aktionären die jungen Aktien nunmehr zum Kauf angeboten werden. Ansatzweise werden dahingehende Überlegungen von Teilen der Literatur diskutiert. So erkennen einige Kommentatoren innerhalb der Rechtslehre die Problematik und sehen, dass „*...die AG den Wegfall der Rechtfertigung für den Bezugsrechtsausschluss nicht unberücksichtigt lassen darf...*“[299], der Bezugsrechtsausschluss sogar bedeutungslos werde und es darüber hinaus einer Prüfung bedürfe, *„...ob damit nicht der gesamte Kapitalerhöhungsbeschluss gegenstandslos oder undurchführbar geworden ist...“.*[300] Vereinzelt wird zurückhaltend die Überlegung geäußert, dass unter Umständen *„...die Verwaltung zum gesetzlichen Bezugsrecht zurückkehren und den Aktionären die neuen Aktien nach dem gegenwärtigen Stand der Besitzverteilung angeboten werden müsse...“.*[301]

Eine besondere Problematik entsteht bei einer bezugsrechtsfreien Barkapitalerhöhung bei durchgeführtem Bookbuilding-Verfahren, wenn der konkrete Verwendungszweck darin liegt, die Aktien am Aktienmarkt zu plazieren und es sodann zu einem Plazierungshindernis in Form eines Kursverfalls kommt. Regelmäßig sehen die zwischen der Emittentin und den Konsortialbanken ge-

d.h. nicht zuletzt Beteiligung des Handelsregisters. Grundsätzlich dafür Hirte, in: GK, § 202 Rn.104; Ekkenga, AG 2001, 567, 578; dagegen Cahn ZHR 163 (1999), 554, 566 f..

[299] Hefermehl/ Bungeroth, in: Geßler/ Hefermehl, AktG § 186, Rn.141.

[300] Wiedemann, in: GK, § 186, Rn.187.

[301] Wiedemann, in: GK, § 186, Rn.187; Hüffer, AktG, § 186, Rn.40 a.E.; tendenziell auch Lutter, in: KK, § 186, Rn.89 a.E.

schlossenen Übernahmeverträge zwar entsprechende Regelungen eines solchen Zweckfortfalls zugunsten der Altaktionäre vor. Fehlen solche Regelungen, aus welchen Gründen auch immer, besteht die Gefahr, dass die Banken sich entschließen, dauerhaft Aktionär zu bleiben und in eine Verteilungskonkurrenz zu den vom Bezugsrecht ausgeschlossenen Altaktionären zu treten.[302] Hierbei stellt sich sodann die Frage, inwieweit der Vorstand verpflichtet ist, den Aktionären die jungen Aktien gleichwohl zum Erwerb anzubieten, jedenfalls aber Vorkehrungen bzw. Absicherungen in Form solcher vertraglicher „Zweckfortfall-Regelungen" zu treffen.

Die nachfolgende Untersuchung der „Rechtsfolgen" eines nachträglichen Zweckfortfalls ist nicht zu verwechseln mit der Fallkonstellation, dass die beschriebenen formellen und/oder materiellen Voraussetzungen des bezugsrechtsfreien Kapitalerhöhungsbeschlusses von Anfang nicht erfüllt sind und daher ein Nichtigkeitsfeststellungsrecht bzw. Anfechtungsrecht nach §§ 241 ff. AktG gegeben ist.[303] Für die vorliegende Konstellation ist entscheidend, dass der Bezugsrechtsausschluss zunächst formell und materiell wirksam ist, jedoch zu einem späteren Zeitpunkt sein Ausschlusszweck wegfällt. Insofern wird nachfolgenden herausgearbeitet werden, welche Konsequenzen sich aus einem nachträglichen Fortfall der ursprünglich zulässigen Ermächtigungsgründe für den Vorstand ergeben.

---

[302] Siehe hierzu unten 2. Teil, 1. Kapitel, B. I. und Ekkenga, in: VGR, Bd. 3 (2001), 77, 86; ders., AG 2001, 567, 626.

[303] Die Missachtung der (ungeschriebenen) sachlichen Ausschlussvoraussetzungen gilt als Gesetzesverstoß im Sinne des § 243 Abs. 1 AktG, vgl. Hüffer, AktG, § 243, Rn.5, 21, 25.

1. Kapitel: Vorstandspflichten bei genehmigter Barkapitalerhöhung und gescheiterter Aktienplazierung

Wird das Bezugsrecht – formell und materiell wirksam – mit der Maßgabe ausgeschlossen, die Streuung der jungen Aktien an der Börse mittels einer Barkapitalerhöhung zu ermöglichen, geschieht dies in aller Regel im Rahmen einer Fremdemission unter Durchführung eines Bookbuilding-Verfahrens. Die Aktienplazierung droht indes zu scheitern, wenn es zu einem längerfristigen, innerhalb der Ermächtigungsfrist aufgrund der schlechten Marktsituation nicht mehr aufholbaren Kursverfall kommt, so dass der Börsenpreis den im Ermächtigungsbeschluss festgelegten Ausgabepreis und/oder den nach § 255 Abs. 2 AktG zu beachtenden „inneren" Wert unterschreitet.[304]

Die Handlungsoptionen und -pflichten des Vorstands hängen in dieser Fallkonstellation von mehreren Umständen ab. Zunächst kommt es darauf an, ob der Vorstand aufgrund eines Direktausschlusses oder einer Ausschlussermächtigung handelt. Weiter ist von Bedeutung, ob die Hauptversammlung im Ermächtigungsbeschluss einen Mindestausgabepreis festgelegt oder den Vorstand auch zum Pricing ermächtigt hat.

In zeitlicher Hinsicht kommt es darauf an, zu welchem Zeitpunkt des mehrstufigen Kapitalerhöhungsverfahrens die Zweckgefährdung bzw. der Zweckfortfall eintritt. Entscheidend ist letztlich, ob die Durchführung der Kapitalerhöhung und damit verbunden das Entstehen der neuen Anteile bereits in das Handelsregister eingetragen wurde. Ab diesem Zeitpunkt ist die Kapitalerhöhung wirksam. Bis zu diesem Zeitpunkt kann die Ausübungsentscheidung unter bestimmen Voraussetzungen zurückgenommen werden.[305]

---

304 Der Fall betrifft ausschließlich eine Barkapitalerhöhung im Bookbuilding-Verfahren. Bei einer Sachkapitalerhöhung kann dieses Problem nicht auftreten, weil die Plazierung hier schon vor der handelsregisterlichen Eintragung der Kapitalerhöhung erfolgt.

305 Lutter, in: KK, § 204, Rn.19 unter Verweis auf § 185 Abs. 1 Nr. 4 AktG.

A. Zweckfortfall vor Eintragung der Kapitalerhöhung

Wird bereits bei oder nach Ausübung des genehmigten Kapitals deutlich, dass der im Ermächtigungsbeschluss vorgegebene Ausgabebetrag bzw. der rechtliche Mindestausgabebetrag nach § 255 Abs. 2 AktG dauerhaft nicht eingehalten oder erreicht werden kann, verstieße der Vorstand bei dennoch durchgeführter Kapitalerhöhung gegen das ihm obliegende pflichtgemäße Ermessen. Welche Handlungsoptionen dem Vorstand zur Verfügung stehen hängt entscheidend davon ab, ob er aufgrund eines Direktausschlusses oder aufgrund einer Ausschlussermächtigung handelt.

I. Handlungsoptionen bei Direktausschluss

1. Eingeschränkte Ausübungskompetenz aufgrund Ermessensreduktion auf Null

Sieht der Ermächtigungsbeschluss neben einem Mindestausgabebetrag auch einen Direktausschluss des Bezugsrechts vor, ist der Vorstand an diese Vorgaben der Hauptversammlung gebunden. Zwar entscheidet der Vorstand in diesem Fall ob, wann und in welchem Umfang das genehmigte Kapital ausgeübt wird. Macht er jedoch hiervon Gebrauch, ist das Bezugsrecht der Altaktionäre zwingend ausgeschlossen.[306] Der Vorstand ist indes nicht berechtigt, einseitig von Vorgaben des Ermächtigungsbeschlusses abzuweichen oder diese zu ignorieren (vgl. § 204 Abs. 1 S. 1 AktG). Insbesondere ist ihm im Fall eines Direktausschlusses die Möglichkeit verwehrt, den Altaktionären die jungen Aktien unter Verletzung der Vorgaben des Ermächtigungsbeschlusses zum niedrigeren Börsenkurs anzubieten, um die Aktienplazierung gleichwohl noch zu retten. Anderenfalls wäre sein Ausübungsbeschluss ungültig und die Fortführung der Kapitalerhöhung zu unterlassen.[307] Ist daher absehbar, dass der vorgegebene Min-

---

[306] Hüffer, AktG, § 203, Rn.8; Hirte, in: GK, § 203, Rn.65.

[307] Hüffer, AktG, § 204, Rn.8; Lutter, in: KK, § 204; Rn.24: Vorstand ist verpflichtet, Zeichnungsverträge, die auf einem unwirksamen Ausübungsbeschluss beruhen, nicht zur

destausgabebetrag während der Ermächtigungsfrist nicht mehr zu erreichen ist, droht die Aktienplazierung aufgrund der „engen" Vorgaben des Ermächtigungsbeschlusses zu scheitern.

Ein Direktausschluss hindert die Verwendung des genehmigten Kapitals und die erfolgreiche Plazierung der Aktien innerhalb der Ermächtigungsfrist aber auch dann, wenn der Ermächtigungsbeschluss zwar keinen Mindestausgabebetrag vorsieht, jedoch der Börsenkurs den „inneren" Wert der Aktien i.S.v. § 255 Abs. 2 AktG nachhaltig unterschreitet. Der Vorstand könnte in dieser Konstellation den Ausgabebetrag der jungen Aktien nur unter Missachtung ihres „inneren" Wertes festlegen, um die Emission attraktiv zu gestalten. Dies ist ihm jedoch nicht möglich, weil er auch in diesem Fall an den vorgegebenen Ausschluss des Bezugsrechts gebunden bleibt. Insbesondere kann er, um eine Anfechtbarkeit des Erhöhungsbeschlusses zu vermeiden, nicht einseitig die neuen Aktien den Altaktionären zum Bezug anbieten.

Um diese rechtsgeschäftlichen (Mindestausgabebetrag des Ermächtigungsbeschlusses) oder gesetzlichen Vorgaben (§ 255 Abs. 2 AktG) nicht zu verletzten, bleibt dem Vorstand nur die Wahl einer einzig zulässigen Maßnahme. Im Verwaltungsrecht spricht man in derart gelagerten Konstellationen von einer „Ermessenreduktion auf Null". Diese Terminologie lässt sich übertragen.[308] Das Ausübungsermessen des Vorstands reduziert sich demnach auf Null.[309] Der Vorstand ist daher verpflichtet, die Kapitalerhöhung nicht weiter durchzuführen. Er hat dafür zu sorgen, dass es (vorläufig) nicht zur Ausgabe der neuen Aktien

---

Grundlage einer Anmeldung zum Handelsregister zu machen, § 203 Abs. 1 i.V.m. § 188 AktG.

308 Diese Terminologie verwendet auch der BGH in seiner „Holzmüller" - Entscheidung, BGHZ 83, 122, 131.

309 Ekkenga, AG 2001, 567, 621.

kommt und das Ausgabeverfahren der Aktien eingestellt wird. Alternativ kann er sich auch um einen Änderungsbeschluss der Hauptversammlung bemühen.

2. Herbeiführung eines Änderungsbeschlusses der Hauptversammlung

Es stellt sich die Frage, inwieweit der Vorstand die Möglichkeit hat, den Ermächtigungsbeschluss durch die Hauptversammlung ändern zu lassen, anstatt das genehmigte Kapital aufgrund der Ermessensreduktion überhaupt nicht auszuüben.[310]

Innerhalb der Literatur werden vergleichbare Erwägungen unter dem Stichwort des „Umwidmungsbeschlusses" der Hauptversammlung diskutiert.[311] Obgleich dort mehr die Frage im Mittelpunkt steht, ob und unter welchen Voraussetzungen die im Vorstandsbericht mitgeteilten bzw. im Ermächtigungsbeschluss genannten (abstrakten) Verwendungszwecke des genehmigten Kapitals nachträglich geändert werden können, lassen sich die dort gefundenen Ergebnisse auf die vorliegende Konstellation übertragen.

Der Plazierungserfolg kann demnach durch eine Änderung des Ermächtigungsbeschlusses der Hauptversammlung gesichert werden, wenn die Ermächtigung einen Mindestausgabebetrag vorsieht, der schon kurz vor Ausübung des genehmigten Kapitals prognostizierbar aufgrund eines dauerhaften Kursverfalls innerhalb der Ermächtigungsfrist nicht erreicht werden kann. Die Vorlage der konkreten Kapitalmaßnahme unter Berücksichtigung der aktuellen Börsen- und/oder Marktverhältnisse ermöglicht es der Hauptversammlung, die Ermächtigungsvorgaben anzupassen. Die Hauptversammlung kann von dem zwischenzeitlich

[310] Fleischer/Ekkenga, Vorstandsrecht, § 23, Rn.56, 70; Hirte, in: GK, § 202, Rn.104.

[311] Ausführlich dazu Cahn, ZHR 163 (1999), 554, 556 f. für die Konstellation, dass die von ihm unterstellte Bindung des Vorstands an die im Vorstandsbericht genannten Vorhaben dann zu Unzulänglichkeiten führen könne, wenn diese Maßnahme sich wider Erwarten als undurchführbar oder als unzweckmäßig erweisen könne, ein im Vorstandsbericht dagegen nicht erwähntes Vorhaben im Interesse der Gesellschaft läge. Kritisch gegenüber einer Bindungswirkung des Vorstandsberichts Ekkenga, AG 2001, 567, 578; Fleischer/Ekkenga, Vorstandsrecht, § 23, Rn.37 (Fn. 171), Rn.67.

für den Erfolg der Plazierung hinderlichen Bezugsrechtsausschluss absehen und die Entscheidung dem Vorstand gemäß § 203 Abs. 2 AktG übertragen. Ferner kann sie die Höhe des ursprünglich vorgesehen Ausgabepreises unter Berücksichtigung der aktuellen Markt- und Börsenverhältnisse ändern oder die Bestimmung in das Ermessen des Vorstands nach § 204 Abs. 1 AktG übertragen.[312] Die Wirksamkeitsvoraussetzungen eines solchen (nachträglichen) Änderungsbeschlusses, der jederzeit und unabhängig von der Eintragung des genehmigten Kapitals vorgenommen werden kann,[313] entsprechen denen des ursprünglichen Ermächtigungsbeschlusses. Die Regelungen über das genehmigte Kapital gemäß §§ 202 ff. AktG finden Anwendung.[314] Gleichwohl muss nicht das gesamte Kapitalerhöhungsverfahren erneut durchlaufen werden.[315] Allerdings muss der Änderungsbeschluss dieselben formellen und materiellen Zulässigkeitsvoraussetzungen erfüllen wie der eigentliche Ermächtigungsbeschluss. Daher haben die Aktionäre dieselben Informations-, Teilhabe- und Rechtsschutzmöglichkeiten wie bei der ursprünglichen Ermächtigung. Die Hauptversammlung hat demnach die Möglichkeit, den ursprünglichen Ermächtigungsbeschluss sowohl hinsichtlich des zunächst vorgesehenen Direktausschlusses und/oder des vorgegebenen Ausgabebetrages der neuen Aktien abzuändern oder diese Fragen dem Vorstand zu übertragen.

In materieller Hinsicht bedarf der Änderungsbeschluss einer Dreiviertelmehrheit des bei Beschlussfassung vertretenen Grundkapitals (§ 202 Abs. 2 S. 2 AktG). Der nachträgliche Änderungsbeschluss der Hauptversammlung ist zudem erst dann wirksam, wenn er im Handelsregister eingetragen ist (§§ 181 Abs. 3, 202 Abs. 2 AktG).

---

312 Siehe dazu oben, 1. Teil.

313 Lutter, in: KK, § 202, Rn.7, 18; Hüffer, AktG, § 202, Rn.18.

314 Hüffer, AktG, § 202, Rn.18 m.w.N.; Hirte, in: GK, § 202 Rn.104. Ablehnend Cahn, ZHR 163 (1999), 554, 566 f.. Zweifelnd Fleischer/Ekkenga, Vorstandsrecht, § 23, Rn.70.

315 Cahn, ZHR 163, (1999), 554, 566 f.. Anders wohl Ekkenga, AG 2001, 567, 578.

Der Vorstand ist in der vorliegenden Fallkonstellation jedenfalls unter dem Gesichtspunkt seiner Schadensabwehrpflicht gut beraten, auf eine Änderung des Ermächtigungsbeschlusses hinsichtlich des zunächst festgelegten Ausgabebetrags und/oder des Bezugsrechtsausschlusses hinzuwirken.[316] Denn ohne eine entsprechende Anpassung entstünde eine für die Beteiligten ungünstige Situation. Einerseits haben die Banken die neuen Aktien bereits zum Nennbetrag gezeichnet („Bookbuilding"). Andererseits würde die im Übernahmevertrag eingegangene Verpflichtung der Banken, einen über dem Ausgabepreis liegenden Emissionserlös an die Gesellschaft abzuführen, mangels Veräußerbarkeit der Aktien am Markt und somit aufgrund eines Scheiterns der Aktienplazierung ins Leere laufen. Dies würde bei ausgeschlossenem Bezugsrecht dazu führen, dass die Aktien ausgegeben wurden, ohne dass der Gesellschaft der nach § 255 Abs. 2 AktG bzw. § 186 Abs. 3 S. 4 AktG vorgeschriebene Mindesterlös zugeflossen ist.[317]

Kommt es zu keinem oder nur zu einem in Teilen stattgebenden Änderungsbeschluss, hat der Vorstand von der Ausnutzung des genehmigten Kapitals abzusehen, da seinem Finanzierungsvorhaben entweder der im Ermächtigungsbeschluss vorgegebene Mindestausgabepreis oder aber das Verwässerungsverbot des § 255 Abs. 2 AktG entgegensteht. Selbst wenn der ursprünglich vorgesehene Direktausschluss nunmehr einer Ausschlussermächtigung gewichen sein sollte, kann der Vorstand zwar von einem Bezugsrechtsausschluss absehen. Gleichwohl wird bei weiter fallenden Kursen die Aktienplazierung keinen Erfolg haben, wenn die Altaktionäre ihr Bezugsrecht nicht ausnutzen, weil sie – wie sonstige Investoren auch – die jungen Aktien zu dem niedrigeren Börsenkurs erwerben können. Der Vorstand hat daher darauf hinzuwirken, dass Gegenstand des begehrten Änderungsbeschlusses in erster Linie die Anpassung des ursprüngli-

316 Zur Frage, ob hierzu auch eine Verpflichtung des Vorstands besteht, siehe oben.
317 Siehe hierzu bereits die Ausführungen oben 1. Teil, 2. Kapitel, A, I. 1.

chen Ausgabebetrags an die gegenwärtigen Marktgegebenheiten ist oder ihm das Pricing übertragen wird.[318]

II. Handlungsoption bei Ausschlussermächtigung: Vorrangige Bedienung von Ersatzbezugsrechten

Anders liegt der Fall, wenn der Vorstand zunächst das Bezugsrecht aufgrund einer Ausschlussermächtigung ausschließt, die ihrerseits keinen Mindestausgabebetrag vorsieht. Der Vorstand ist hinsichtlich des Ausgabebetrags der jungen Aktien „nur" an die Grenze des § 255 Abs. 2 AktG gebunden, hat also bei der Festlegung des Ausgabebetrags den wahren „inneren" Wert der Aktien zu berücksichtigen.[319] Kommt es in dieser Konstellation zu einem nachhaltigen Kursverfall, läuft der Vorstand bei ausgeschlossenem Bezugsrecht Gefahr, dass der Erhöhungsbeschluss wegen eines unangemessen niedrigen Ausgabebetrags anfechtbar wird.[320] Es stellt sich daher die Frage, ob und wie der Vorstand von der zunächst avisierten bezugsrechtsfreien Kapitalerhöhung Abstand nehmen und das Bezugsrecht der Altaktionäre nunmehr doch berücksichtigen kann.[321]

In Betracht kommt, den aufgrund der Ausübungsentscheidung (zunächst) ausgeschlossenen Altaktionären so genannte „Ersatzbezugsrechte" zuzubilligen. Diese Ersatzbezugsrechte gewähren den Altaktionären einen Anspruch auf quotenmäßige Zuteilung der neuen Anteile, wenn das gesetzliche Bezugsrecht ausgeschlossen ist und sich die wirtschaftlichen Begleitumstände der Aktienausgabe in einer Weise geändert haben, die einen Fortbestand der Ausschlussentscheidung als unzumutbar erscheinen lassen. Das Ersatzbezugsrecht ist gesetzlich nicht geregelt, sondern das Ergebnis einer Rechtsfortbildung praeter le-

---

318 Zur Möglichkeit, die Bestimmung des Ausgabepreises dem Vorstands zu übertragen, s.o.

319 Zur Frage der Bestimmungsfaktoren des angemessenen Ausgabebetrages vgl. oben 1. Teil, 2. Kapitel, A., I., 1,a, aa, (2).

320 Zur (analogen) Anwendbarkeit des § 255 Abs. 2 AktG auch auf die Ausübungsentscheidung des Vorstands, s.o. 1. Teil, 2. Kapitel, A., I., 1.a, aa, (1).

321 Dagegen ist der Vorstand im Fall eines Direktausschlusses an die Vorgaben des Ermächtigungsbeschlusses gebunden, so dass mögliche Ersatzbezugsrechte von vornherein nicht in Betracht kommen.

gem.[322] Die Bedienung solcher Ersatzbezugsrechte kommt freilich nur dann in Betracht, wenn hierdurch nicht in gesicherte Rechtspositionen aus den anderweitig verfügten Zuteilungen eingegriffen wird, insbesondere nachdem die Durchführung der Kapitalerhöhung eingetragen und die Zeichnungsverträge wirksam geworden sind.[323] Das ist indes in diesem Verfahrensstadium des genehmigten Kapitals, in dem eventuell bereits geschlossene Zeichnungsverträge mit externen Investoren bzw. den Konsortialbanken lediglich aufschiebend bedingt wirksam sind, noch nicht der Fall.

Der Vorstand hat daher im Fall einer Selbstemission die Möglichkeit, dafür zu sorgen, dass diese Ersatzbezugsrechte auch bedient werden. Hierfür hat er den Altaktionären die Wahrnehmung dieser Ersatzbezugsrechte zu ermöglichen, in dem er nach Maßgabe von §§ 203 Abs. 1 S. 1, 186 Abs. 1, 2 AktG Bezugsangebote unterbreitet und eine Bezugsfrist bestimmt. Privilegiert sind dann jene Altaktionäre, die sich bis zum Ablauf der Frist als bezugsberechtigt legitimieren, indem sie ihren Bezugsanspruch fristgemäß durch wirksame Bezugserklärung angemeldet haben (vgl. § 186 Abs. 1 S. 1 AktG:"...auf sein Verlangen...") und nicht kraft Gesetzes von der Verteilung ausgeschlossen sind.[324]

Dieselben Erwägungen greifen auch im Fall einer Fremdemission. Denn selbst wenn die Konsortialbanken zu diesem Zeitpunkt die jungen Aktien möglicherweise bereits gezeichnet haben, sind sie mangels Eintragung der Durchführung der Kapitalerhöhung keine vollwertigen Aktionäre. Ihnen stehen jedoch möglicherweise aufgrund des mit der Gesellschaft geschlossenen Übernahmevertrags Schadensersatzansprüche[325] oder ein Rücktrittsrecht von ihrer vertraglichen Pflicht zur Übernahme der Aktien zu (so genannte „Force Majeur-Klausel").[326]

322 Ekkenga AG 2001, 567, 627. Siehe hierzu noch genauer unten 2. Teil, 1. Kapitel, B, II.1.a
323 Fleischer/Ekkenga, Vorstandsrecht, § 23, Rn.98
324 Fleischer/Ekkenga, Vorstandsrecht, § 23, Rn.94, 98.
325 Dem Zeichner steht bis zur Eintragung der Durchführung der Kapitalerhöhung kein Erfüllungsanspruch auf Einräumung der Mitgliedschaft zu. Vielmehr erwirbt er die Mitglied-

III. Einschränkung der Ausübungskompetenz nach der „Holz- müller"-Doktrin

Anknüpfend an die bereits dargestellte Möglichkeit des Vorstands, die Vorgaben des Ermächtigungsbeschlusses durch einen – fakultativ einzuholenden – Änderungsbeschluss den aktuellen Gegebenheiten anzupassen, stellt sich die Frage, ob der Vorstand hierzu nicht sogar verpflichtet ist und der Hauptversammlung die konkrete Finanzierungsmaßnahme unter den gegenwärtigen Marktsituationen erneut zur Abstimmung vorzulegen.

In der Rechtslehre wird hierzu die Auffassung diskutiert, ob eine kraft ordnungsmäßiger Ermächtigung begründete Ausübungskompetenz des Vorstands erlischt oder dem Umfang nach begrenzt ist, wenn Umstände eintreten, die eine erneute Befassung der Hauptversammlung mit der Angelegenheit erfordern.[327] Im Kern geht es um die Frage, ob in bestimmten Ausnahmefällen der Vorstand nach den Grundsätzen des „Holzmüller" -Urteils[328] verpflichtet ist, noch vor Eintragung der Durchführung der Kapitalerhöhung die konkrete Kapitalmaßnahme der Hauptversammlung und deren möglich erscheinende Abweichung von den Vorgaben des Ermächtigungsbeschlusses und/oder den gesetzlichen Vorgaben (§ 255 Abs. 2 AktG) zur Zustimmung vorzulegen.

---

schaft erst im Zeitpunkt der Eintragung der Kapitalerhöhung, vgl. MünchKomm-AktG/Pfeiffer, § 185, Rn.34 f.; Lutter, in: KK; § 185, Rn.34.

326 Technau, AG 1998, 445, 446 f..

327 Siehe hierzu den Diskussionsansatz bei Ekkenga, AG 2001, 567, 576 f..

328 BGHZ 83, 122 ff..

1. Eingeschränkte Geschäftsführungsbefugnis nach der „Holzmüller" - Entscheidung

a) Kernaussage der „Holzmüller" -Entscheidung

Die Entscheidung betraf die Ausgliederung eines wesentlichen Unternehmensbereichs in eine Tochtergesellschaft. Der BGH bejahte die Pflicht des Vorstands, die Zustimmung der Hauptversammlung zu bestimmten, grundsätzlich im Ermessen des Vorstandes liegenden Geschäftsführungsmaßnahmen einzuholen. Dies sei immer dann der Fall, wenn sich das dem Vorstand in Geschäftsführungsangelegenheiten gemäß §§ 76 Abs. 1, 119 Abs. 2 AktG eingeräumte Ermessen angesichts der Tragweite bestimmter Entscheidungen „auf Null reduziere" und sich insoweit das Recht zur Vorlage in eine Pflicht zur Vorlage an die Hauptversammlung verenge. Dies betreffe Entscheidungen, welche zwar formal in den Zuständigkeitsbereich des Vorstandes fielen, „*...gleichwohl aber so tief in die Mitgliedsrechte der Aktionäre und deren im Anteilseigentum verkörpertes Vermögensinteresse eingreifen, dass der Vorstand vernünftigerweise nicht annehmen kann, er dürfe sie in ausschließlich eigener Verantwortung treffen, ohne die Hauptversammlung zu beteiligen...*".[329] Daher – so die Schlussfolgerung des BGH – sei der Vorstand verpflichtet, die Maßnahme der Hauptversammlung zur erneuten Beschlussfassung vorzulegen.

b) Reaktionen und Interpretationen bezüglich der Reichweite der Entscheidung

Das Urteil führte innerhalb der Rechtslehre zu heftigen Diskussionen. Umstritten war insbesondere, ob die judizierte Zustimmungspflicht der Hauptversammlung einen „allgemeinen Rechtsgedanken" enthalte, der über den entschiedenen

---

[329] BGHZ 83, 122, 131. Diese Gesichtspunkte wurden in der Folgezeit u.a. von LG Frankfurt a.M., ZIP 1997, 1698 ff.; OLG Celle, ZIP 2001, 613, 615 f. aufgegriffen.
Dagegen ist besonders diese Urteilspassage Ziel der in durch die Rechtslehre geäußerten Kritik, vgl. Mertens, in: KK, § 76, Rn.51; Lutter, in: FS Stimpel, 1985, 832, 843 m.w.N und neuerdings Henze, BB 2001, 53, 60. Mit den rechtstatsächlichen Folgen des „Holzmüller"- Urteils befasst sich die empirische Studie von Bernhardt, DB 2000, 1873, 1875 f..

konzernrechtlichen Sachverhalt hinaus auf andere wesentliche Strukturentscheidungen übertragbar sei.[330] Dies hat die überwiegende Instanzrechtsprechung[331] als auch die Mehrheit der Rechtslehre bejaht.[332] Die „Holzmüller" - Entscheidung wird vielfach in einem derart allgemeinen Kontext verstanden, dass eine Vorlagepflicht des Vorstands stets bestehe, wenn die avisierte Maßnahme das mitgliedschaftliche Interesse der Gesellschafter an der Erhaltung der wirtschaftlichen Substanz sowie des gesellschaftlichen Ertragspotentials und damit im Ergebnis die im Anteilseigentum verkörperte Vermögensinteressen der

[330] Zum Streitstand vgl. Beusch, in: FS Werner, 1983, 1 ff.; Brandes, WM 1984, 294 f.; Emmerich/Sonnenschein, Konzernrecht, S.74 ff.; Emmerich/Habersack, Aktienkonzernrecht, vor § 311, Rn.13 ff.; Ebenroth, Konzernbildungskontrolle, S. 40; Cahn, ZHR 163 (1999), 554, 581 f.; Ekkenga, AG 2001, 567, 576 ff; Geßler, in: FS Stimpel, 1985, 771 ff.; Götz, AG 1984, 85 ff.; Groß, AG 1994, 266 ff.; Grossfeld/Brondics, JZ 1982, 589, 591 ff.; Happ, in: FS Ulmer, 2003, 175, 185; Heinsius, ZGR 1984, 382, 383 ff.; Hirte, Bezugsrechtsausschluss, S. 159, Fn. 17 m.w.N.; Hommelhoff, Konzernleitungspflicht, S. 324 ff., 364 ff., 400 ff.; Hübner, in: FS Stimpel, 1985, 791, 795 ff.; Hüffer, AktG, § 119, Rn.18; Kropff, ZGR 1984, 112 ff.; ders., in: FS Geßler, 1971, 111 ff.; Lutter, in FS Barz, 1974, 199 ff.; ders., in: FS Westermann, 1974, 347 ff.; ders., in: FS Stimpel, 1985, 832; ders., 50 Jahre BGH, S.327, Fn. 45; ders., FS Fleck, 1988, 183; ders., ZHR 151 (1987), 444, 452 f.; Martens, ZHR 147 (1983); 377 ff.; Mertens, in: KK, § 76, Rn.51; Mülbert, Aktiengesellschaft, S. 360 ff.; ders., in: GK, § 119, Rn.17 ff.; Priester, ZHR 163 (1999), 187, 194 ff.; v. Rechenberg, Hauptversammlung, S. 146 ff.; Rehbinder, in: FS Coing 1982, 423 ff.; ders., ZGR 1983, 92 ff.; Schmidt, ZGR 1995, 675, 677; ders., NJW 2000, 2927, 2934; Schneider, in: FS Bärmann, 1975, 873 ff.; ders., ZHR 143 (1979), 485 ff.; ders.; BB 1981, 249 ff.; Seydel, Konzernbildungskontrolle, S. 379 ff.; Semler, BB 1983, 1566 ff.; Sünner, AG 1983, 169 ff.; Timm, AG 1980, 172; ders., ZHR 153 (1989), 60 ff.; Thomas, ZGR 1985, 365, 375 f.; Ulmer, Entwicklungen, S. 49; Wahlers, Konzernbildungskontrolle, S. 166 ff.; Werner, ZHR 147 (1983), 429 ff.; Westermann, ZGR 1984, 352 ff.; ders., ZHR 156 (1992), 203, 214 ff.; ders., in: FS Pleyer, 1986, 421 ff.; Wiedemann, Unternehmensgruppe, S. 72 ff.; Wollburg/Gehling, in: FS Lieberknecht, 1997, 133, 149 f..

[331] OLG München, AG 1995, 233; OLG Köln, AG 1993, 88; LG Köln, AG 1992, 239 f.; LG Stuttgart, AG 1992, 237 f.; LG Frankfurt a.M., AG 2001, 433; dass., AG 1993, 288 f; LG Hamburg, AG 1997, 238; LG Berlin, AG 1992, 93; LG Heidelberg, AG 1999, 137.

[332] Werner, ZHR 147 (1983), 429, 435; Westermann, ZGR 1984, 352, 358; Martens, ZHR 147 (1983), 377, 381 f; Heinsius, ZGR 1984, 382, 390; v. Rechenberg, in: FS Bezzenberger, 2000, 359, 363. Ablehnend wohl Rehbinder, ZGR 1983, 92, 101 der darauf hinweist, dass der BGH die Auffassung des Klägers ausdrücklich abgelehnt habe, wonach sämtliche Maßnahmen einer solchen Zustimmung bedürften, die in der Untergesellschaft mit qualifizierter Kapitalmehrheit zu beschließen seien.

Aktionäre betreffe.[333] Daher seien die Holzmüller-Grundsätze nicht nur auf grundlegende Strukturentscheidungen anwendbar, sondern auch auf – an sich in den Geschäftsführungsbereich des Vorstands fallende – (wesentliche) Investitionsentscheidungen, die einen maßgeblichen Eingriff in die Rechtsstellung der Aktionäre darstellten.[334] Solche erheblichen Struktur- und Investitionsentscheidungen seien neben der im Fall „Holzmüller" entschiedenen Ausgliederung Fälle wie die Teilfusion[335], die Veräußerung oder der Erwerb von wesentlichen Beteiligungen und Unternehmensbereichen[336], das Delisting[337], der Börsengang[338], die Aufnahme Dritter in die bisherige Tochtergesellschaft[339] sowie der Abschluss von Unternehmensverträgen der Tochtergesellschaft mit Dritten[340].

c) Unanwendbarkeit der „Holzmüller-Doktrin" auf genehmigte (bezugsrechtsfreie) Kapitalerhöhungen

Trotz dieser breiten Zustimmung zu einer allgemeinverbindlichen Geltung der Holzmüller-Grundsätze, kommt eine Übertragung auf die Konstellation eines Zweckfortfalls nicht in Betracht.

Es ist zwar zuzugestehen, dass auch bei bezugsrechtsfreien genehmigten Kapitalerhöhungen Fallkonstellationen – wie beispielsweise das drohende Scheitern der Aktienplazierung – denkbar sind, die eine Pflichtvorlage des Vorstands

---

[333] So die Interpretation bei Mülbert, Aktiengesellschaft, S. 368 f.; Hirte, Bezugsrechtsausschluss, S. 162 ff., 179 f.; Heinsius, ZGR 1984, 383, 402; Lutter/Leinekugel, ZIP 1998, 805 ff..

[334] Lutter in: 50 Jahre BGH, 2000, S. 321, 328; Joost, ZHR 163 (1999), 164, 166 ff.; Altmeppen, DB 1998, 49, 50 f.; Bork, EWiR 1997, 1147; dazu kritisch Mertens, in: KK, § 76 Rn.51. Die Lehre von der ungeschriebenen Mitwirkungskompetenz der Hauptversammlung geht zurück auf Lutter, DB 1973, Beilage 21.

[335] Lutter, DB 1973, Beilage 21.

[336] LG Frankfurt, ZIP 1997, 1698.

[337] OLG München, AG 2001, 364 f.; Grupp, Börseneintritt, S. 192.

[338] Schanz, Börseneinführung, § 6 Rn.48, 51. A.A. Reichert, in: Beck`sches Handbuch der AG, 2004, § 5 Rn.56, m.w.N.; Grupp, Börseneintritt, S.150. Kritisch dagegen Fleischer/Ekkenga, Vorstandsrecht, § 23, Rn.112; ders., ZGR 2003, 878 unter Hinweis auf die neue Pflichtgebotsregel des § 35 WpÜG sowie die „Macrotron"- Entscheidung des BGH, WM 2003, 533.

[339] Hirte, Bezugsrechtsausschluss, S. 182 ff..

[340] MünchHdb, GesR IV/Krieger, § 69, Rn.38.

sinnvoll erscheinen lassen. Insbesondere Maßnahmen, die zu einer grundlegenden Änderung der Unternehmensstruktur führen und daher von wesentlicher Bedeutung für die Gesellschaft sind, drängen aufgrund ihrer Eingriffsintensität in die Mitgliedschaftsrechte der Aktionäre eine Vorlagepflicht des Vorstands auf. Zu denken ist an Maßnahmen, aufgrund derer sich die Struktur der Gesellschaft wesentlich ändert, beispielsweise deshalb, weil (erstmals) eine Konzernstruktur entsteht[341]. Ferner dann, wenn durch die bezugsrechtsfreie Kapitalerhöhung eine fusionsähnliche Umstrukturierung der Gesellschaft finanziert werden soll[342] oder sich die Gesellschaft(er)verhältnisse aufgrund einer Börseneinführung verändern.[343]

Eine Vorlagepflicht à la Holzmüller führte in der Tat zu einer von Teilen der Rechtslehre geforderte stärkere Rückkopplung des Vorstands mit der Folge, dass die Verantwortung über die Finanzierungsmaßnahme auf die Hauptversammlung zurück übertragen würde.[344] Gleichzeitig versprechen sich die Befürworter hiervon, dass das im Vorfeld der Ermächtigung aufgrund der umstrittenen Pflicht zur Zweitberichterstattung bestehende Informationsdefizit ausgeglichen würde. Nichtsdestotrotz stehen einer Vorlagepflicht des Vorstands verbunden mit der Bejahung einer erneuten Mitwirkungskompetenz der Hauptversammlung auf Grundlage der „Holzmüller"-Doktrin dogmatische wie auch praktische Bedenken gegenüber.

---

[341] Hirte, in: GK, § 202, Rn.162; ders., Bezugsrechtsausschluss, S. 155 ff., 165 f. wonach Maßnahmen der Vermögensverwaltung à la „Holzmüller" den Minderheitenschutz in durchaus ähnlicher Weise herausfordern könne wie eine bezugsrechtsfreie Kapitalerhöhung; Ekkenga, AG 2001, 567, 576, 615, 618, der sich zudem für eine beschlussgestützte Konzernbildungskontrolle ausspricht.

[342] Cahn, ZHR 163 (1999), 554, 582; Mertens, in: KK, § 76, Rn.52; Kimpler, Zuständigkeiten, S. 94 f..

[343] Ähnlich auch Timm, DB 1982, 211, 217; Hirte, Bezugsrechtsausschluss, S. 123, die sich insgesamt für stärken Kontrollrechte der Hauptversammlung aussprechen.

[344] Für eine stärkere Rückkopplung des Vorstands sprechen sich vor allem aus: Hirte, Bezugsrechtsausschluss, 123; Timm, DB 1982, 211, 217.

aa) Derivativcharakter der Ausübungskompetenz und qualitative Handlungsunterschiede des Vorstandshandelns

Gegen eine Übertragung der „Holzmüller“ - Grundsätze sprechen zunächst die unterschiedlichen Handlungsqualitäten des Vorstands in der „Holzmüller“ - Konstellation einerseits und der Ermächtigungskonstellation andererseits. Entscheidend ist der Derivativcharakter der Ausübungskompetenz. Streitgegenstand der „Holzmüller“ - Rechtsprechung war eine originäre Geschäftsführungsmaßnahme des Vorstands im Sinne von § 77 AktG. Eine erste Voraussetzung für eine Übertragung der „Holzmüller“ - Grundsätze auf die Zweckfortfall-Konstellation wäre also, dass durch die Bewilligung des genehmigten Kapitals die Ausübung der Ermächtigung eine Geschäftsführungsmaßnahme wäre. Dies ist indes nicht der Fall. Die Ausübungskompetenz des Vorstands ist nicht als originäre Geschäftsführungsmaßnahme sondern als eine von der Hauptversammlung übertragene (derivative) Kompetenz zu qualifizieren. Der Vorstand handelt im Rahmen des genehmigten Kapitals regelmäßig als bloßes Ausführungsorgan der Hauptversammlung (bei konkreten Ermächtigungsvorgaben)[345] oder als dessen Ausübungsorgan (bei weiten Ermächtigungsbeschlüssen) aufgrund einer abgeleiteten Sachentscheidungskompetenz, die hinsichtlich ihres Umfangs durch die Hauptversammlung rechtsgeschäftlich vorgegeben ist.

Zwar setzt die Ausübungsentscheidung im Rahmen eines genehmigten Kapitals einen gemeinschaftlich gefassten Vorstandsbeschluss nach Maßgabe des § 77 AktG voraus, so dass sie sich insofern als formeller Akt der Geschäftsführung darstellt.[346] Der überwiegende Teil der Literatur unterwirft daher die Aus-

[345] Die Rolle des Vorstands ist hier vergleichbar mit der bei einer regulären Kapitalerhöhung. Bei der regulären Kapitalerhöhung handelt der Vorstand als bloßes ausführendes Organ der Hauptversammlung. Er ist reines Exekutivorgan verbindlicher Hauptversammlungsvorgaben (§83 Abs. 2 AktG). Ein eigenes, originäres Handlungsermessen steht ihm bei diesen reinen Ausführungsakte nicht zu, vgl. Habersack, in: GK, § 83, Rn.2.

[346] Hirte, in GK, § 202 Rn.21; AnwK-AktienR/Groß § 202 Rn.77; § 204 Rn.8.; MünchHdb GesR IV/Krieger, § 58, Rn.24.

übungsentscheidung den allgemeinen Regeln über die Geschäftsführung nach §§ 76 Abs. 1, 77, 82 Abs. 2 AktG.[347] Zur Begründung führen sie an, dass dem Vorstand mit der Ermächtigung die Befugnis übertragen werde, ohne weitere Mitwirkung der Hauptversammlung eine Kapitalerhöhung gegen Einlagen durchzuführen. Ihm obliege daher die volle Entschlussfreiheit hinsichtlich des „Ob", des „Wann" und – in den Höchstgrenzen der Ermächtigung – auch des „Wie viel" der Kapitalerhöhung.[348] Daher könne die Hauptversammlung den Vorstand nicht daran hindern, die Ausübung des genehmigten Kapitals abzulehnen. Anderenfalls geriete die Ermächtigung zur Weisung.[349] Ferner könne der Vorstand auch nicht angewiesen werden, das genehmigte Kapital tatsächlich durchzuführen oder ganz auszuschöpfen.[350] All das spreche letztlich für eine Anwendbarkeit der Geschäftsführungsregeln auf die Ausübungsentscheidung des Vorstands.

Diese Sichtweise ist indes zu weitgehend. Sie übersieht die materiellen Entscheidungsinhalte der Ausübungsentscheidung.[351] Diese zielen auf die Erhöhung des Grundkapitals ab. Sie sind auf die Ersetzung einer der Hauptversammlung zugewiesenen Grundlagenentscheidung (§ 119 Abs. 1 Nr. 6 AktG) gerichtet, die der Vorstand kraft abgeleiteter Sachentscheidungskompetenz trifft.[352] Es handelt sich um eine Ausübungsbefugnis kraft Delegation (§ 203 Abs. 1 AktG). Die Ausübungsentscheidung beim genehmigten Kapital ist zwar auch eine Ermessensentscheidung. Der entscheidende Unterschied zu originären Geschäftsführungsmaßnahmen ist jedoch, dass sich der Ermessensumfang nicht nach den

---

[347] So die herrschende Auffassung, vgl. MünchHdb GesR IV/ Krieger, § 58, Rn.24; Hirte, in: GK, § 202, Rn.29; Hüffer, AktG, § 202, Rn.20.
[348] Lutter, in: KK, § 202, Rn.10.
[349] Hüffer, AktG, § 202 Rn.6.
[350] Lutter, in: KK, § 202, Rn.10.
[351] Das sind die „Bedingungen der Aktienausgabe" nach § 204 Abs. 1 AktG.
[352] Ekkenga, AG 2001, 567, 569, 615 f. mit Verweise auf Hirte, in: GK, § 203, Rn.80; Kindler, ZGR 1998, 35, 52, 56; Hopt, ZGR 1993, 534, 562.

Grundsätzen der aktienrechtlichen Leitungs- und Geschäftsführungsautonomie richtet, sondern allein nach dem Ausmaß derjenigen Ausführungsautonomie, den die Hauptversammlung im Ermächtigungsbeschluss rechtsgeschäftlich bestimmt hat.[353] Je nach Konkretisierungsgrad des Ermächtigungsbeschlusses können diese Ausübungsakte daher freie oder gebundene Ausübungsakte sein. Letzteres vor allem dann, wenn durch die (konkreten) Vorgaben des Ermächtigungsbeschlusses das Ermessen des Vorstands auf Null reduziert ist.[354] Es ist daher zwischen der Geschäftsführungsbefugnis des Vorstands kraft eigener Zuständigkeit (§ 76 AktG) einerseits und der Ausübungsbefugnis kraft Delegation (§ 203 Abs. 1 AktG) andererseits zu unterscheiden.[355] Die dem Vorstand übertragene Entscheidungskompetenz kann nicht weiter reichen als die Kompetenz der Hauptversammlung als Kompetenz übertragendes Organ. Dies wäre jedoch bei einer Gleichstellung der Ausübungsbefugnis mit der Geschäftsführungsbefugnis der Fall.[356]

Berücksichtigt man diese Gesichtspunkte, können die „Holzmüller" – Grundsätze auf eine Kapitalerhöhung, insbesondere auf eine genehmigte Kapitalerhöhung nicht übertragen werden. Wegen der verschiedenen Qualitäten des Vorstandshandelns – originäre Geschäftsführungskompetenz einerseits, derivative Ausübungskompetenz andererseits – fehlt es bereits an einem inhaltlich notwen-

---

353 Der Einwand von Hüffer, AktG, § 77, Rn.4, wonach die Abgrenzung zwischen Geschäftsführung und Grundlagengeschäften wegen § 119 AktG entbehrlich sei, mag zwar berechtigt sein, trifft jedoch nicht die hier vorgenommene Differenzierung zwischen Ausübungs- und Geschäftsführungsbefugnis.

354 Siehe hierzu bereits 2. Teil, 1. Kapitel, A, I, 1.

355 Ekkenga, AG 2001, 567, 569 Fn. 12; Hirte, in: GK, § 203, Rn.80; Kindler, ZGR 1998, 35, 52, 56; Hopt, ZGR 1993, 534, 562.

356 Kindler, ZGR 1998, 35, 49 f.; Bayer, ZHR 163 (1999), 505, 539; ebenso schon Semler BB 1983, 1566, 1568. Ekkenga, AG 2001, 567, 569 Fn. 13 verweist zu Recht darauf, dass der Gesetzgeber hierdurch nicht gehindert ist, dem ermächtigten Vorstand Freiräume ausdrücklich zuzubilligen, die der Hauptversammlung bei der regulären Kapitalerhöhung nach § 182 AktG nicht zustehen. Eine solche überschießende Kompetenz des Vorstands sei beispielsweise bei der Bemessung des Ausgabepreises gem. §§ 203 Abs. 1, 204 Abs. 1 AktG anzunehmen.

digen Zusammenhang mit der auf die Überschreitung originärer Geschäftsführungsmaßnahmen zugeschnittenen „Holzmüller" - Entscheidung.[357]

bb) Praktische Probleme einer Wiedervorlagepflicht

Die Differenzierung zwischen unterschiedlichen Handlungsqualitäten des Vorstands ist zudem sinnvoll, weil die Hauptversammlung mit jeder (abstrakt gefassten) Ausübungsermächtigung zugleich ihren Willen zur Nichtbefassung geäußert und dem Vorstand mit der erteilten Ermächtigung einen Vertrauensvorschuss zugebilligt hat, der durch eine Pflichtvorlage wieder entzogen würde.[358] Eine genehmigte Kapitalerhöhung wäre im Fall einer Vorlagepflicht überflüssig, weil die Maßnahme sofort im Wege der regulären Kapitalerhöhung (§§ 182 ff. AktG) hätte beschlossen und durchgeführt werden können. Insofern spricht auch das Zeit- und Kostenmoment infolge einer (außerordentlichen) Hauptversammlung gegen eine Wiedervorlagepflicht des Vorstands. Zudem gefährdet eine zu extensive Vorlagepflicht den Sinn und Zweck des genehmigten Kapitals, weil hierdurch die charakteristische Flexibilität, schnell auf besondere Marktsituationen reagieren zu können, gravierend eingeengt würde, was insbesondere bei eilbedürftigen Finanzierungsmaßnahmen offenkundig ist.[359]

cc) Fehlende gesetzliche Grundlage und Rechtsunsicherheit

Zudem verbietet sich eine Vorlagepflicht à la „Holzmüller" auch wegen des gesetzlich geregelten Zustimmungsvorbehalts zugunsten des Aufsichtsrats. Eine gesonderte Vorlagepflicht des Vorstands hat der Gesetzgeber nicht vorgesehen. Vielmehr hat er die Vorstandskontrolle durch den Aufsichtsrat als ausreichend erachtet.[360]

---

357 So auch Ekkenga, AG 2001, 567, 577, 615; Fleischer/Ekkenga, Vorstandsrecht, § 23, Rn.69 f.

358 LG München, AG 2001, 319.

359 Fleischer/Ekkenga, Vorstandsrecht, § 23, Rn.70.

360 Die Entscheidung des Aufsichtsrats vermag allerdings eine vollwertige Managementkontrolle zum Zwecke des Minderheitenschutzes nicht zu gewährleisten, solange den Aktio-

Hinzu käme eine nicht unerhebliche Rechtsunsicherheit, zumal die Reichweite einer Pflichtvorlage nicht abzuschätzen ist. Dies hätte zur Folge, dass unternehmerische Entscheidungen – um „wasserdicht" zu sein – zur Sicherheit auch dann der Hauptversammlung zur Zustimmung vorgelegt würden, obgleich dies unter objektiven Gesichtspunkten nicht erforderlich wäre.[361] Eine Wiedervorlagepflicht im Rahmen des genehmigten Kapitals führte im Ergebnis zu einer Investitionskontrolle der Hauptversammlung, welche durch den Gesetzgeber aber nicht vorgesehen ist.[362]

dd) „Gelatine" - Rechtsprechung des BGH

Schließlich hat sich der BGH in seiner „Gelatine" - Entscheidung[363] gegen eine extensive Pflichtvorlage des Vorstands ausgesprochen. Jedenfalls hat er offen gelassen, welche weiteren als die dort streitgegenständlichen Maßnahmen (Zulässigkeit einer Ausgliederungsmaßnahme) eine Wiedervorlagepflicht rechtfertigen könnten. Vielmehr hat er den Ausnahmecharakter ungeschriebener Mitwirkungsbefugnisse der Hauptversammlung betont und diese nur in engen Grenzen, vor allem bei Umstrukturierungsfällen, ausnahmsweise für zulässig erachtet. Danach sei eine Pflichtvorlage nur dann anzunehmen, wenn eine vom Vorstand in Aussicht genommene Umstrukturierung der Gesellschaft die Kernkompetenz der Hauptversammlung berührt, über die Satzung der Aktiengesellschaft zu bestimmen. Dies insbesondere dann, wenn die Maßnahme Veränderungen nach sich ziehe, die jenen nahe komme, welche allein durch eine Satzungsänderung herbeigeführt werden könnten.[364] Gleichzeitig hat der Senat verschiedene Interpretationen der Rechtslehre bezüglich der „Holzmüller" - Entscheidung ausdrücklich verworfen. Abgelehnt hat er vor allem die diskutierten

nären der Klageweg gegen Aufsichtsratsbeschlüsse nicht eröffnet ist. Zu diesem Aspekt Ekkenga AG 2001, 567, 577.

361 Martens, ZIP 1992, 167, 1680; Groß, AG 1996, 111 ff..

362 Ekkenga, AG 2001, 567, 568.

363 BGH NJW 2004, 1860 ff.; BGH, NZG 2004, 575 ff..

364 BGH, NJW 2004, 1860; BGH, NZG 2004, 575.

Quoten, ab denen eine „wesentliche“ Strukturänderung angenommen werden könne.[365] Die Festlegung, wonach eine Wiedervorlagepflicht überhaupt erst bei einem wirtschaftlichen Ausmaß der Maßnahme von mehr als 50 % des Gesellschaftsvermögens in Erwägung zu ziehen sei, wird bei einem genehmigten Kapital ohnehin nie erreicht werden. Denn § 202 Abs. 3 AktG setzt die Grenze des Nennbetrages eines genehmigten Kapitals bei der Hälfte des Grundkapitals fest. Legt man diese Rechtsprechung für die Frage einer Vorlagepflicht im Rahmen eines genehmigten Kapitals zugrunde, sind schon die hierfür erforderlichen Voraussetzungen nicht zu erfüllen.

d) Zwischenergebnis

Kommt es während der Ausübungsphase des genehmigten Kapitals zu einem Zweckfortfall in Form eines Plazierungshindernisses, hängen die Handlungspflichten des Vorstands davon ab, ob er aufgrund eines Direktausschlusses oder einer Ausschlussermächtigung handelt. Ferner ist entscheidend, wie im Einzelnen die Ermächtigung ausgestaltet ist. Die Handlungspflichten können eine Einstellung des Kapitalerhöhungsverfahrens (Ermessensreduktion auf Null) bzw. der Pflicht, einen Änderungsbeschluss der Hauptversammlung herbeizuführen, erfordern. Ferner kann der Vorstand im Fall einer Ausschlussermächtigung gehalten sein, das zunächst ausgeschlossene Bezugsrecht nachträglich den Altaktionären zum Bezug anzubieten (Ersatzbezugsrechte). Eine Pflicht des Vorstands, die konkrete Maßnahme der Hauptversammlung nach den „Holzmüller“ - Grundsätzen vorzulegen, kommt indes nicht in Betracht.

365 BGH NJW 2004, 1860, 1864; BGH, NZG 2004, 575: Erst bei einem wirtschaftlichen Ausmaß der Maßnahme von mehr als 50 % des Gesellschaftsvermögens sei eine Pflichtvorlage denkbar, wobei zusätzlich qualitative sonstige Faktoren zu berücksichtigen sind. Vgl. zu den unterschiedlichen Quoten Seydel, Konzernbildungskontrolle, S. 379 ff: 10 % des Aktivvermögens; Hirte, Bezugsrechtsausschluss, 166, 181: 25 % des Vermögens; Seibert/ Köster/ Kiem, Kleine AG, Rn.523 und LG Duisburg, DB 2003, 441 ff.: 30 % des Gesellschaftsvermögens; Veil, ZIP 1998, 361, 369: 50 % des Grundkapitals.

B. Vorstandspflichten nach Eintragung der Kapitalerhöhung

Mit der handelsregisterlichen Eintragung ihrer Durchführung ist die Kapitalerhöhung wirksam (§§ 189, 203 Abs. 1 S. 1 AktG). Die zunächst auflösend bedingt geschlossenen Zeichnungsverträge werden wirksam, die Mitgliedschaftsrechte sind endgültig – im Fall der Fremdemission – in der Hand der Emissionsbanken entstanden.[366] Eine (nachträgliche) Änderung des Ermächtigungsbeschlusses kommt daher ebenso wenig in Betracht wie die Einstellung des Erhöhungsverfahrens.

I. Das Problem: Aufgabe der Treuhänderfunktion durch die Konsortialbanken

Erfolgt die Kapitalerhöhung mittels Fremdemission und Durchführung eines Bookbuilding-Verfahrens, führt die Eintragung der Kapitalerhöhung dazu, dass die emissionsbegleitenden Konsortialbanken die neuen Mitgliedschaftsrechte wirksam erwerben und – trotz ihrer vertraglichen Treuhänderposition[367] – vollwertige Aktionäre werden. Scheitert die Plazierung der jungen Aktien, besteht die Gefahr, dass sie zunächst nicht in Umlauf gelangen sondern für eine gewisse Übergangsphase von den Konsortialbanken gehalten werden. Damit ist den Altaktionären jegliche Möglichkeit des Erwerbs abgeschnitten, obwohl der Zweck des Bezugsrechtsausschlusses weggefallen ist. Problematisch wird die Situation, wenn sich diese Phase über einen längeren Zeitraum hinzieht, weil sich die Banken – beispielsweise aus der Überlegung heraus, das Aktienpaket als strategische Beteiligung in einem günstigen Moment zu veräußern – an ihre fremdnützige Treuhänderfunktion nicht länger gebunden sehen und beschließen, vorerst Aktionär zu bleiben. An sich wäre diese Situation für die ausgeschlossenen

---

[366] Wie sich aus § 185 Abs. 1 Nr. 4 AktG ergibt, steht die Wirksamkeit von Zeichnungsverträgen unter der auflösenden Bedingung (§ 158 Abs. 2 BGB) fristgerechter und wirksamer Eintragung der Durchführung (§ 188 AktG), vgl. Hüffer, AktG, § 185, Rn.27; Lutter, in: KK, § 185, Rn.36.

[367] Siehe hierzu 1. Teil, 2. Kapitel, A., II., 2b.

Altaktionäre – unter dem Gesichtspunkt des Verwässerungsschutzes – wenig dramatisch, wenn es bereits bei Zeichnung der Aktien durch die Konsortialbanken zur Vollvalutierung (so genanntes „Settlement") gekommen und das zum Schutz der Gesellschafter aufzubringende Kapital vollumfänglich in die Gesellschaft eingebracht worden wäre. Wie oben bereits beschrieben[368], sieht das Bookbuilding-Verfahren aber eine Vollvalutierung der neuen Anteile vor Beginn der Zeichnungsfrist durch die Konsortialbanken gerade nicht vor. Der volle Ausgabebetrag soll bei diesem Verfahren aus dem Verkaufserlös aufgebracht werden. Scheitert jedoch die Plazierung der jungen Aktien endgültig, kommt es nicht zur Vollvalutierung. Daher besteht das Risiko einer Kapitalverwässerung insbesondere dann, wenn die Konsortialbanken ihre Treuhänderrolle im Plazierungsverfahren aufgeben und in eine Verteilungskonkurrenz zu den ausgeschlossenen Altaktionären treten.[369]

II. Lösungsoptionen: Ersatzbezugsrecht oder quasi-vertraglicher Schadensersatzanspruch?

Diese drohende Verteilungskonkurrenz vermeidet die Vertragspraxis dadurch, dass die Übernahmeverträge in der Regel Klauseln vorsehen, welche das Scheitern der Plazierung zum Gegenstand haben. Diese verpflichten die Emissionsbanken, innerhalb einer Frist von zwei bis drei Monaten nach Scheitern der Plazierung die Aktien zu einem bestimmten Preis zugunsten eines Dritten, regelmäßig den Altaktionären anzudienen (so genannte „Andienungsklausel").[370] Problematisch ist, wenn die Emissionspartner eine solche Regelung bewusst oder versehentlich nicht vereinbart haben, was in der Praxis durchaus vorkommen kann.[371] In diesem Fall stellt sich die Frage, auf welcher Grundlage ein sol-

368 Siehe hierzu, 1. Teil, 2. Kapitel, A, II, 2a. Ferner Ekkenga, in: VGR, Bd. 3 (2001), 77, 94; Technau, AG 1998, 445, 447 f.
369 Ekkenga, in: VGR, Bd. 3 (2001), 77, 86.
370 Siehe hierzu bereits oben.
371 Ekkenga, in: VGR, Bd. 3 (2001), 77,86.

ches Andienungsrecht der Altaktionäre, jedenfalls aber ein Ausgleich für das ausgeschlossene Bezugsrecht begründet werden kann.

1. Gesetzesanaloge Ersatzbezugsrechte

Innerhalb der Rechtslehre befürworten manche[372] für den Fall, dass der Übernahmevertrag eine solche Andienungsverpflichtung nicht vorsieht, eine gesetzliche Andienungspflicht der Konsortialbanken in Form der an anderer Stelle bereits erwähnten Ersatzbezugsrechte.[373] Das Ziel dieser Ersatzbezugsrechte ist, den Altaktionären einen Anspruch auf quotenmäßige Zuteilung der neuen Anteile zu gewähren, wenn das gesetzliche Bezugsrecht ausgeschlossen ist und sich die wirtschaftlichen Begleitumstände der Aktienausgabe in einer Weise geändert haben, die einen Fortbestand der Ausschlussentscheidung als unzumutbar erscheinen lässt. Dogmatisch gründe sich dieses gesetzlich nicht geregelte Institut auf einer Rechtsfortbildung praeter legem mittels einer Analogie des in §§ 203 Abs. 1 Satz 1, 186 Abs. 5 AktG normierten mittelbaren Bezugsrechts. Daher seien die Konsortialbanken im Fall des Scheiterns der Aktienplazierung gesetzlich zur Andienung ihrer Neuanteile verpflichtet.[374]

a) Gesetzlicher Ausgangspunkt: Mittelbares Bezugsrecht, § 186 Abs. 5 AktG

Ausgangspunkt dieser Ersatzbezugsrechte soll das in § 186 Abs. 5 S. 1 AktG geregelte mittelbare Bezugsrecht sein, das durch die Verweisung in § 203 Abs. 1 S. 1 AktG auch für das genehmigte Kapital gilt. Dieses ersetzt das gesetzliche unmittelbare Bezugsrecht der Altaktionäre, welches als nicht ausgeschlossen gilt.[375] Hierbei verpflichtet sich die emissionsbegleitende Bank in dem mit der Gesellschaft zu schließenden Übernahmevertrag, die neuen Aktien zu zeichnen, um sie sodann den Altaktionären zu einem bestimmten Preis zum Bezug anzu-

372 Ekkenga, 2001, 567, 626 f.; Fleischer/Ekkenga, Vorstandsrecht, § 23, Rn.98.
373 Dies soll sogar auch nach Eintragung der Kapitalerhöhung gelten, vgl. Ekkenga, 2001, 567, 626 („...entsteht nach der Barkapitalerhöhung ein Plazierungshindernis...“).
374 Ekkenga, AG 2001, 567, 626; Fleischer/Ekkenga, Vorstandsrecht, § 23, Rn.98.
375 Hüffer, AktG, § 186, Rn.44 ff..

bieten.[376] Damit die Altaktionäre durch den Verlust ihres unmittelbaren Bezugsrechts keine Nachteile erleiden, müssen sie gegen die zeichnende Bank einen klagbaren und unverzüglich nach Eintragung der Durchführung erfüllbaren Anspruch auf Unterbreitung eines vollständigen Bezugsangebots[377] erhalten.[378] Daher ist die obligatorische Andienungsverpflichtung als Vertrag zugunsten Dritter gemäß § 328 BGB zu gestalten.[379] Der Vorstand darf den Zeichnungsvertrag mit der Bank ausschließlich Zug um Zug gegen deren Eingehung einer sämtlichen Erfordernissen entsprechenden Verpflichtung schließen[380]. Darüber hinaus hat der Vorstand auch über die Erfüllung der Andienungspflicht, d.h. über die vertragsgemäße Unterbreitung des Bezugsangebots zu wachen. Denn die Gesellschaft bleibt ihren Aktionären gegenüber verpflichtet, den Erwerb der jungen Aktien zu ermöglichen, als hätten sie ein gesetzliches Bezugsrecht.[381] Nach §§ 203 Abs. 1 S. 1, 186 Abs. 5 S. 2, 1. HS AktG ist dieser Grundsatz dahin erweitert, dass der Vorstand – nicht die Emissionsbank – die Durchführung der Kapitalerhöhung verantwortet, indem er die Bekanntmachung des Bezugsangebots veranlasst. Der Inhalt der Bekanntmachung wird ebenfalls vom Vorstand bestimmt[382] und unterliegt grundsätzlich den gleichen Anforderungen wie in § 186 Abs. 2 AktG. Die Bestimmung einer Bezugsfrist ist üblich, wenngleich –

---

376 Hüffer, AktG, § 186, Rn.47; MünchHdb GesR IV/ Krieger, § 56, Rn.89 ff, § 58, Rn.47; Fleischer/Ekkenga, Vorstandsrecht, § 23, Rn.108.

377 Der Vertrag muss insbesondere den Bezugskurs oder die Grundlagen seiner Bestimmung festlegen, vgl. Hüffer, AktG, § 186 Rn.48.

378 Der Anspruch ist durch die Eintragung aufschiebend bedingt im Sinne des § 158 Abs. 1 BGB, vgl. Hüffer, AktG, § 186 Rn.51.

379 BGHZ 122, 180, 186; BGHZ 118, 83, 96; BGHZ 114, 203, 208; Hüffer, AktG, § 186 Rn.47. Der Vertrag ist allerdings insofern atypisch, als das Leistungsversprechen nicht gegenüber der Gesellschaft als Versprechensempfänger eingelöst werden kann, Wiedemann, in: GK, § 186 Rn.209.

380 MünchKommAktG/Peifer, § 186 Rn.111.

381 Wiedemann, in: GK, § 186 Rn.210; MünchKommAktG/Peifer § 186 Rn.114.

382 OLG Karlsruhe, AG 2002, 91. Praktische Hinweise zu den vorgeschriebenen und fakultativen Angaben bei Herfs in: Habersack, Unternehmensfinanzierung, § 4 Rn.77.

anders als beim gesetzlichen Bezugsrecht – nicht vorgeschrieben.[383] Die Gesellschaft handelt dabei nicht in eigenem Namen, sondern kraft gesetzlicher Vertretungsmacht für die Bank.[384] Inhalt der Bekanntmachung ist eine Kaufofferte, keine invitatio ad offerendum. Der Umstand, dass die Kaufgegenstände (die Verwertungsaktien) im Zeitpunkt der Bekanntmachung mangels Eintragung der Durchführung unter Umständen noch nicht existieren, steht nicht entgegen.[385] Entspricht die Offerte nicht den Vorgaben im Übernahmevertrag, können die bezugsberechtigten Aktionäre die übernehmende Bank mit Aussicht auf Erfolg auf Erfüllung verklagen, sobald die Eintragung erfolgt ist.[386]

b) Stellungnahme

Ob sich bei fehlender vertraglicher Grundlage eine Andienungspflicht der Konsortialbank(en) aufgrund einer Gesetzesanalogie ergibt, erscheint fraglich. Dem Wortlaut des § 186 Abs. 5 AktG lässt sich der Rechtsgedanke einer gesetzlichen Andienungspflicht nicht direkt entnehmen. Vielmehr besteht eine Andienungspflicht der Konsortialbanken nur dann, wenn sie sich aufgrund einer vertraglichen „Verpflichtung" dazu bereit erklärt haben, die neuen Aktien den Aktionären zum Bezug anzubieten. Wenn sich jedoch eine Andienungspflicht der Konsortialbanken im gesetzlich geregelten Fall nur aufgrund einer vertraglichen Verpflichtung ergibt, erscheint die Begründung einer gesetzlichen Andienungspflicht der Konsortialbanken im Wege eines Analogieschlusses bei fehlender Vertragsgrundlage fragwürdig.

---

[383] OLG Karlsruhe AG 2002, 91; Hüffer, AktG, § 186 Rn.52; zweifelnd Herfs in: Habersack, Unternehmensfinanzierung, § 4 Rn.81 sowie für den Fall, dass im Bezugsangebot nur eine Preisspanne angegeben wird, AnwK-AktienR/Rebmann § 186 Rn.92.

[384] Näher Busch in: Marsch-Barner/Schäfer, Handbuch AG, 2005, § 39 Rn.58.

[385] Wiedermann, in: GK, § 186 Rn.215.

[386] Hüffer, AktG, § 186 Rn.51; Lutter, in: KK, § 186, Rn.114. Die Eintragung kann der Veröffentlichung des Bezugsangebots nachfolgen. Hierzu sowie allgemein zum Timing vgl. Busch in: Marsch-Barner/Schäfer, Handbuch AG, 2005, § 39 Rn.59.

Selbst wenn ein solches Wiederaufleben der Bezugsrechte im Sinne einer gesetzesanalogen Andienungspflicht bejaht werden könnte, wäre den Altaktionären im Hinblick auf deren Verwässerungsschutz ihrer Beteiligungsquote nur wenig geholfen, solange aufgrund eines marktbedingten Scheiterns der Aktienplazierung der Börsenkurs der umlaufenden Aktien unter dem Ausgabepreis der neuen Aktien liegt.[387] Ein Ausgleich der Kapitalverwässerung, die aufgrund des Bookbuilding-Verfahrens und der damit verbundenen Zeichnung der neuen Aktien zu einem Viertel ihres Nennbetrages bis zum Settlement eintritt, besteht für die Altaktionäre allenfalls dann, wenn sie die neuen Aktien zum oder unter Börsenkurs verlangen könnten. Dies ist indes nur für den Fall einer Ausschlussermächtigung ohne vorgegebenen Ausgabepreis in Form eines Änderungsbeschlusses vor Eintragung der Durchführung der Kapitalerhöhung möglich.[388] Denn im Fall eines Direktausschlusses (ggf. mit konkret benanntem Ausgabepreis) bleibt der Ermächtigungsbeschluss bestehen, bis der Beschluss gerichtlich kassiert wurde.[389]

2. Eigener Ansatz: Gesellschafterbezogene Organtreuepflicht als Grundlage einer Pflicht zur vertraglichen Regelung einer Andienungsverpflichtung

Angesichts der Zweifel, ob die dogmatische Grundlage von Ersatzbezugsrechten und daher die Andienungspflicht der Konsortialbanken auf einer gesetzlichen Grundlage zu finden ist, soll nachfolgend ein anderer Ansatz verfolgt werden. Zu prüfen ist, ob der Vorstand sich gegenüber den Altaktionären schadensersatzpflichtig macht, wenn er eine solche vertragliche Andienungspflicht der Konsortialbanken im Übernahmevertrag nicht regelt, um so die mitgliedschaftlichen Vermögens- und Teilhabeinteressen der Altaktionäre für den Fall eines Scheiterns der Aktienplazierung entsprechend abzusichern. Eine solche mögliche Schadensersatzpflicht setzt freilich zunächst eine gesonderte – unmittelbare

[387] Ekkenga, AG 2001, 567, 626.
[388] Siehe hierzu bereits oben 2. Teil, 1. Kapitel, A, I, 2.
[389] Ekkenga, in: VGR, Bd. 3 (2001), 77, 86 f..

– Rechtsbeziehung zwischen Vorstand und den Altaktionären sowie einen ersatzfähigen, unmittelbaren Schaden voraus.

Innerhalb der Rechtslehre werden unmittelbare Schadensersatzansprüche der Aktionäre gegenüber den Verwaltungsmitgliedern aufgrund der Verletzung des Bezugs- bzw. Mitgliedschaftsrechts sowohl aus § 117 Abs. 2 S. 1 AktG als auch gemäß § 823 Abs. 1 BGB sowie § 823 Abs. 2 BGB i.V.m. § 266 StGB, § 826 BGB diskutiert und überwiegend bejaht.[390] Eine unmittelbare Haftung der Verwaltungsmitglieder aus § 823 Abs. 2 i.V.m. § 186 Abs. 1 S. 1 AktG als „sonstigem Recht" wird indes nur vereinzelt behauptet.[391] Diese Diskussion soll vorliegend indes nicht weiter vertieft werden.

Ebenso wenig werden die innerhalb der Rechtslehre intensiv geführten Untersuchungen einer Haftung der Gesellschaft gegenüber den Aktionären bei schuldhaften Pflichtverletzungen der Verwaltungsmitglieder aufgrund des mitgliedschaftlichen Rechtsverhältnisses (so genannter „verbandsrechtlicher Ansatz")[392]

---

390 Für eine unmittelbare deliktsrechtliche Haftung der Verwaltungsmitglieder gemäß § 823 Abs. 1 BGB mit dem Mitgliedschaftsrecht als „sonstiges Recht": BGHZ 110, 323f. 334 f. (Schärenkreuzer); Martens, in: FS Steindorff, 1990, 151, 168 f., 171; Mertens, in: FS Fischer, 1979, 461, 468 f.; Cahn, ZHR 164 (2000), 113, 130 f.; Habersack, Mitgliedschaft, S. 209; Palandt/Thomas, § 823, Rn.27 m.w.N. Kritisch zum deliktischen Schutz des Mitgliedschaftsrechts im Verbandsinnenverhältnis dagegen: Hadding, in: FS Kellermann, 1991, 91, 102 ff.; Schulz-Gardyan, Aktionärsklage, S. 70; Zöllner, ZGR 1988, 392, 430 unter Berufung auf die Gefahr unüberschaubarer Haftungsrisiken der Organmitglieder.

391 Lutter, in: KK, § 186, Rn 41: Bejahend, wenn die Mitglieder des Vorstands oder Aufsichtsrats „ungewöhnlich leichtfertig an der bestehenden Rechtslage vorbei agieren"; Wiedemann, in: GK, § 186, Rn 103. Dagegen Cahn, ZHR 164 (2000), 113, 121, 129 f., 132 f.; Martens, in: FS Steindorff, 1990, 151, 168 ff..

392 Als Anspruchsgrundlagen kommen für den Fall eines eigenmächtigen Bezugsrechtsausschlusses des Vorstands die §§ 280 Abs. 1, 3, 283 S.1, 31, 249 BGB wegen Unmöglichkeit der Gesellschaft, das Bezugsrecht der Altaktionäre zu erfüllen (§ 186 Abs. 1 S. 1 AktG) in Betracht, vgl. Cahn, ZHR 164 (2000), 113, 133; Lutter, in: KK, § 186, Rn.41; Wiedemann, in: GK, § 186, Rn.103; Martens, in: FS Steindorff, 1990, 151, 164; Hirte, Bezugsrechtsausschluss, S. 238 ff (für eine verschuldensunabhängige Haftung der Gesellschaft).
Für den Fall der rechtswidrigen Ausnutzung einer an sich ordnungsgemäßen Ermächtigung kommt ein Schadensersatzanspruch wegen Verletzung des Mitgliedschaftsrechts

als auch aufgrund des deliktischen Eingriffs in das Bezugs- und Mitgliedschaftsrecht (so genannter „deliktischer Ansatz“)[393] weiter erörtert.

Nachfolgend steht daher die Frage im Mittelpunkt, ob eine besondere (quasivertragliche) Treuepflichtenbindung des Vorstands gegenüber den Aktionären als Grundlage eines direkten Schadensersatzanspruches überhaupt besteht. Bejahendenfalls ist sodann der Frage nachzugehen, wie sich eine solche Schadensersatzpflicht inhaltlich darstellt.

a) Allgemeine Treuepflicht-Terminologie

In begrifflicher Hinsicht ist zwischen einer gesellschaftsrechtlichen Treuepflicht, mitgliedschaftlichen Treuepflicht, mehrheitsbezogenen Treuepflicht und organschaftlichen Treuepflicht zu unterscheiden.[394]

Die *gesellschaftsrechtliche Treuepflicht* fungiert hierbei als Oberbegriff sämtlicher Treuepflichten. Die *mitgliedschaftliche Treuepflicht* umschreibt die Treuepflicht des einzelnen Körperschaftsmitglieds gegenüber den anderen Mitgliedern sowie gegenüber der Gesellschaft. Die *mehrheitsbezogene Treuepflicht* beschreibt das Verhältnis zwischen Mehrheits- und Minderheitsgesellschaftern. Die *organschaftliche Treuepflicht* erfasst die Treuepflichten des Vorstands und des Aufsichtsrats im weitesten Sinne. Sie unterteilt sich in eine *gesellschaftsbezogene Organtreuepflicht*, also gegenüber der Gesellschaft und – wie die nachfolgenden Ausführungen zeigen werden – in eine Treuepflicht gegenüber den Gesellschaftern (so genannte „*gesellschafterbezogene Organtreuepflicht*“).

---

gemäß §§ 280 Abs. 1, 241 Abs. 2, 31 BGB in Betracht, vgl. Cahn, ZHR 164 (2000), 113, 134, 137 (noch zur pVV aus der Verletzung des Mitgliedschaftsrechts).

393 Anspruchsgrundlagen sind hier §§ 823 Abs. 1, 31 BGB aufgrund des Eingriffs in das Mitgliedschaftsrechts. Ansprüche aus § 823 Abs. 2 BGB i.V.m. § 186 Abs. 1 S. 1 AktG als Schutzgesetz werden zu Recht verneint, vgl. Cahn, ZHR 164 (2000), 113, 129 f., 132 f.

394 Diese Differenzierung geht zurück auf Wiedemann, in: FS Heinsius, 1991, 949, 950.

b) Übersicht des Meinungsstandes

Die unter dem Oberbegriff der „gesellschaftsrechtlichen Treuepflicht“[395] behandelte Problematik war und ist Gegenstand zahlreicher Untersuchungen, welche die Entwicklung dieses – ungeschriebenen – Rechtsinstitutes gefördert haben.[396] Sie haben dazu beigetragen, dass sich die gesellschaftsrechtliche Treuepflicht zu einem *„...a priori existenten verbandsrechtlichen Prinzip...“*[397] entwickelt hat, als rechtsformübergreifende Generalklausel verstanden wird und gewohnheitsrechtlich anerkannt ist.[398]

Die Schwerpunkte der bisherigen Abhandlungen zur „gesellschaftsrechtlichen Treuepflicht“ beschränken sich auf die Frage, ob und auf welcher Grundlage ein solches Pflichtenverhältnis zwischen den einzelnen Gesellschaftern (mitgliedschaftliche Treuepflicht) bzw. des Mehrheitsgesellschafters gegenüber dem Minderheitsgesellschafter (mehrheitsbezogene Treuepflicht) begründet ist. Diese Fragen dürfte zwischenzeitlich – gefördert durch eine ausgiebige Rechtsprechungsentwicklung[399] – sowohl für den Bereich der Personengesellschaften[400]

[395] Zu Begriff, Inhalt und dogmatischer Einordnung der Treuepflicht, insbesondere zur Entwicklung des Treuepflichtgedankens im Aktienrecht vgl. Fillmann, Treuepflichten, S. 18 ff., 24 ff.; Nehls, Treuepflicht, S. 30 ff.; Hennrichs, AcP 195 (1995), 221, 225 f.; kritisch dazu Natterer, Kapitalveränderung, S. 34 f.

[396] Kübler, Gesellschaftsrecht, § 15 II, Fn. 6 m.w.N.; Schmidt, Gesellschaftsrecht, § 20 IV; Zöllner, Schranken, S. 336, Fn. 2; Lutter, AcP 180 (1980), 84, 102 ff.; ders., ZHR 162 (1998), 164 ff.; Henze, ZHR 162 (1998), 186, 190 f.; Mertens, in: KK, § 93, Rn.27 ff.; Dietz, Ausgliederung, S. 22 ff.; Winter, Treuebindungen, S. 1 ff.; Wellkamp, Vorstand, S. 82 ff., 90 ff.; Kreß, Beschlusskontrolle, S. 14; Roitzsch, Minderheitenschutz, S. 36 f.; Baus, Treuepflichten, S. 30 ff.; Nehls, Treuepflicht, S. 1 ff.; Xian-chun Li, Treuepflicht, S. 1 ff.; Fillmann, Treuepflichten, S. 24 ff.

[397] Lutter, ZHR 162 (1998), 164, 165 f.; Wiedemann, in: FS Heinsius, 1991, 949 ff. spricht von einer „Kardinalpflicht des Verbandsrechts“.

[398] Hüffer, FS Steindorff, 1990, 59, 72 f.; Lutter, ZHR 162 (1998), 164, 165 f; Henze, ZHR 162 (1998), 187, 191; ders., in FS Kellermann, 1991, 141 ff.; Kort, ZIP 1990, 294 f.; Lutter, ZHR 153 (1989), 446 ff.; Wastl, Treuepflicht, S.20. Ablehnend dagegen Altmeppen, NJW 1995, 1749, 1750; Flume, ZIP 1996, 161, 165 f; MüKo/Reuter, BGB, § 34, Rn.20.

[399] Das Reichsgericht hatte in RGZ 68, 235, 246 (Hibernia) zwar die grundsätzliche Möglichkeit anerkannt, das Stimmrecht des Mehrheitsgesellschafters einzuschränken. Dies allerdings nur bei vorsätzlichem sittenwidrigem Missbrauch gegenüber Minderheitsaktionä-

als auch den Bereich der Kapitalgesellschaften[401], insbesondere der GmbH[402] und der AG[403] als nahezu geklärt gelten.[404] Gleiches gilt für die Frage einer gesellschaftsbezogenen Organtreuepflicht.[405]

---

ren. Den Vorschlag aus der Literatur, auch bei der Ausübung mitgliedschaftlicher Rechte eine Treuebindung des Rechtsinhabers anzunehmen, hat das Reichsgericht abgelehnt, vgl. RGZ 81, 37, 40; 119, 386, 387. Eine Verbesserung des Minderheitenschutzes gegenüber Willkürentscheidungen der Mehrheit erging mit RGZ 132, 163 (Victoria); 146, 76; 146, 385, 395; 158, 249, 254.

400 Bereits das Reichsgericht hat den Treuegedanken in Personengesellschaften anerkannt, vgl. RGZ 162, 394; RGZ 161, 394. Der BGH hat diese Treuepflichtrechtsprechung im Bereich der Personengesellschaften übernommen, BGHZ 25, 47, 53; 30, 201; 44, 40, 41; 65, 253, 257 ff.; 68, 82 ff. Vgl. im Übrigen die Nachweise bei Lutter, 50 Jahre BGH, 321, 330, Fn. 63; eingehend auch Winter, Treuebindungen, S.9 ff..

401 Der BGH bestätigte die mitgliedschaftliche Treuepflicht sowohl in der GmbH als auch für die AG, vgl. BGHZ 9, 157, 163; 14, 25, 38. Zwar rückte der BGH zunächst von einer Treuepflicht der Aktionäre wieder ab, vgl. BGHZ 18, 350, 365; BGH, JZ 1976, 561, 562 (Audi/NSU). Spätestens mit BGHZ 65, 15, 18 ff. (ITT) für die GmbH und BGHZ 103, 184, 194 ff. (Linotype) für die AG war eine Treuepflicht der Gesellschafter anerkannt. Mit BGHZ 129, 142 ff. (Girmes) hat die Rechtsprechung diese Sichtweise bestätigt und als Rechtspflicht aller Aktionäre ausgebaut, unabhängig von ihrer jeweiligen Beteiligungshöhe. Zustimmung hat dies auch in der Literatur gefunden, Lutter, ZHR 153 (1989), S. 446 ff.; Becker, ZGR 1986, 383, 398 f; Lutter, JZ 1976, 225, 231, 562, 563; Winter, Treuebindungen, S. 82.

402 RGZ 146, 76; 158, 254; BGHZ 9, 163; 14, 25, 38; BGHZ 65, 15, 18 ff.. Ebenso Mertens, in: FS Fischer, 1979, 461 ff.; Henze, BB 1996, 489, 492; Winter, Treuebindungen, S. 43 ff..

403 BGHZ 14, 25, 38; BGHZ 103, 184, 194 ff.; 129, 142 ff. Kritisch gegenüber einer Treuepflicht in der AG oder diese gar gänzlich ablehnend dagegen Flume, Juristische Person, S. 268 ff., 270; Martens, Treuepflicht, S. 258; Bungeroth, in: Geßler/Hefermehl, AktG, vor § 53 a, Rn.23; Baumbach/Hueck, AktG, vor § 54, Rn.11; Wiedemann, Gesellschaftsrecht I, S. 433, Fn. 24 m.w.N.

404 Schmidt, Gesellschaftsrecht, § 20 IV; Wiedemann, in: FS Heinsius, 1991, 949 ff.; Hüffer, AktG, § 53a, Rn.14 m.w.N.; Lutter, ZHR 162 (1998), 164, 168; Schnorbus, JuS 1998, 877, 879; Häsemeyer, ZHR 160 (1996), 109, 113; Henze, ZHR 162 (1998), 187, 188; ders., in: FS Kellermann, 1991, 141 ff.; Hennrichs, AcP 195 (1995), 221, 242 f.; Kort, ZIP 1990, 294, 296 f.; Lutter, ZHR 153 (1989), 446, 447; Timm, WM 1991, 481 ff.; Bommert, JR 1988, 509 f.; Kübler, Gesellschaftsrecht, § 15 II 3c; Nehls, Treuepflicht, S. 28 ff., 53 ff., 65; Winter, Treuebindungen, S .82.; instruktiv schließlich Wellkamp, Vorstand, Rn.312 ff., 335 ff.. Ob die mitgliedschaftliche Treuepflicht auf einer gesetzliche oder aber vertraglichen Grundlage beruht, wird nicht einheitlich beantwortet, vgl. Schulz-Gardyan, Aktionärsklage, S. 26 ff. (gesetzliche Grundlage), andererseits Raiser, ZHR 153 (1989), 1, 12 f.; Hüffer, AktG, § 53a, Rn.2 m.w.N.; ders., in: FS Steindorff, 1990, 59, 63 f., 78.

405 BGHZ 13, 188, 192; BGHZ 20, 239, 246; BGHZ 49, 30, 31; Hüffer, AktG, § 93, Rn.5; § 84, Rn.9 m.w.N.

Unklar ist indes die Anerkennung einer gesellschafterbezogenen Organtreuepflicht. Die überwiegende Auffassung innerhalb der – insbesondere älteren – Rechtslehre lehnt unmittelbare Organpflichten gegenüber einzelnen Gesellschaftern – so weit ersichtlich – ohne nähere Begründung kategorisch ab.[406] Die jüngere Rechtslehre und Kommentarliteratur scheint diese Rechtsauffassung (kritiklos) übernommen zu haben, jedenfalls wird sie nicht mehr streitig behandelt.[407] Auch frühere Ansätze konnten sich nicht durchsetzten.[408] Einzelne Vertreter der Rechtslehre betonen lediglich, dass die Aktionäre und Gläubiger der Gesellschaft Ansprüche gegen die Verwaltungsmitglieder nur aus der Verletzung ausdrücklich gesetzlich geregelter Sorgfaltspflichten herleiten könnten.[409] Im Umkehrschluss kommt dies einer klaren Ablehnung unmittelbar gesellschafterbezogener Organtreuepflichten gleich. Teilweise beschränken sich die Ausführungen auf den Hinweis, wonach lediglich deliktische Ansprüche der Aktionäre gegen die Vorstandsmitglieder in Betracht kämen.[410]

Auch die Rechtsprechung verneinte in verschiedenen Entscheidungen – ebenfalls ohne nähere Begründung – ein gesellschafterbezogenes Organtreuepflichtverhältnis. So lehnte das Reichsgericht die Haftung des Aufsichtsratsvorsitzenden gegenüber den Aktionären mit folgender Begründung ab: „*...Denn zwischen den Aktionären und den Mitgliedern des Aufsichtsrats oder dessen Mitgliedern*

---

406 Ausdrücklich in dieser Richtung bei Godin/Wilhelmi, AktG 1965, § 93, Anm. 2, 8; Zöllner, in: KK, Einleitung, Rn.156; Müller, in: FS Semler, 1993, 195, 208 f.; wohl auch Schulz-Gardyan, Aktionärsklage, S. 38 f.; Mertens, in: FS Fischer, 1979, 461, 469.

407 Keine Erwähnung findet diese Problematik beispielsweise bei Hopt, in: GK, § 93, Rn.144 ff.; Hüffer, AktG, § 93, Rn.5. § 84, Rn.9; Fillmann, Treuepflichten, S. 1 ff; Nehls, Treuepflicht, S. 1 ff.; Xian chun Li, Treuepflicht, S 1 ff..

408 Mestmäcker, Verwaltung, S. 212.

409 Schilling, in: GK, § 93, Anm. 10, 65.

410 Vgl. hierzu bereits oben. Im Übrigen Hefermehl, in: Geßler/Hefermehl, AktG, § 93, Rn.89 a.E.; Baumbach/ Hueck, AktG, § 93, Rn.3; Mertens, AcP 178 (1978), 232 ff.; teilweise zustimmend: Lutter, AcP 180 (1980), 84, 126.

untereinander besteht allgemein kein Rechtsverhältnis vertraglicher oder sonstiger Art, aus dem Treuepflichten ....abgeleitet werden könnten...".[411]
Auch der BGH vertrat in der „Holzmüller" - Entscheidung die Auffassung, dass der Aktionär sich nicht auf eine Klage gegen den Vorstand verweisen lassen müsse, „*...der zu den Gesellschaftern in keinen unmittelbaren Rechtsbeziehungen steht...*".[412]

Angesichts dieser herrschenden Auffassung diskutieren nur wenige Vertreter gesellschafterbezogene Organtreuepflichten[413], ausdrücklich dafür ausgesprochen haben sich jedoch nur wenige.[414]

c) Gegenstand einer gesellschafterbezogenen Organtreuepflicht

Gegenstand einer solchen gesellschafterbezogenen Organtreuepflicht sind solche Gesellschafterinteressen, deren Beeinträchtigung stets zu einem unmittelbaren (wirtschaftlichen) Schaden der Gesellschafter führen kann.[415] Diese mitgliedschaftlich vermittelten Gesellschafterinteressen können etwa beeinträchtigt sein bei überzogener Gewinnthesaurierung oder beim Erwerb minderwertiger Anteile aufgrund unzureichender Informationen oder – wie vorliegend – im Falle einer drohenden Vermögensverwässerung durch einen aufgrund eines Zweckfortfalls sich als unbillig darstellenden Bezugsrechtsausschluss. Solche wirtschaftlichen Schäden der Gesellschafter zu vermeiden und im Fall ihrer Verletzung eine unmittelbare Haftung der Organmitglieder gegenüber den Gesellschaftern zu begründen, ist Aufgabe und Inhalt einer gesellschafterbezogenen Organtreuepflicht. Gerade durch den konkreten Bezug auf den Schutz der Gesellschafter-

411 RGZ 158, 248, 256.
412 BGHZ 83, 133 f.
413 Baums, Geschäftsleitervertrag, S. 230 f., 248 f.; Schmidt, JZ 1991, 157, 161.
414 Raiser, ZHR 153 (1989), 1, 12 f.; van Aubel, Vorstandspflichten, S. 130 ff.
415 Ähnlich Lutter, JZ 1976, 227, 230, der zwischen mitgliedschaftlichen und mitgliedschaftlich vermittelten privaten Interessen differenziert.

interessen unterscheidet sie sich von der daneben bestehenden gesellschaftsbezogenen Organtreuepflicht.

d) Notwendigkeit einer gesellschafterbezogenen Organtreuepflicht

aa) Treuhänderfunktion des Vorstands

Zunächst spricht für eine gesellschafterbezogene Organtreuebindung die Treuhänderfunktion des Vorstands gegenüber den (Vermögens)Interessen der Aktionäre. Zwar ist Eigentümerin des im Unternehmen gebundenen Kapitals nur die Gesellschaft als selbständige Rechtsperson, so dass der Vorstand als fremdverwaltendes Organ zunächst nur eine treuhänderische Stellung gegenüber der Gesellschaft einnimmt. Daher ist er zunächst auch nur ihr gegenüber verpflichtet (s.o., gesellschaftsbezogene Organtreuepflicht)[416]. Gleichwohl kommt den Aktionärsinteressen gerade in der Bewertung des Vorstandhandelns eine besondere Bedeutung zu.[417] Bereits bei der Wahrnehmung seiner gesetzlich zugewiesen Geschäftsführungsaufgaben hat der Vorstand sein Handeln allein am Wohl der Gesellschaft sowie an den Interessen der hinter der Gesellschaft stehenden Aktionäre auszurichten.[418] Hinzu kommt, dass das Gesetz sämtliche Grundlagenentscheidungen[419] der Geschäftsführungskompetenz des Vorstands entzieht und ausschließlich dem Zuständigkeitsbereich der Aktionäre (bzw. deren Organ, der Hauptversammlung) zuweist. Dies hat der BGH in der „Holzmüller" - Entscheidung nochmals deutlich betont.[420] Hat der Vorstand daher bereits bei der Ausübung der ihm originär zugewiesenen Geschäftsführungsbefugnisse das Gesellschaftsinteresse sowie das Interesse der Gesamtheit der hinter der Gesellschaft

416 Siehe oben: 2. Teil, 1. Kapitel, B., II., 2a.

417 Ekkenga, AG 2001, 567, 572 f.; Wiedemann, Organverantwortung, S. 34 f..

418 BGHZ 15, 71, 78: „Die Pflichten der Vorstandsmitglieder erschöpfen sich nicht darin, allein die Belange des Unternehmens als solche wahrzunehmen; sie haben sich auch den Aktionären gegenüber loyal zu verhalten"; BGH, WM 1989, 1335, 1339.

419 Bspw. die Gründung und Auflösung des Gesellschaft, die Änderung des Unternehmensgegenstands oder die Herauf- und Herabsetzung des Grundkapitals.

420 BGHZ 83 122, 131.

stehenden Gesellschafter zu berücksichtigen,[421] gilt dies erst recht bei von der Hauptversammlung übertragenen Ausübungs- und Ausschlusskompetenzen im Rahmen eines genehmigten Kapitals.

bb) Grundsatz der Waffengleichheit

Das eigentliche Bedürfnis nach einer gesellschafterbezogenen Organtreuepflicht resultiert aus der Notwendigkeit, den Einflussmöglichkeiten des Vorstands auf die Gesellschafterinteressen ein Gegengewicht entgegenzustellen. Der Vorstand ist einerseits aufgrund seiner Machtbefugnisse und seines regelmäßig bestehenden Informationsvorsprungs in der Lage, die Interessen der Gesellschafter dadurch zu gefährden, dass er sachfremde oder gar eigene Zwecke verfolgt, ohne dass es zu einem unmittelbaren Schadenseintritt kommen muss. Die Einflussmöglichkeiten des Vorstands – vor allem im Hinblick auf die Vermögensinteressen der Gesellschafter – erweisen sich daher als mindestens ebenso stark wie die Stellung der Gesellschafter untereinander bzw. des Mehrheitsaktionärs gegenüber der Aktionärsminderheit. Allein kapitalmarktliche Instrumente, wie beispielsweise die Regulierung durch die Marktkräfte oder freiwillige Selbstkontrollen werden dem Schutzbedürfnis der Aktionäre nicht gerecht. Ebenso wenig vermag die Übertragung von Überwachungs- und Kontrollbefugnissen auf dafür eingerichtete Instanzen wie den Aufsichtsrat oder externe Buch- und Wirtschaftsprüfer das erforderliche Gegengewicht darzustellen.[422] Auch kollektive und individuelle Kontrollrechte der Aktionäre, wie sie durch das Aktiengesetz in Form der Regelung von Überwachungszuständigkeiten der Hauptversammlung bzw. durch individuelle Informationsrechte (§ 131 AktG) vorgesehen sind, können das Bedürfnis einer konkreten organschaftlichen Pflichtenbindung nicht gänzlich stillen. Es bedarf einer ergänzenden, für die Aktionäre durchsetzbaren Pflichtenbindung des Vorstands, die einen potentiellen Machtmissbrauch ein-

---

[421] BGH, WM 1989, 1335, 1339.

[422] Das Versagen dieser Kontrollebene hat der Aufsehen erregende Fall „Mannesmann-Vodafone" deutlich gemacht.

schränkt. Dennoch ist angesichts der Komplexität des Regelungsgegenstandes und der Unbestimmtheit künftiger Lagen ein tatbestandlich eindeutig normiertes Pflichtenbündel des Vorstands ausgeschlossen.[423] Daher bedarf es einer gesonderten Pflichtenbindung des Vorstands durch eine im Einzelfall näher zu konkretisierende Rahmenpflicht. Darin liegen das Bedürfnis und die Aufgabe einer gesellschafterbezogenen Organtreuepflicht.[424]

cc) Berücksichtigung der Aktionärsinteressen in anderen Bereichen

Belege dafür, dass der Vorstand auch in anderen Bereichen die Aktionärsinteressen zu berücksichtigen hat und insoweit eine gesellschafterbezogene Organtreuepflicht de facto unterstellt wird, finden sich an verschiedenen Stellen des Aktiengesetzes wieder.

Deutlich wird dies beispielsweise am aktienrechtlichen Gleichbehandlungsgrundsatz (§ 53a AktG). Anerkannt ist, dass dieser mit der gesellschaftsrechtlichen Treuepflicht funktional vergleichbar und nahezu identisch ist.[425] Sein Zweck besteht im Schutz der Mitgliedschaft des Aktionärs vor mitgliedschaftlichen Eingriffen der Gesellschaftsorgane.[426] Damit ist auch der Vorstand an den Gleichbehandlungsgrundsatz gebunden.[427] Das hat zur Folge, dass das Gesetz von einer unmittelbaren Rechtsbeziehung zwischen Vorstand und Aktionären ausgeht.[428]

Des Weiteren zeigt die aktionärsbezogene Vorstandshaftung gemäß § 117 Abs. 2 AktG, dass der Vorstand verpflichtet ist, unmittelbare Schäden der Aktionäre zu vermeiden, so dass die in § 117 Abs. 2 AktG benannte Pflichtverletzung auch oder gerade Pflichten gegenüber den Aktionären erfasst.[429] Dies

---

423 Zöllner, Schranken, S. 343.
424 Procaccia, ZGR 1990, 169, 199 m.w.N.
425 Hüffer, AktG, § 53a, Rn.1 f. m.w.N.
426 Hüffer, AktG, § 53a, Rn.4.
427 Lutter/Zöllner, in: KK, § 53a Rn.25, 34 ff. m.w.N.; Hüffer, AktG, § 53a, Rn.4.
428 So auch van Aubel, Vorstandspflichten, 140.
429 Van Aubel, Vorstandspflichten, 141.

zeigt erneut, dass das Aktiengesetz von einem unmittelbaren Pflichtenverhältnis des Vorstands gegenüber den Aktionären ausgeht.

Schließlich wurde an anderer Stelle[430] bereits dargelegt, dass der Vorstand bei Ausübung des genehmigten Kapitals auch die Interessen der Altaktionäre bei der Frage berücksichtigen muss, ob der Ausschluss des Bezugsrechts neben dem „wohlverstandenen Interesse" der Gesellschaft auch verhältnismäßig ist. Er hat also die Interessen der Aktionäre gegenüber den Interessen der Gesellschaft bei seiner Ausübungsentscheidung abzuwägen und unmittelbare Beeinträchtigungen der Aktionärsinteressen nach Möglichkeit zu vermeiden.

dd) Keine abschließenden Gesetzesregelungen

Diesen Erwägungen stehen aktienrechtliche (Vorstands-)Verhaltensnormen nicht entgegen. Die Gegner einer gesellschafterbezogenen Organtreuepflicht berufen sich zum Teil auf die hohe Regelungsdichte der gesetzlich normierten Verhaltensanforderungen des Aktienrechts. Hieraus leiten sie ihre Begründung eines abschließenden Regelwerkes ab, welches eine auf Rechtsfortbildung fußende gesellschaftsrechtliche Treuepflicht im Allgemeinen und damit eine gesellschafterbezogene Organtreuepflicht im Speziellen ausschließe.[431]

Dieser Ansicht wird zu Recht entgegengehalten, dass die aktienrechtlichen Regelungen kein abschließendes Normengefüge bilden, die einer gesellschafterbezogenen Organtreuepflicht entgegenstehen. Weiterentwicklungen, welche den Gläubiger- und/oder den Gesellschafterschutz verbessern und ergänzen, helfen dabei, den Regelungszielen des Gesetzgebers in einer sich veränderten Wirt-

---

430 Siehe hierzu oben Fn. 82

431 Martens, Treuepflicht, 251, 258 f.; ähnlich Westermann, ZHR 156 (1992), 203, 210, die sich gegen eine gesellschaftsrechtliche Treuepflicht im Allgemeinen und sich bezüglich des abschließenden und zwingenden Charakters der aktienrechtlichen Vorschriften auf § 23 Abs. 5 AktG berufen. Hieraus ergebe sich der allgemeine Rechtsgedanke, dass gegenüber dem Gesetz abweichende Regelungen nur dann zulässig seien, wenn dies ausdrücklich erlaubt sei. Mangels einer gesetzlichen „Ermächtigungsgrundlage" sei die Begründung einer gesellschaftsrechtlichen Treuepflicht nicht zulässig.

schaftswelt gerecht zu werden.[432] Daher sind (richterliche) Rechtsfortbildungen, namentlich die Entwicklung einer gesellschaftsrechtlichen Treuepflicht im Allgemeinen und einer gesellschafterbezogenen Organtreuepflicht im Speziellen nicht nur geboten sondern auch nach dem Aktiengesetz zulässig.[433]

e) Allgemeiner Rechtsgedanke einer gesellschafterbezogenen Organtreuepflicht

Als ungeschriebenes Rechtsinstitut kann eine gesellschafterbezogene Organtreuepflicht allerdings nur dann Geltung beanspruchen, wenn sie sich – wie andere ungeschriebene Rechtspflichten auch – auf ein anerkanntes Rechtsprinzip zurückführen lässt und so einen dogmatisch begründeten Geltungsgrund erfährt.[434]

aa) Korrelationsprinzip als Grundlage der gesellschaftsrechtlichen Treuepflicht

Hierbei erweisen sich die Ansätze als hilfreich, die sich im Laufe der Zeit entwickelt haben, um die gesellschaftsrechtliche Treuepflicht im Allgemeinen und die gesellschaftsbezogene Organtreuepflicht im Besonderen zu begründen. Im Wesentlichen werden drei Ansätze vertreten, welche die gesellschaftsrechtliche Treuepflicht aus normativ anerkannten Rechtsprinzipien ableiten. Im Einzelnen handelt es sich dabei um die „Grundsätze des gesteigerten Vertrauens- und/oder

---

432 Nehls, Treuepflicht, S. 40 f; Wiedemann, Organverantwortung, S. 47. Im Übrigen empfahl der RegKom., (2001) Rn.1 ff, zu den zwingenden Vorschriften des Aktienrechts weitere Verhaltensnormen in Formen eines dispositiven Kodex aufzunehmen. Dieser liegt zwischenzeitlich mit dem „Deutschen Corporate Governance Kodex“ vor.

433 Im Übrigen die umfassende Untersuchung bei van Aubel, Vorstandspflichten, S. 151 ff., wonach weder das aktienrechtliche Anfechtungsrecht gemäß § 243 Abs. 2 AktG noch die diskutierten actio pro societate bzw. die Aktionärsklage einer gesellschafterbezogenen Organtreuepflicht entgegenstehen.

434 Hennrichs, AcP 195 (1995), 221, 231 sieht demgegenüber die Grundsätze von Treu und Glauben nach § 242 BGB als ausreichende Legitimationsgrundlage an (allgemein für die gesellschaftsrechtliche Treuepflicht).

Näheverhältnisses“[435], die so genannte „mitgliedschaftliche Zweckförderungstheorie“[436] sowie die „Grundsätze über die Korrelation von Rechtsmacht und Verantwortung“.[437] Letztere dürften als heute herrschend angesehen werden. Diesem allgemein geltenden, gewohnheitsrechtlichen[438] anerkannten Prinzip liegt der Gedanke zugrunde, dass mit steigenden, rechtlich vermittelten Einwirkungsmöglichkeiten auch ein gesteigertes Maß an Verantwortung und Rücksichtnahmepflichten auf die der Einwirkung ausgesetzten fremden Interessen verbunden sind.[439] Die Kernfunktionen der Treuepflichten bestehen daher in erster Linie in einer Einwirkungskontrolle sowie im Vertrauensschutz.[440] Die Rechtsprechung greift regelmäßig auf die Korrelations-Grundsätze zurück, um die gesellschaftsrechtliche, insbesondere eine mehrheitsbezogene Treuepflicht zu begründen.[441] Der BGH erachtet es als notwendig, den Einflussnahmemög-

---

435 Hueck, Treuegedanke, S. 5 f., 12 f., 18 f.; Zöllner, Schranken, S. 338 f.; Fechner, Treuebindungen, S. 52 f.; Lutter, AcP 180 (1980), 84, 121 f.; kritisch: Hüffer, in: FS Steindorff, 1990, 59, 70, 73 f.; OLG Düsseldorf, ZIP 1994, 619, 623; MüKo/Ulmer, BGB, § 705, Rn.185; Hachenburg/Raiser, GmbHG, § 14, Rn.53; Dreher, DStR 1993, 1632 f.; Fillmann, Treuepflichten, S. 62 f.; Winter, Treuebindungen, S. 19.

436 Fillman, Treuepflichten, S. 99 f; Lutter, AcP 180 (1980), 84, 103; MüKo/Reuter, BGB, § 34, Rn.20; Nehls, Treuepflicht, S. 20 f., 36 ff; Timm, WM 1991, 481, 482; Weipert, ZGR 1990, 142, 146. Kritisch Werner, in: FS Semler, 1993, 419, 424; Lutter, ZHR 162 (1998), 164, 166, der die Herleitung nunmehr gänzlich offen lässt.

437 BGHZ 65, 15, 19; BGHZ 103, 184, 195; BGHZ 129, 136, 142 f.; BGHZ 142, 167, 170 (Hilgers); Fillmann, Treuepflichten, 91, 94; Hüffer, in: FS Steindorff, 1990, 59, 74 f.; Steindorff, in: FS Rittner, 1991, 675, 686; Wiedemann, in: FS Heinsius, 1991, 949, 960 f.; Winter, Treuebindungen, S. 17, 62; Schmidt, Gesellschaftsrecht, § 20 IV 1; Wellkamp, Vorstand, S. 83; Lutter, AcP 180 (1980), 84, 102 ff..; Zöllner, ZHR 162 (1998), 235, 237; ders., Schranken, S. 342 ff.; Lutter, ZHR 153 (1989), 446, 455; Wiedemann, in: FS Heinsius, 1991, 949, 960; Dreher, ZHR 157 (1993), 150, 154.

438 Wegen seiner bloßen gewohnheitsrechtlichen Grundlage wird dieser Ansatz auch von Teilen der Literatur nicht als zugrunde liegendes Rechtsprinzip einer Treuepflicht gesehen, sondern mehr als das dahinter stehende Regelungsziel, vgl. Nehls, Treuepflicht, S. 18, 24, 30 ff..

439 Zöllner, Schranken, S. 324 f m.w.N.; Fechner; Treuebindungen, S. 75 f.; Canaris, Vertrauenshaftung, S. 440; Dreher, ZHR 157 (1993), 150, 154; Lutter, ZHR 153 (1989), 446, 455; Lutter-Hommelhoff, GmbHG § 14, Rn.18; Rottnauer, NZG 2001, 115 ff.; Steindorff, in: FS Rittner, 1991, 675, 686; Wiedemann, in: FS Heinsius 1991, 949, 960 f; ders., JZ 1989, 447, 448..

440 Hüffer, in: FS Steindorff, 1990, 59, 74.

441 RGZ 132, S.162 ff. (Victoria); BGHZ 65, 15, 19; 103, 184, 195; 129, 136, 142 f.; 142, 167, 170; OLG Stuttgart, DB 1999, 2256, 2257 f..

lichkeiten der Gesellschaftermehrheit auf die Geschäftsführung ein Gegengewicht in Form einer gesellschaftsrechtlichen Rücksichtnahmepflicht entgegenzustellen.[442] Eine ähnliche Sichtweise vertritt die Rechtslehre, um den Geltungsgrund der Treuepflicht eines GmbH-Geschäftsführers zu begründen. Die Treuepflicht sei das Korrelat der weit reichenden Geschäftsführerbefugnisse und faktischen Einwirkungsmöglichkeiten. Der Geschäftsleitung seien das Gesellschaftsvermögen und sämtliche wirtschaftlichen und ideellen Interessen der Gesellschafter anvertraut, zu deren Sicherung sie durch die Treuebindung in die Pflicht genommen würde.[443]

Konstruktiv setzt sich das Korrelationsprinzip demnach aus zwei kumulativ zu erfüllenden Komponenten zusammen. Zum einen verlangt es die Möglichkeit der Geschäftsführung, unmittelbar oder mittelbar auf die Interessen der Gesellschafter Einfluss zu nehmen bzw. auf diese einzuwirken. Zum anderen muss hierdurch die Gefahr begründet sein, die Interessen der Gesellschafter zu beeinträchtigten.

bb) Korrelationsprinzip und gesellschafterbezogene Organtreuepflicht

Die beschriebenen Voraussetzungen der Korrelations-Grundsätze liegen auch im Verhältnis zwischen Vorstand und Aktionären vor, so dass sie als allgemein anerkanntes Rechtsprinzip Grundlage einer gesellschafterbezogenen Organtreuepflicht sind. Das Verhältnis zwischen Vorstand und Aktionären enthält die korrelationstypischen und –erforderlichen Komponenten „Einwirkungs- und Gefährdungsmöglichkeit". Der Vorstand hat als geschäftsführendes und – im Fall des genehmigten Kapitals als ausübendes bzw. ausführendes – Organ regelmäßig die Möglichkeit, mit der Ausübung und Umsetzung bestimmter Maßnahmen auf die Interessen der Gesellschafter Einfluss zu nehmen. Dass es hierdurch sehr

442 BGHZ 65, 15, 19; BGHZ 103, 84, 194.

443 Baumbach/Hueck/Zöllner, GmbHG § 35, Rn.20; Roth/Altmeppen, GmbHG, § 43, Anm. 2.3.1

wohl zu Gefährdungen der Aktionärsinteressen kommen kann, zeigt beispielsweise die Problematik der Rechtmäßigkeitsvoraussetzungen eines Bezugsrechtsausschlusses sowie die hiermit einhergehenden Grenzen des Vermögensverwässerungsschutzes. Deutlich wird das Gefährdungspotential aber auch bei dem vorliegenden Untersuchungsgegenstand, wenn der Bezugsrechtsausschluss zunächst rechtmäßig war, später aber dessen Ausschlusszweck fortfällt und der Vorstand hierfür keine vertraglichen Vorkehrungen getroffen hat.

Für die Anwendbarkeit der Korrelations-Grundsätze als Geltungsgrund einer gesellschafterbezogenen Organtreuepflicht sprechen auch die oben genannten Entscheidungen des BGH, mit der er eine mehrheitsbezogene Treuepflicht begründet hat. Wenn er dort eine Treuepflicht als Gegengewicht für die Einflussnahme- und Gefährdungsmöglichkeit des Mehrheitsgesellschafters auf die Geschäftsleitung und die gesellschaftsbezogenen Interessen der Mitgesellschafter als notwendig erachtet,[444] muss dies erst Recht für die im Zweifel intensiveren Einwirkungsmöglichkeiten des Vorstands auf den Geschäftsverlauf sowie dessen Gefährdungspotential für die Aktionärsinteressen gelten.[445]

f) Konkrete Rechtsgrundlage einer gesellschafterbezogenen Organtreuepflicht

Ist damit der allgemeine – abstrakte – rechtliche Geltungsgrund der gesellschafterbezogenen Organtreuepflicht in Form des Korrelationsprinzips gefunden, stellt sich die Frage einer konkret normativen Rechtsgrundlage, aufgrund derer sich die gesellschafterbezogene Organtreuepflicht in das bestehende Rechts- und Pflichtengefüge innerhalb der Gesellschaft einbinden lässt. Weitgehend Einigkeit herrscht hinsichtlich der Erkenntnis, dass Rechtsgrundlage einer gesellschaftsrechtlichen Treuepflicht nur eine Sonderverbindung sein kann, die aufgrund der privatautonomen Entscheidung begründet ist, sich an einer Körper-

---

[444] BGHZ 65, 15, 19; 103, 184, 195; 129, 136, 143 f.; 142, 167, 170.
[445] MüKo/Reuter, BGB, § 38 Rn.4.

schaft zu beteiligen.[446] Gleiches gilt daher auch für eine gesellschafterbezogene Organtreuepflicht. Der vereinzelt innerhalb der Rechtslehre vertretene deliktsrechtliche Ansatz als Grundlage einer gesellschafterbezogenen Organtreuepflicht hat sich demgegenüber nicht durchsetzen können.[447]

aa) Unmittelbare vertragliche Organtreuepflicht

Manche innerhalb der Rechtslehre bejahen für den Bereich der mitgliedschaftlichen Treuepflicht einen rechtsgeschäftlichen Ansatz und begründen diesen mit der Existenz einer dem Personengesellschaftsrecht vergleichbaren vertraglichen Beziehung.[448] Hierzu wird die Auffassung vertreten, dass neben der Zugehörigkeit zur Aktiengesellschaft eine so genannte „gesellschafteridentische Personengesellschaft" zwischen den Gesellschaftern bestehe. Diese „Parallelmitgliedschaft" bestehe, weil „*...die eigene Rechtssubjektivität der (Aktien)Gesellschaft die beim Erwerb der Mitgliedschaft eingegangenen vertraglichen Bindungen zwischen den Gesellschaftern...*" nicht beseitige.[449] Demgegenüber weisen die Kritiker unmittelbarer Vertragsbeziehungen zwischen den Aktionären darauf hin, dass die Personenunabhängigkeit geradezu charakteristisch für eine Kapitalgesellschaft sei und sie sich hierdurch von der Personengesellschaft unterscheide.[450] Zu Recht lehnen sie es daher ab, dieses Wesensmerkmal der Personengesellschaft heranzuziehen, um eine mitgliedschaftliche Treuepflicht zu begründen.[451]

---

[446] Hüffer, in: FS Steindorff, 1990, 59, 68; ders., AktG, § 53a Rn.2; Immenga, in: FS GmbHG, 1992, 189, 203; MüKo/Ulmer, BGB, § 705 Rn.182; Schlegelberger/Schmidt, HGB, § 105 Rn.161.

[447] So noch RGZ 132; 149; 163 (Victoria); Mertens, in: FS Fischer, 1979, 461, 468 ff; ders., in: KK, § 93 Rn.172 f; ders. AcP 178 (1978), 227, 243 f.. Kritisch dazu: Lutter, AcP 180 (1980), 84, 124; Hennrichs, AcP 195 (1995), 221, 238 f..

[448] Hoffmann, GmbHR 1963, 61, 63 (für die GmbH).

[449] Raiser, ZHR 153 (1989), 1, 12; Immenga, Kapitalgesellschaft, S. 203 ff, 273 f.

[450] Zu diesem Punkt: Mertens, AG 1990, 49, 52.

[451] Zur umfassenden Kritik dieses Ansatzes: Winter, Treuebindungen, S. 43 ff.; Schulz-Gardyan, Aktionärsklage, S. 27 ff.; Flume, Juristische Person, S. 269; Bungeroth, in: Geßler/Hefermehl, AktG vor § 53a, Rn.6; Lutter, JZ 1976, 225, 226; Mertens, AG 1990, 49, 52.

Nichtsdestotrotz haben vereinzelte Stimmen der Rechtslehre diesen, für den Bereich einer mitgliedschaftlichen Treuepflicht entwickelten Ansatz aufgegriffen und zur Grundlage unmittelbarer Vertragsbeziehungen zwischen Vorstand und Aktionaritat gemacht.[452] Das organschaftliche Bestellungsverhältnis bzw. der Anstellungsvertrag bildeten das organisationsrechtliche Geflecht, welches Gesellschafter und Organmitglieder miteinander verbinde. Darin spiegele sich auch der Sinn des durch die Aktie verkörperten Mitgliedschaftsrechtes wider, wonach *„...jedem Gesellschafter gesellschaftsrechtliche Kontrollbefugnisse grundsätzlich auch gegenüber Gesellschaftsorganen und deren Mitgliedern zuzuerkennen...“* seien.[453]

Selbst wenn der Begründungsansatz unmittelbarer Vertragsbeziehungen für den Bereich einer mitgliedschaftlichen Treuepflicht geeignet wäre (wie nicht der Fall), kommt er nicht in Betracht, um eine gesellschafterbezogene Organtreuepflicht zu begründen. Unmittelbare vertragliche Rechtsbeziehungen zwischen Vorstand und Aktionaritat liegen nicht vor. Vertragspartner der schuldrechtlichen Anstellungsverträge ist die Gesellschaft, nicht die Gesellschafter. Gleiches gilt für das organschaftliche Bestellungsverhältnis. Die einzige „rechtsgeschäftliche“ Regelung, welche eine gemeinsame rechtsgeschäftliche Verbindung zwischen Organ und Gesellschaftern darstellen könnte, wäre die Satzung der Gesellschaft.[454] Die Organmitglieder werden aber regelmäßig nicht kraft Satzung bestellt. Die im Gesellschaftsvertrag vorgenommene Bestellung ist lediglich ein „unechter Satzungsbestandteil“.[455] Daher ist die Satzung regelmäßig nicht geeignet, eine vertragliche Verbindung zwischen Organmitgliedern und Gesellschaftern zu begründen.[456]

---

452 Raiser, ZHR 153 (1989), 1, 12 f..

453 Raiser, ZHR 153 (1989), 1, 12 f.. Kritisch dagegen Schulz-Gardayn, Aktionärsklage, S. 38

454 Zur Frage, ob die Satzung prinzipiell als Quelle schuldrechtlicher Beziehungen in Betracht kommt: Ulmer, in: FS Werner, 1984, 911, 914 f..

455 BGH WM 1961, 241 f.

456 Ulmer, in: FS Werner, 1983, 911, 914 f..

bb) Gesellschafterbezogene Organtreuepflicht aufgrund drittschützenden Anstellungs- bzw. Organverhältnisses

Andere sehen im Zusammenspiel zwischen schuldrechtlichem Vorstandsanstellungsverhältnis[457] und/oder organschaftlichem Bestellungsverhältnis[458] einerseits und dem Rechtsinstitut des Vertrages mit Schutzwirkung zugunsten Dritter (§ 328 BGB) andererseits das Sonderrechtsverhältnis,[459] welches sodann die Rechtsgrundlage einer gesellschafterbezogenen Organtreuepflicht darstelle.[460]

Die Vertreter dieser Meinungsgruppe räumen allerdings selbst ein, dass eine Drittschutzwirkung zugunsten der Gesellschafter nur dann zu bejahen sei, wenn dies der Geschäftsführer- bzw. Vorstandsanstellungsvertrag ausdrücklich vorsehe oder besondere Umstände vorlägen, die eine Einbeziehung der Gesellschafter in den Schutzbereich des Anstellungs- oder Organverhältnisses rechtfertigten.[461] Bereits diese Einschränkung des Anwendungsbereiches stellt die Geeignetheit des Drittschutzgedanken als Rechtsgrundlage einer gesellschafterbezogenen Organtreuepflicht in Frage. Hinzu kommt, dass regelmäßig die allgemeinen Voraussetzungen dieses Rechtsinstituts nicht vorliegen dürften.[462] Die Voraussetzung der „Leistungs- und Vertragsnähe“[463] ist wohl noch zu bejahen, da die Interessen der Gesellschafter regelmäßig durch die Entscheidungen des Vor-

---

457 So vor allem die Rechtsprechung, vgl. BGHZ 75, 321, 323 f.; BGH WM 1980, 593 f.

458 Diese Auffassung vertritt insbesondere die Literatur, vgl. Hüffer, ZGR 1981, 191, 192; Scholz-Schmidt, GmbHG, Anh. § 45, Rn.8; Raiser, ZHR 153 (1989), 1, 13 f.; Baums, Geschäftsleitervertrag, S. 243 ff., 248 f., 258 f., der ausdrücklich die Figur des Vertrages mit Schutzwirkung zugunsten Dritter in diesem Zusammenhang nennt.

459 Durch die Drittschutzwirkung entsteht ein unmittelbares Schuldverhältnis zwischen Drittem und Schuldner, vgl. Canaris, JZ 1965, 475, 480.

460 Für den Bereich der GmbH: Schilling, in: Hachenburg, GmbHG, § 43 Anm. 23 (06. Auflage) im Anschluss an Ballerstedt, Kapital, S. 179 f.. Beschränkt auf bestimmte Ausnahmefälle Mertens, in: Hachenburg, GmbHG, § 43 Rn.110 (07. Auflage).

461 Scholz-Schneider, GmbHG, § 43, Rn.213; Baums, Geschäftsleitervertrag, S. 233 ff., 243 ff, 248 f., 258 f. der weitere Differenzierungen danach vornimmt, ob eine Inanspruchnahme der Gesellschaft durch die Gesellschafter ausscheide. Nur in diesem Fall solle eine – quasi subsidiäre – Inanspruchnahme der Vorstandsmitglieder möglich sein.

462 Allgemein hierzu Palandt/Heinrichs, § 328, Rn.1 ff.; MüKo/Gottwald, BGB, § 328, Rn.110.

463 BGH NJW 1985, 489; BGH, NJW 1996, 2927, 2928.

standes (un)mittelbar tangiert werden. Allerdings dürfte die weitere Voraussetzung der so genannten „Gläubigernähe“ innerhalb einer Aktiengesellschaft kaum erfüllt sein.[464] Die Gesellschaft als Gläubigerin des Vorstandsanstellungsvertrages müsste ein berechtigtes Interesse zugunsten der Aktionäre haben. In der Terminologie des BGH gesprochen müsste sie am „Wohl und Wehe“ der Aktionäre interessiert sein.[465] Ihr müssten zumindest gewisse rechtliche Schutzpflichten gegenüber den Gesellschaftern obliegen. Zwar unterliegen die Aktionäre einer Treuepflicht gegenüber der Gesellschaft (mitgliedschaftliche Treuepflicht)[466]; umgekehrt ist das aber nicht der Fall. Es ist daher ausgeschlossen, dem Vorstand bzw. dessen Mitgliedern über den Drittschutzgedanken Pflichten gegenüber den Aktionären aufzuerlegen, denen die Gesellschaft ihrerseits nicht unterworfen ist. [467]

Insgesamt fehlt es somit an einem Anwendungsbereich des Drittschutzgedanken. Im Ergebnis stellt er daher keine tragfähige Grundlage einer gesellschafterbezogenen Organtreuepflicht dar.[468]

cc) Organtreuepflicht aufgrund quasi-vertraglicher Sonderbeziehung

Die Unwägbarkeiten, die sich bei unmittelbaren Vertragsbeziehungen bzw. dem Drittschutzgedanken nach den vorangegangenen Ausführungen ergeben, lassen

---

464 Palandt/Heinrichs, § 328, Rn.17.

465 BGHZ 51, 91, 96; BGH NJW 1977, 2208, 2209.

466 Siehe oben, 2. Teil, 1. Kapitel, B., II., 2a.

467 Darüber hinaus kann auch nicht von einer stillschweigenden Einbeziehung sämtlicher gegenwärtiger und künftiger Aktionäre in den Schutzbereich des Anstellungs- bzw. Organverhältnisses ausgegangen und daraus besondere vertragliche Schutz- sowie Fürsorgepflichten der Vorstandsmitglieder gegenüber den Aktionären begründet werden, die über die Pflicht zur Förderung des Gesellschaftszwecks hinausgehen. Hierzu MüKo/Gottwald, § 328, Rn.110, 108 der von einem eng zu ziehenden Personenkreis hinsichtlich der Begünstigten spricht, weil ansonsten das vertragliche Haftungsrisiko ein unkalkulierbares Ausmaß annähme. Im Übrigen bleibe es den Vertragspartnern unbenommen, eine Haftung gegenüber (selbst eng verbundenen) Dritten ausdrücklich auszuschließen. Aufgrund der gleichen Erwägungen wird die Schutzwirkung des Anstellungsvertrags eines Komplementär-Geschäftsführers einer GmbH & Co. KG zugunsten der Kommanditisten verneint von Hopt, ZGR 1979, 1, 14 ff..

468 Anders wohl Raiser, ZHR 153 (1989), 1, 12 f., der den Anwendungsbereich des Drittschutzgedanken für diesen Fall ausweiten will.

sich durch eine Rechtsgrundlage der gesellschafterbezogenen Organtreuepflicht in einer quasi-vertraglichen Sonderverbindung[469] vermeiden, welche durch einen so genannten „Beitrittsvertrag sui generis" begründet wird.

Quasi-vertragliche Sonderverbindungen sind als Begründung gesellschaftsrechtlicher Treuebindungen nicht unüblich. Mit dem Hinweis, dass es eines förmlichen Vertrages nicht bedürfe, um vertragsähnliche Rücksichtnahmepflichten zu begründen, hat eine starke Meinungsgruppe innerhalb der Rechtslehre sich diesen Ansatz einer nicht-vertraglichen Sonderbeziehung zu eigen gemacht, um ihn der mitgliedschaftlichen Treuepflicht als konkretes Rechtskonstrukt zugrunde zu legen.[470]

Die Konstruktion einer solchen quasi-vertraglichen Sonderverbindung überzeugt. Zutreffend ist bereits der Hinweis auf die Zulässigkeit, vertragsähnliche Rücksichtpflichten auf einer quasi-vertraglichen Sonderbeziehung zu begründen. Begibt sich eine Partei freiwillig in den Einflussbereich einer anderen, darf sie darauf vertrauen, nicht einer schädigenden Einflussnahmemöglichkeit ausgesetzt zu sein. Für den Fall einer (schuldhaften) Schädigung ergeben sich Schadensersatzansprüche aufgrund dieser vorvertraglichen Sonderverbindung. Als anschauliches Beispiel dieses Rechtsgedanken sei die zwischenzeitliche Normierung der culpa in contrahendo in § 311 Abs. 2, 3 BGB erwähnt.

---

469 Als Gesamtheit der Verhältnisse, in denen Schutzpflichten bestehen, hat sich seit Mitte der 60er Jahre im Anschluss an Canaris, JZ 1965, S.475 ff. der Begriff der „Sonderverbindung" durchgesetzt. Die von Canaris, ebenda und ders., in: 50 Jahre BGH, 129 ff., 174 f. entwickelte Konzeption eines einheitlichen Schutzpflichtverhältnisses geht u.a. davon aus, dass die Sonderverbindung nicht nur den Anwendungsbereich der Schutzpflichten, sondern auch den der Treuepflichten beschreibt.

470 Lutter, AcP 180 (1980), 84, 126 f.; ders., 50 Jahre BGH, 321 330;. Winter, Treuebindungen, S. 67 ff.. Weitergehend Schmidt, Gesellschaftsrecht, § 19 III 1a und Zöllner, Schranken, S. 350, die eine mitgliedschaftliche Treuepflicht sogar auf eine nichtvertragliche Sonderbeziehung stützen.

Diese Überlegungen lassen sich – gerade im Hinblick auf die Korrelations-Grundsätze als Legitimationsgrund einer gesellschafterbezogenen Organtreuepflicht – auf das Verhältnis zwischen Organ und Gesellschaftern übertragen. Zwar werden unmittelbare vertragliche Rechtsbeziehungen – wie oben dargelegt – zu Recht verneint. Dennoch lassen sich mit den sonst üblichen Vertragsbeziehungen vergleichbare Strukturen nicht leugnen. Durch den Beitritt in die Gesellschaft, innerhalb derer die Gesellschafter der Integrität und Interessenwahrung der Geschäftsführung einerseits vertrauen, andererseits deren Einwirkungsmöglichkeiten ausgesetzt sind, ist eine vergleichbare – organisationsrechtliche bzw. quasi-vertragliche – Sonderverbindung zu bejahen.[471] Die Anerkennung dieser organisationsrechtlichen Sonderverbindung wird zudem durch die treuhänderische Bindung der Vorstandsmitglieder im Hinblick auf die gesellschaftsbezogenen Vermögensinteressen der Aktionäre gestützt.[472] Nach all dem besteht eine quasi-rechtsgeschäftliche Beziehung zwischen den Gesellschaftern und den Organmitgliedern und damit eine konkrete Rechtsgrundlage einer gesellschafterbezogenen Organtreuepflicht.

3. Konsequenzen: Unmittelbare Haftung der Vorstandsmitglieder bei fehlender Andienungsklausel

Welche Konsequenzen sich aus der Anerkennung einer gesellschafterbezogenen Treuepflicht ergeben, kann mit Blick auf ihre oben beschriebenen Funktionen (Einwirkungskontrolle und Vertrauensschutz) sowie der ihr zugrunde liegenden Korrelations-Grundsätze beantwortet werden. Zu bedenken ist hierbei, dass sie sich – wie die anderen anerkannten Treupflichten auch – ihrer Natur und Funktion nach doch „nur" als eine Generalklausel darstellt. Angesichts der Vielzahl

---

471 Winter, Treuebindungen, S. 69 ff; Bungert, DB 1995, 1749, 1750; Fillmann, Treuepflichten, S. 91; Hennrichs, AcP 195 (1995), 221, 242 ff; Lutter, AcP 180 (1980), 84, 97 f; Schmidt, in: GK, § 243, Rn.48. Ablehnend dagegen: Flume, ZIP 1995, 161, 165 ff; Müko/Reuter, § 34 BGB, Rn.22.

472 Siehe hierzu oben 2. Teil, 1. Kapitel, B, II, 2 a, d, aa. Ferner Raiser, ZHR 153 (1989), 1, 12 f.; im Ansatz auch Baums, Geschäftsleitervertrag, S. 209; Hopt, in: GK, § 93, Rn.12; Winter, Treuebindungen, S. 80 (für den Bereich der GmbH).

denkbarer Konfliktlagen sowie der Gefahr einer geringeren Anwendungsflexibilität verbietet sich daher eine abstrakte Durchnormierung.[473] Vielmehr bestimmt sich ihr konkretes Profil erst sukzessive durch eine fortschreitende Fallgruppenbildung. Wie an anderer Stelle bereits dargelegt, hat der Vorstand aufgrund der gesellschafterbezogenen Organtreuepflicht im Wesentlichen dafür zu sorgen, dass aufgrund seiner Einwirkungsmöglichkeiten und seines Informationsvorsprungs eine Schädigung der gesellschaftsbezogenen Vermögens- und Teilhabeinteressen der Aktionäre nicht eintritt.[474] Allgemein ausgedrückt bedeutet dies, dass die Organmitglieder auch gegenüber den Aktionären alles zu unterlassen haben, was sie in Widerspruch zu ihrer quasi treuhänderischen Funktion gegenüber den Aktionären setzt. Gerade im Zusammenhang und/oder der Vorbereitung unternehmerischer Entscheidungen (wie beispielsweise die Ausnutzung des genehmigten Kapitals im Zuge einer Fremdemission) müssen sie legitime mitgliedschaftliche Interessen berücksichtigen und dürfen diese nur nach Maßgabe des Erforderlichen und Verhältnismäßigen zugunsten der Gesellschaftsinteressen zurückstellen. Dies haben bereits die Ausführungen zur Frage der Rechtmäßigkeit des Bezugsrechtsausschlusses gezeigt.[475] Damit steht einer übermäßigen Anwendung der gesellschafterbezogenen Organtreuepflicht der Verhältnismäßigkeitsgrundsatz entgegen. Nur wenn eine Maßnahme unter Berücksichtigung der unmittelbaren Aktionärsinteressen ergibt, dass die Unternehmensinteressen die Interessen der Aktionäre überwiegen, ist die Maßnahme gerechtfertigt und eine Verletzung der gesellschafterbezogenen Organtreuepflicht zu verneinen.

Bezogen auf die Konsequenzen eines Zweckfortfalls in Gestalt einer gescheiterten Aktienplazierung dürfte eine entsprechende Interessenabwägung regelmäßig

[473] Hüffer, in: FS Steindorff, 1990, 59, 69 (für die mitgliedschaftliche Treuepflicht).
[474] Siehe bereits 2. Teil, 1. Kapitel, B. II., 2c.
[475] Siehe oben, Fn. 82.

die Pflicht des Vorstands ergeben, beim Abschluss von Übernahmeverträgen mit den Emissionsbanken sicherzustellen, dass die Gefahr eines Zweckfortfalls vertraglich geregelt wird. Insbesondere hat der Vorstand dafür zu sorgen, dass die Banken im Fall einer gescheiterten Aktienplazierung nicht in die Lage versetzt werden, ihre Treuhänderfunktion nach Eintragung der Kapitalerhöhung aufzugeben und dauerhaft Aktionäre der Gesellschaft zu bleiben. Daher hat der Vorstand auf eine Regelung hinzuwirken, wonach sich die Konsortialbanken entsprechend des Leitbilds eines mittelbaren Bezugsrechtes gemäß § 186 Abs. 5 AktG verpflichten, ihre Treuhänderfunktion zu wahren und den Altaktionären die nicht zu plazierenden Neuaktien zum Börsenpreis anzubieten, sofern der Vorstand auch zum Pricing durch die Hauptversammlung ermächtigt wurde. Enthält der Ermächtigungsbeschluss dagegen einen bestimmten Mindestausgabebetrag, muss die Absicherungsklausel dahingehend lauten, dass die Emissionsbanken die Aktien so lange als fremdnützige Treuhänder der Gesellschaft zu verwahren verpflichtet sind, bis sie zu den im Ermächtigungsbeschluss genannten Voraussetzungen plaziert werden können.[476]

Unterlässt es der Vorstand, solche Absicherungsklauseln im Übernahmevertrag zu regeln und kommt es aufgrund der oben beschriebenen Entwicklung zu einer – wie noch gezeigt werden wird – vermögensrechtlichen Interessenverletzung der Altaktionäre, verletzt er seine ihm obliegende besondere Organtreuepflicht gegenüber den Aktionären und macht sich diesen gegenüber schadensersatzpflichtig.[477] Aufgrund der quasivertraglichen Natur der Treuepflicht handelt es sich hierbei um eine „Pflicht aus einem Schuldverhältnis“ im Sinne des § 280 Abs. 1 BGB. Daher kommt – einen ersatzfähigen Schaden der Aktionäre vorausgesetzt – als gesetzliche Schadensersatzanspruchsgrundlage §§ 280 Abs. 1, 3,

[476] Unberührt bleibt hierbei die oben erörterte Möglichkeit eines den vorgegebenen Ausgabebetrag ändernden Hauptversammlungsbeschlusses.

[477] Grundsätzlich eine unmittelbare Schadensersatzpflicht des Vorstands gegenüber den Aktionären bejahend: van Aubel, Vorstandspflichten, S. 146.

241 Abs. 2 BGB in Betracht, bei der das Verschulden des Vorstands nach § 280 Abs. 1 S. 2 BGB vermutet wird.

Ein möglicher Schadensersatzanspruch gegen die Verwaltungsmitglieder soll in erster Linie für die Einbußen entschädigen, welche die Aktionäre infolge der Organtreuepflichtverletzung (Stichwort: „fehlende Andienungsklausel") sowie des damit einhergehenden (dauerhaften) Ausschlusses des Bezugsrechts und der infolgedessen verbundenen Verletzung ihres Mitgliedschaftsrechts erleiden.[478] Angesichts der bekannten erheblichen Hindernisse und Risiken einstweiliger Rechtschutzmaßnahmen[479] dient die Möglichkeit eines solchen unmittelbaren – quasi vertraglichen – Schadensersatzanspruches der Aktionäre auch einem präventiven Schutz des Bezugsrechts vor unzulässigen Eingriffen durch den Vorstand.[480]

Einer unmittelbaren Haftung der Vorstandsmitglieder kann letztlich – entgegen mancher Stimmen innerhalb der Rechtslehre – nicht entgegengehalten werden, sie drohe das normierte gesellschaftsinterne Haftungssystem auszuhebeln und sei deshalb nicht mit der Organisationsverfassung der Gesellschaft zu vereinbaren. Sie führt auch nicht zu unüberschaubaren Haftungsrisiken der Verwaltungsmitglieder, die den Verlust der Selbstverwaltungsfähigkeit der Gesellschaft bedeute.[481] Dagegen spricht schon, dass – wie an anderer Stelle bereits beschrieben – die aktienrechtlichen Verhaltensnormen kein abschließendes Regelwerk darstellen. Darüber hinaus sieht das Aktienrecht eine Ausschließlichkeitshaftung der Gesellschaft nicht vor. Ebenso wenig vorgesehen ist eine dem Staatshaf-

478 Ulmer, ZHR 163 (1999), 290, 297, 306 f., 318.
479 Hierzu Cahn, ZHR 164 (2000), 113, 118.
480 Ulmer, ZHR 163 (1999), 290, 297, 306 ff. (im Zusammenhang mit der Funktion einer Aktionärsklage); Cahn, ZHR 164 (2000), 113, 119.
481 So aber Reuter, in: FS Lange, 1992, 707, 732; Schulz-Gardyan, Aktionärsklage, S. 70 (bezüglich einer unmittelbaren deliktischen Haftung der Vorstandsmitglieder) unter Berufung auf die „Schärenkreuzer" Entscheidung des BGH (Z 110, 323f. 334 f).

tungsrecht vergleichbare Haftungsübernahme (§ 839 BGB i.V.m. Art. 34 GG) der Gesellschaft zugunsten der Vorstandsmitglieder. Dem Einwand, wonach eine unmittelbare Haftung eine uferlose Haftung der Organmitglieder nach sich ziehe, ist schließlich entgegenzuhalten, dass die schadensersatzrechtlichen Grundsätze den Haftungsumfang der Vorstandsmitglieder ohnehin einschränken, soweit es sich um so genannte „Reflexschäden“[482] handelt.[483]

a) Potentiell verletzte Aktionärsinteressen

Nachdem die gesellschafterbezogene Organtreuepflicht als Haftungsgrundlage zugunsten der Altaktionäre gegenüber den Vorstandsmitgliedern gefunden ist, stellt sich nunmehr die Frage, welche konkreten Interessen bzw. Rechte der Altaktionäre bei fehlender vertraglicher Andienungspflicht der Emissionsbank(en) verletzt sind, wenn es zu dem beschriebenen Zweckfortfall kommt. Erst dann kann geklärt werden, welchen Schaden sie hierbei unmittelbar erleiden.

Die Spannbreite der potentiell beeinträchtigten Altaktionärsinteressen im Fall einer fehlenden vertraglichen Andienungsklausel und damit aufgrund des – jedenfalls nachträglich nicht mehr gerechtfertigten – Bezugsrechtsausschlusses ist groß. Vergegenwärtigt man sich indes die Situation, wie sie sich bei einer im Übernahmevertrag vereinbarten Andienungsklausel darstellen würde, erschließen sich die potentiell verletzten Interessen deutlicher. Bei vereinbarter Andienungsklausel hätten die Aktionäre die Möglichkeit, trotz der dauerhaft gescheiterten Aktienplazierung die jungen Aktien zu erwerben, um so jedenfalls ihre ansonsten geschmälerten Vermögens- und Teilhabeinteressen aufrechtzuerhalten. Der ursprünglich wirksame Bezugsrechtsausschluss bleibt zwar trotz des nachträglichen Zweckfortfalls wirksam. Hinsichtlich der aufgrund des nachträglichen Zweckfortfalls beeinträchtigten Aktionärsinteressen ist die Situation aber mit jener vergleichbar, als ob ein von Anfang an unwirksamer Bezugsrechtsaus-

---

[482] Hierzu sogleich unter 2. Teil, 1. Kapitel, B., II., 3.b.(2).
[483] Hopt, in: FS Mestmäcker, 1996, 909, 925.

schluss vorläge. Denn in beiden Situationen ist den Altaktionären de facto die Ausübung ihres mitgliedschaftlichen Bezugsrechts zu Unrecht nicht möglich: Dort deshalb, weil der Ausschluss von Anfang an unwirksam ist, vorliegend deshalb, weil mit der Durchführung der Kapitalerhöhung die Emissionsbanken mangels Andienungspflicht dauerhaft vollwertige Aktionäre geworden sind, obgleich der Bezugsrechtsausschluss eine andere Zwecksetzung hatte, nämlich die Streuung der Aktien am Kapitalmarkt. Im Ergebnis stellt sich der Fortbestand der Ausschlussentscheidung daher als unzumutbar dar.

Auf dieser Grundlage lassen sich nunmehr die hierdurch betroffenen Altaktionärsinteressen im Einzelnen herausfiltern. In Betracht kommt zunächst das Interesse der Aktionäre, mögliche finanzielle Nachteile infolge der Wertverwässerung ihrer Beteiligungen auszugleichen („Kurswertverwässerung“)[484]. Darüber hinaus könnten die Altaktionäre Ersatz dafür begehren, dass es ihnen aufgrund des verweigerten Erwerbs zusätzlicher Aktien unmöglich ist, an künftigen Kurs- und Wertsteigerungen der Gesellschaft partizipieren zu können. Ferner kann es den Altaktionären darum gehen, Ersatz dafür zu verlangen, dass sie durch den vereitelten Erwerb von Bezugsaktien ihre jeweilige Beteiligungsquote und die damit einhergehenden mitgliedschaftlichen Teilhabe- und Herrschaftsrechte nicht in der bisherigen Form aufrechterhalten oder ihr Bezugsrecht nicht weiter veräußern können.[485]

Sämtliche dieser potentiell verletzten Aktionärsinteressen haben ihre gemeinsame Grundlage im allgemeinen Mitgliedschaftsrecht. Denn sowohl das Aktienbezugsrecht nach § 186 Abs. 1 S. 1 AktG als auch das Recht auf Gewinnbeteiligung sowie das Interesse, an Unternehmenswertsteigerungen zu partizipieren, sind als individuelle Aktionärsrechte dem Kern der Mitgliedschaft zuzurechnen.[486] Die Mitgliedschaft ist das Rechtsverhältnis, aus dem sich subjektive

---

[484] Siehe hierzu bereits 1. Teil, 1. Kapitel, Einleitung.
[485] Hierzu Cahn, ZHR 164 (2000), 113, 120.
[486] Lutter, in: KK, § 186, Rn.10; Hüffer, AktG, § 186, Rn.6.

Rechte und Pflichten der Mitglieder der Gesellschaft ergeben.[487]. Das allgemeine Mitgliedschaftsrecht gewährleistet damit das Recht, die ursprüngliche Beteiligungsquote in Form der bisherigen Mitverwaltungs- und Vermögensrechte der Altaktionäre aufrechtzuerhalten. Dies erfasst zunächst das Recht auf Teilnahme an einer Kapitalerhöhung in Form des Bezugsrechts. Außerhalb dieses Teilhaberechts ergeben sich Abwehr- und Schadensersatzansprüche, wenn das Mitgliedschaftsrecht verletzt wird.[488] Dies ist folgerichtig, zumal die §§ 186 Abs. 3 S. 4, 243 Abs. 2 S. 2, 255 Abs. 2 AktG deutlich machen, dass das AktG in erster Linie auf Publikums- und Kleinaktionäre in ihrer Eigenschaft als Anleger gerichtet ist. Deshalb liegt der Schwerpunkt auch mehr auf dem Schutz der Vermögensrechte und Interessen der Altaktionäre als auf dem Schutz ihrer Teilhabe- und Herrschaftsrechte.[489]

Wie oben dargelegt, findet der Eingriff in das Bezugs- bzw. Mitgliedschaftsrecht der Altaktionäre durch die Ausübung des genehmigten Kapitals statt; verletzt ist das Mitgliedschaftsrecht, sobald die Durchführung der bezugsrechtsfreien Kapitalerhöhung im Handelsregister eingetragen ist. Damit verringert sich das Anteilsverhältnis zu Lasten der vom Bezugsrecht ausgeschlossenen Aktionäre endgültig. Mit Eintragung der Kapitalerhöhung entstehen die Mitgliedschaftsrechte in der Person der Dritterwerber.[490] Dies sind – auch und gerade im Fall einer Fremdemission bei durchgeführtem Bookbuilding-Verfahren – die Emissionsbank(en). Sie sind – trotz ihrer ursprünglichen Treuhänderfunktion – aus aktienrechtlicher Sicht als vollwertige Zeichner und – nach Eintragung der Kapitalerhöhung – als Aktionäre zu betrachten.[491] Die Verletzung des Mitgliedschaftsrechts wird dann zum Schadensersatzanspruch der Altaktionäre gegenüber dem Vorstand, wenn der den Bezugsrechtsausschluss rechtfertigende Zweck sich

[487] Lutter, AcP (1980), 84, 101 f.; Soergel/Hadding, § 38, Rn.3a.
[488] Cahn, ZHR 164 (2000), 113, 129, 135.
[489] Mülbert, Aktiengesellschaft, 259 ff., 303 ff.; Habersack, Mitgliedschaft, S. 302 f..
[490] Lutter, in: KK, § 204,. Rn.25; Hüffer, AktG, § 186, Rn.17.
[491] Fleischer/Ekkenga, Vorstandsrecht, § 23, Rn.133.

nicht erfüllt und der Vorstand eine vertragliche Absicherung hierfür nicht vorgesehen hat. Gerade durch die hier vertretene Annahme einer gesellschafterbezogenen Organtreuepflicht ist auch eine „mitgliedschaftliche Verbindung" zwischen Vorstand und Aktionären zu bejahen. Daher stehen einem unmittelbaren, quasi-vertraglichen Schadensersatzanspruch der Aktionäre bei Verletzung ihres umfassenden Mitgliedschaftsrechts durch den Vorstand keine Bedenken entgegen.

b) Unmittelbarer Schaden der Altaktionäre

Ein möglicher Schadensersatzanspruch gegen die Verwaltungsmitglieder soll in erster Linie für die Einbußen entschädigen, welche die Aktionäre infolge der Organtreuepflichtverletzung (Stichwort: „fehlende Andienungsklausel") sowie des damit einhergehenden (dauerhaften) ungerechtfertigten Ausschlusses des Bezugsrechtes und der infolgedessen verbundenen Verletzung ihres Mitgliedschaftsrechts erleiden.[492] Um ihrer Ausgleichsfunktion gerecht zu werden, setzt eine Ersatzpflicht nach schadensersatzrechtlichen Grundsätzen einen unmittelbaren Schaden der Altaktionäre voraus. Demgegenüber sind bloß mittelbare Schäden der Altaktionäre, so genannte „Reflexschäden", unbeachtlich.[493] Hiervon ist die Rede, wenn mitgliedschaftliche Schutzrechte zwar verletzt werden, der tatsächliche, unmittelbare Schaden aber bei der Gesellschaft eintritt und die Aktionäre nur mittelbar – „reflexartig" – geschädigt sind. Dies ergibt sich zunächst aus dem allgemeinen gesellschaftsrechtlichen Grundsatz, dass jede Beeinträchtigung des Gesellschaftsvermögens allein im Wege der Wiederauffüllung dieses zweckgebundenen und dinglich der Gesellschaft zugeordneten Sondervermögens auszugleichen ist.[494] Des Weiteren ist den Regelungen der §§ 117 Abs. 1 S. 2, 317 Abs. 1 S. 2 AktG der allgemeine Rechtsgedanke zu entnehmen, dass

492 Ulmer, ZHR 163 (1999), 290, 297, 306 f, 318.

493 BGH, NJW 1985, 1900; BGH, NJW 1987, 1077, 1079; BGH, NJW 1988, 413, 415; Hopt, in: FS Mestmäcker, 1996, 909, 925; Cahn, ZHR 164 (2000), 113, 138, 151; Baums, ZGR 1987, 554 ff.; Hüffer, AktG, § 93, Rn.19, § 117, Rn.9.

494 Martens, ZGR 1972, 254, 280; Winter, Treuebindungen, S. 56 f.

Vermögensnachteile der Altaktionäre, die sich in einem Schaden der Gesellschaft erschöpfen, nicht durch Leistungen in das Privatvermögen der Aktionäre sondern nur durch Leistung in das Gesellschaftsvermögen ausgeglichen werden können.[495] Ein Anspruch der Aktionäre auf Zahlung eines Schadensersatzes in das eigene Vermögen kommt damit nur dann in Betracht, wenn der einzelne Aktionär durch die treuwidrige Handlung des Vorstands einen – unmittelbaren – Schaden geltend machen kann, der über die Schädigung der Gesellschaft und damit über den mittelbaren Eingriff in seinen Anteil hinausgeht.[496]
Ob die bezugsrechtlich ausgeschlossenen Aktionäre bei fehlender vertraglicher Andienungsklausel für den Fall, dass die Kapitalerhöhung scheitert, einen unmittelbaren Schaden oder nur einen Reflexschaden erleiden, hängt im Einzelnen von den oben genannten, potentiell verletzten Aktionärsinteressen und der sich hieraus ergebenden Schadensposition ab.

aa) Kurswertverwässerung

(1) Schadensposition

Ob die Kurswertverwässerung eine relevante Schadensposition darstellt, wird üblicherweise in den Fällen diskutiert, in welchen das Bezugsrecht ausgeschlossen und die neuen Aktien einem Dritten zu einem Ausgabepreis überlassen werden, der „unangemessen niedrig" im Sinne des § 255 Abs. 2 AktG ist.[497] In diesen Fällen kommt es immer zu einer Verwässerung des Aktienvermögens der ausgeschlossenen Altaktionäre[498], weil das Grundkapital der Gesellschaft pro-

[495] BGHZ 94, 55, 58 f.; 105, 121, 130 f.; Hüffer, AktG, § 117, Rn.9; Müller, in: FS Kellermann, 1991, 317, 331 f.; Cahn, ZHR 164 (2000), 113, 151; ders., Kapitalerhaltung, S. 106 ff. m.w.N.

[496] BGH, ZIP 1987, 29, 32 f.; BGH, NJW 1992, 368, 369; Mertens, in: KK, § 93, Rn.171; Hüffer, AktG, § 93, Rn.19, § 117, Rn.9; Baums, ZGR 1987, 554, 557; Brandes, in: FS Fleck, 1988, 13, 15 ff.; Nehls, Treuepflicht, 108 f..

[497] BGHZ 71, 40, 45; Lutter, in: KK, § 186, Rn.56.

[498] Daneben kann es auch zu einer Verwässerung der Beteiligungsquote der Aktionäre kommen, weil bei einer Kapitalerhöhung deren prozentuale Beteiligung am Grundkapital der Gesellschaft zwangsläufig abnimmt (so genannte „Beteiligungsquotenverwässerung", s.o. 1. Teil, 1. Kapitel, Einleitung.

zentual um so stärker steigt als das Vermögen, je weiter der Ausgabebetrag der neuen Aktien den Börsenkurs zum Emissionszeitpunkt unterschreitet.[499]

Fraglich ist dagegen, ob eine Kurswertverwässerung auch in der vorliegenden Fallkonstellation der gescheiterten Aktienplazierung gegeben ist. Denn hier stellt sich die Situation umgekehrt dar. Der Ausgabepreis liegt nicht unter dem Börsenkurs sondern übersteigt ihn gerade. Deshalb kam es ja nicht zum Plazierungserfolg.

Die Situation wäre mit der ansonsten diskutierten Frage eines zu niedrigen Ausgabebetrags der Neuaktien jedoch dann vergleichbar, wenn es ebenfalls an einem entsprechenden Wertzufluss fehlte. Dafür spricht zunächst, dass das Bookbuilding-Verfahren eine Vollvalutierung der neuen Aktien durch die Konsortialbanken im Zeitpunkt der Zeichnung nicht vorsieht. Der volle Ausgabebetrag soll vielmehr erst aus dem Verkaufserlös aufgebracht werden. Die Frage eines Vermögensschadens in Form der Wertverwässerung hängt somit davon ab, ob die Emissionsbank(en) trotz gescheiterter Aktienplazierung zum Settlement verpflichtet sind. Das ist zu bejahen. Beabsichtigt die Emissionsbank trotz ihrer gescheiterten Plazierungsbemühungen dauerhaft Gesellschafter zu bleiben, muss sie – im Fall eines erleichterten Bezugsrechtsausschlusses gemäß § 186 Abs. 3 S. 4 AktG – den Differenzbetrag zwischen gezeichnetem Nennwert der neuen Aktien bis zur Höhe des nach § 186 Abs. 3 S. 4 AktG zu gewährleistenden Minimums an die Emittentin entrichten.[500] Außerhalb des Anwendungsbereichs von § 186 Abs. 3 S. 4 AktG gilt für die Höhe des Ausgabebetrags der Maßstab des § 255 Abs. 2 AktG, welchen der Vorstand bei entsprechender Ermächtigung durch die Hauptversammlung unter Beachtung dieser Grenzen festlegt.[501] Das bedeutet, dass die Emissionsbank das Settlement mit eigenen Mittel herbeiführen muss, will sie ihre Gesellschafterstellung dauerhaft beibehalten. Die Pflicht

---

[499] Lutter, in: KK, § 186, Rn.127; Hirte, Bezugsrechtsausschluss, S. 7 f.; van Aubel, Bezugsrechtsausschluss, S. 15, 68 f..

[500] Ekkenga, in: VGR, Bd. 3 (2001), 77, 92 f..

[501] Siehe hierzu oben 1. Teil, 2. Kapitel, A., I.

zum Settlement ergibt sich aus ihrer Rolle als Auftragnehmerin des Übernahmevertrages. Anderenfalls fiele ihr aufgrund der bloßen Teilvalutierung ein unberechtigter Vermögensvorteil zu, den sie aufgrund ihrer geschäftsbesorgungsvertraglichen Ausgleichspflicht (§§ 675 Abs. 1, 667 BGB) an die Gesellschaft herauszugeben hat.[502]

Ein Vermögensschaden der Altaktionäre bei fehlender vertraglicher Andienungspflicht der Emissionsbanken ist daher regelmäßig nicht zu befürchten, sofern sie ihre Gesellschafterstellung beibehalten wollen und daher zum Settlement verpflichtet sind. Weigern sich die Konsortialbanken dagegen, das Settlement mit eigenen Mitteln herbeizuführen, hat die Emittentin einen geschäftsbesorgungsvertraglichen Herausgabeanspruch, so dass diese den Altaktionären zum Bezug angeboten werden können.

(2) Reflexschaden

Selbst für den Fall, dass ein Vermögensschaden in Form der Wertverwässerung zu bejahen wäre, käme ein Schadensersatzanspruch der Altaktionäre gegen die Vorstandsmitglieder nicht in Betracht. Wie eingangs erwähnt, setzte dies einen unmittelbaren Schaden der Altaktionäre voraus. Die drohende Verwässerung des Aktienvermögens der Altaktionäre stellt sich bei genauer Betrachtung zudem als bloßer Reflexschaden des unmittelbaren Schadens der Gesellschaft dar.

(a) Standardsituation: Aktienausgabe an Dritte zu einem unangemessen niedrigen Ausgabebetrag

In den Fällen, in denen die neuen Aktien an Dritte zu einen „unangemessen niedrigen" Ausgabepreis ausgegeben werden, widerspiegelt die auf Seiten der Altaktionäre eintretende Wertverwässerung der alten Aktien den bei der Gesellschaft eingetretenen unmittelbaren Vermögensschaden in Form eines zu gerin-

502 Ekkenga, in: VGR, Bd. 3 (2001), 77, 87, 91; Wiedemann, WM 1979, 990, 993; anders nunmehr Fleischer/Ekkenga, Vorstandsrecht, § 23, Rn.134, der sich auf einen ausreichenden Schutz der Altaktionäre durch das – hier abgelehnte – Ersatzbezugsrecht beruft.

gen Emissionserlöses.[503] Denn wären die neuen Aktien zu einem angemessenen Preis ausgegeben worden, hätte die Gesellschaft eine höhere Einlage und damit mehr Eigenkapital erhalten.[504] Hierdurch verletzen die Vorstandsmitglieder primär ihre gegenüber der Gesellschaft bestehende Amtspflicht, der Gesellschaft mittels der Kapitalerhöhung ausreichend Finanzmittel zu beschaffen. Daher steht in erster Linie der Gesellschaft nach §§ 93, 116 AktG ein Ersatzanspruch gegenüber den Verwaltungsmitgliedern auf Ausgleich des Schadens zu, der durch die unangemessen niedrige Aktienausgabe entstanden ist.[505] Kommt es zum Schadensausgleich, entfällt die eingetretene Kurswertverwässerung der Aktien der Altaktionäre. Wird der Gesellschaft der Differenzbetrag zwischen dem tatsächlichen und dem erzielbaren Ausgabebetrag erstattet, erreichen die alten Aktien ihren Ursprungswert wieder.[506] Gleichzeitig kommt es zum wertmäßigen Ausgleich des verminderten prozentualen Anteils am Gewinn- und/oder Liquidationserlös, wenn das Gesellschaftsvermögen durch Zufluss der Ausgleichszahlung wieder erhöht wird.[507]

(b) Übertragung auf die Zweckfortfall-Konstellation

Ähnlich verhält es sich auch in der vorliegenden Zweckfortfall-Konstellation. Durch die gescheiterte Aktienplazierung erleidet die Gesellschaft einen unmittelbaren Vermögensschaden in Form der fehlenden Vollvalutierung. Die Wertverwässerung der alten Aktien stellt sich als bloßer Reflexschaden des entgangenen Gewinns der Gesellschaft dar. Führen die Emissionsbank(en) das Settlement aber selbst herbei, um ihre Gesellschafterstellung beizubehalten, ist der

[503] Cahn, ZHR 164 (2000), 113, 138, 151. A.A. Zöllner, ZGR 1988, 392, 399, welcher in der Wertverwässerung der alten Aktien einen unmittelbaren Schaden der mit ihrem Bezugsrecht ausgeschlossenen Aktionäre sieht. Ähnlich Kowalski, Gesellschafts- und Gesellschafterschaden, S. 9.
[504] Lutter, in: KK, § 204, Rn.29 mit Verweis auf Klette, BB 1968, 1101 ff. sowie Mestmäcker, BB 1961, 948.
[505] Cahn, ZHR 164 (2000), 113, 151.
[506] Lutter, in: KK; § 186, Rn.27.
[507] Vollmer/Lorch, DB 1991, 1313, 1315.

zunächst eingetretene unmittelbare Vermögensschaden der Gesellschaft ausgeglichen. Gleiches gilt, wenn die Emissionsbank(en) – alternativ – ihrer geschäftsbesorgungsvertraglichen Herausgabepflicht nachkommen, so dass die Aktien den Altaktionären zum Bezug angeboten werden können. Diese Möglichkeiten des Vermögensausgleichs beseitigen in der vorliegenden Zweckfortfall-Konstellation die Verwässerung des Aktienvermögens der Altaktionäre. Ein unmittelbarer Vermögensschaden der Altaktionäre ist daher zu verneinen.

bb) Aktionärs-Anlageinteresse

(1) Unmittelbare Schadensposition

Die gescheiterte Aktienplazierung sowie die – mangels vertraglicher Andienungsklausel – fehlende Erwerbsmöglichkeit der ausgeschlossenen Altaktionäre könnte sich als relevanter Vermögensschaden dann ergeben, wenn sich der Börsenkurs der Aktien wieder verbessert und die Altaktionäre hieran nicht mit der selben Beteiligungsquote partizipieren können wie wenn sie die Möglichkeit gehabt hätten, die neuen Aktien zu erwerben. Der Schaden liegt hier im entgangenen Gewinn der Altaktionäre, an zukünftigen Steigerungen des Unternehmenswertes entsprechend ihrer bisherigen Anteile am Grundkapital teilnehmen zu können. Verletzt ist das so genannte „Aktionärs-Anlageinteresse".[508] Dieses umfasst das Interesse der Aktionäre, in die Gesellschaft zu investieren und langfristig an einem etwaigen Wertzuwachs, vor allem durch einen steigenden Börsenkurs der Aktien, zu partizipieren.

Das verletzte Aktionärs-Anlageinteresse stellt weder einen Schaden der Gesellschaft dar noch vermag eine Zahlung an die Gesellschaft diese Schadensposition ausgleichen. Die Verletzung tritt daher unabhängig von einem Vermögensschaden der Gesellschaft ein. Es handelt sich daher um einen unmittelbaren Vermögensschaden der Altaktionäre in Form eines so genannten „Vermögensfolgeschaden".

---

[508] Cahn, ZHR 164 (2000), 113, 139, 142.

(2) Ersatzfähigkeit des Aktionärs-Anlageinteresses

Das Aktionärs-Anlageinteresse müsste zudem eine ersatzfähige Schadensposition darstellen. In welchem Umfang ein Schadensersatzanspruch besteht, bestimmen die §§ 249 ff BGB. Einschränkend müssen jedoch die zur Vermeidung einer uferlosen Haftung entwickelten schadensersatzrechtlichen Grundsätze beachtet werden. Die Rechtsprechung und Literatur wenden als haftungsbegrenzendes Moment die so genannte „Normzwecklehre" an. Diese besagt, dass der Schädiger nur für solche Schadensfolgen einzustehen hat, die nach Art und Entstehung im Schutzbereich der verletzten Norm bzw. bei (vor)vertraglichen Pflichtverhältnissen im Schutzbereich der verletzten Pflicht liegen muss.[509] Des Weiteren muss ein Schaden in einem inneren (kausalen) Zusammenhang zu der durch den Schädiger geschaffenen Gefahrenlage stehen, weil eine rein zufällige, äußere Verbindung nicht ausreicht.[510]

Die entscheidende Frage ist somit, ob das verletzte Aktionärs-Anlageinteresse neben dem Bezugsinteresse vom Schutzzweck des Bezugsrechts nach § 186 Abs. 1 AktG i.V.m. der gesellschafterbezogenen Organtreuepflicht und damit vom Mitgliedschaftsrecht erfasst ist. Dies ist innerhalb der Rechtslehre umstritten.

Teile der Rechtslehre[511] beschränken den Schutzbereich des § 186 Abs. 1 AktG allein auf das so genannte „Bezugsinteresse der Aktionäre". Dieses ziele lediglich auf den Fortbestand der bisherigen Beteiligungsstruktur sowie den Werterhalt der bisherigen Vermögensanteilsquote ab. Eine Ausweitung des Schutzbereichs von § 186 Abs. 1 AktG auch auf das Aktionärs-Anlageinteresse lehnen sie ab. Zwar räumen die Vertreter dieser Meinungsgruppe ein, dass im Hinblick auf Schadensersatzgrundsätze die haftungsausfüllende Kausalität zu bejahen sei.

---

509 BGH, NJW 1990, 2057; BGH, NJW 1992, 555; Palandt/Heinrichs, vor § 249, Rn.62 m.w.N..

510 Palandt/Heinrichs, vor § 249, Rn.62 m.w.N.

511 Martens, in: FS Steindorff, 1990, 151, 166 f.(im Zusammenhang mit einem Schadensersatzanspruch aus § 823 BGB).

Denn wäre das Bezugsrecht nicht ausgeschlossen worden, hätten die Altaktionäre an einem künftigen Wertzuwachs der Gesellschaft partizipieren können. Dennoch sei unter Berücksichtigung der Normzwecklehre ein erweiterter Schadensersatzumfang auch auf das Aktionärs-Anlageinteresse im Hinblick auf den Schutzzweck des § 186 Abs. 1 AktG abzulehnen. Dieser erfasse allein das Bezugsinteresse der Aktionäre, nicht jedoch auch deren Anlageinteresse.[512] Dieses könnten die Altaktionäre bei entsprechendem Börsenhandel jederzeit durch den Erwerb von Aktien befriedigen. Daher bestehe für einen Schadensersatzanspruch kein Anlass, wenn aufgrund einer bezugsrechtsfreien Kapitalerhöhung die bisherige Beteiligungsstruktur nicht berührt werde und der Ausgabekurs die Vermögensinteressen der übrigen Aktionäre nicht beeinträchtige.[513] Diese Ansicht sei zudem durch die in §§ 56 ff. AktG zum Ausdruck kommenden Grundsätze der Kapitalerhaltung gestützt. Danach sei es der Gesellschaft nicht erlaubt, Kurssicherungsgarantien zugunsten einzelner Aktionäre zu übernehmen, die jedoch bei Annahme und der Berechnung von Schadensersatzansprüchen berücksichtigt werden müssten.[514]

Dieser Sichtweise steht eine beachtliche Meinungsgruppe kritisch gegenüber. Gerade der Hinweis auf die Möglichkeit, jederzeitig das Anlageinteresses durch entsprechende börsliche Zukäufe zu befriedigen, geht bei nicht börsennotierten Gesellschaften ins Leere.[515] Aber auch bei börsennotierten Gesellschaften lässt sich das Anlageinteresse nicht so einfach befriedigen, was beispielsweise bei einer vorherrschenden Marktenge im Aktienhandel der Fall sein kann.[516] Und gerade in Fallkonstellationen wie der vorliegenden, in welchen die Aktien einer

---

[512] Siehe hierzu oben 2. Teil, 1. Kapitel, B., II., 3., b, bb.

[513] Martens, in: FS Steindorff, 1990, 151, 166; ähnlich Hirte, Bezugsrechtsausschluss, S. 241 f. Bezug nehmend auf Lutter, ZGR 1978, 347, 368 f.; Hoffmann-Becking, in: FS Lieberknecht, 1997, 25, 29.

[514] Martens, in FS Steindorff, 1990, 151, 166 f..

[515] Lutter, JZ 1998, 50.

[516] Korthals, Kapitalerhöhung, S. 129 ff..

Emissionsbank ausgegeben wurden, besteht die Möglichkeit eines Quotenerhalts für die Altaktionäre schon deshalb nicht, weil sich die Emissionsbank für eine längerfristige Rolle als Aktionärin und nicht für eine (freiwillige) Andienung der neuen Aktien entschieden hat.[517] Diese Sichtweise erfährt auch durch die Rechtsprechung Unterstützung. Entsprechend hat der BGH mehrfach betont, dass der Entzug des Vorrechtes zur Investition von Kapital in das Unternehmen, an dem der Aktionär bereits beteiligt sei, für diesen im allgemeinen einen schweren Eingriff in sein Mitgliedschaftsrecht darstelle.[518]

Mit dieser Meinungsgruppe ist daher von einem weiten Schutzbereich des § 186 Abs. 1 AktG und damit eines weiten Schutzzwecks des Mitgliedschaftsrechtes auszugehen. Neben dem rechtlich geschützten Bezugsinteresse ist unter mitgliedschaftlichen Gesichtspunkten auch das Aktionärsinteresse geschützt, zusätzlich in die Gesellschaft zu investieren und entsprechend an einem Wertzuwachs zu partizipieren (Aktionärs-Anlageinteresse).[519] Daher stellt die Verletzung des Aktionärs-Anlageinteresses in Verbindung mit der gesellschafterbezogenen Organtreuepflicht („fehlende Andienungsklausel") einen ersatzfähigen, unmittelbaren Schaden der Altaktionäre dar.

cc) Einbuße an Teilhabe- und Herrschaftsrechten

Ein Bezugsrechtsausschluss führt auch regelmäßig zu einer relativen Minderung der Stimmrechtsquote (vgl. § 134 Abs. 1 S. 1 AktG). Das kann den Verlust von mitgliedschaftlichen Herrschaftsrechten[520] und damit in mitgliedschaftlicher

---

[517] Ähnlich Cahn, ZHR 164 (2000), 113, 142.

[518] BGHZ 71, 40, 44; 83, 122, 143; 120, 141, 146.

[519] Cahn, ZHR 164 (2000), 113, 143; Hüffer, AktG, § 186, Rn.2, 25; Lutter, in: KK, § 186, Rn.7; Wiedemann, in: GK, § 186, Rn.13; Raiser, Kapitalgesellschaften, § 20, Rn.8; Habersack, Mitgliedschaft, S.259; Mülbert, Aktiengesellschaft, S. 333 ff..

[520] Beispielsweise §§ 93 Abs. 4 S. 3, 122 Abs. 1 S. 1, 142 Abs. 2, 147 Abs. 1, 309 Abs. 3 AktG, vgl. hierzu bereits 1. Teil, 1. Kapitel, Einleitung und BGHZ 71, 40, 45; Hüffer, AktG, § 186, Rn.2.

Hinsicht einen möglichen Schaden zur Folge haben.[521] Hierbei handelt es sich auch um einen unmittelbaren Schaden der Altaktionäre, so dass diese Schadensposition grundsätzlich ersatzfähig ist.

c) Art des Schadensersatzes

Die Schadensersatzansprüche gemäß §§ 249 ff. BGB zielen nach dem in § 249 S. 1 BGB normierten Grundsatz der Naturalrestitution zunächst auf eine Wiederherstellung des ursprünglichen Zustandes (hier: Wiederherstellung der ursprünglichen Beteiligungsverhältnisse) ab. Nur soweit die Wiederherstellung der ursprünglichen Beteiligungsverhältnisse nicht oder nur mit unverhältnismäßigen Aufwendungen möglich ist, können die Altaktionäre Geldersatz verlangen, § 251 Abs. 1, 2 BGB.[522] Ein Vorgehen getreu dem Motto „Dulde und Liquidiere" ist unzulässig.[523]

aa) Unmöglichkeit einer Naturalrestitution

Die Rechtslehre diskutiert zur Frage möglicher Naturalrestitutionsansprüche der Altaktionäre bei bezugsrechtsverletzenden Kapitalerhöhungen unterschiedliche Lösungsmöglichkeiten.[524] In Betracht zu ziehen sei die Rückabwicklung der Kapitalerhöhung, d.h. die Rückabwicklung der Aktienausgabe an die Emissionsbank(en) als Dritterwerber und Zuteilung der Aktien an die Altaktionäre nach Maßgabe des § 186 Abs. 1 S. 1 AktG. Als weitere Möglichkeit böte sich die Ausgabe eigener Aktien der Gesellschaft oder die Durchführung einer weiteren Kapitalerhöhung unter Ausschluss des Bezugsrechtes der Neuaktionäre an. Schließlich sei die Verpflichtung zum Rückerwerb von Aktien nach § 71 Abs. 1

521 Lutter, in: KK, § 186, Rn.58.

522 Herfermehl/Bungeroth, in: Geßler/Hefermehl, AktG, § 186, Rn.81; Habersack, Mitgliedschaft, S.355; Hirte, Bezugsrechtsausschluss, S.236.

523 BVerfGE 58, 300 ff..

524 Eingehend hierzu Cahn, ZHR 164 (2000), 113, 143 ff. m.w.N.

Nr. 8 AktG sowie die erneute Ausgabe an erwerbswillige Altaktionäre denkbar.[525]

All diese Möglichkeiten sind im Hinblick auf die vorliegende Frage einer unmittelbaren, gesellschafterbezogenen Schadensersatzpflicht der Verwaltungsmitglieder aus verschiedenen Gründen ungeeignet.
Bei der Rückabwicklung der Kapitalerhöhung ist zunächst zu berücksichtigen, dass die Kapitalerhöhung mit der handelsregisterlichen Eintragung und Bekanntmachung ihrer Durchführung wirksam wird (§ 189 AktG). Damit erstarken die im Zuge der Kapitalerhöhung ausgegebenen jungen Aktien zu vollwertigen Beteiligungen mit der Folge, dass die Emissionsbank(en) Gesellschafter werden. Bereits aufgrund der Eintragung der durchgeführten Kapitalmaßnahme ist eine Wiederherstellung der ursprünglichen Beteiligungsverhältnisse der Altaktionäre unmöglich.[526] Eine Wiederherstellung der bisherigen Beteiligungsquotenverhältnisse käme allenfalls dann in Betracht, wenn die Emissionsbank(en) ihrerseits zum Schadensersatz und damit zur Mitwirkung an einer Rückabwicklung der Kapitalerhöhung verpflichtet wären. Dies dürfte allerdings wohl nur im recht seltenen Fall eines vorsätzlich sittenwidrigen Zusammenwirkens mit den Verwaltungsmitgliedern nach Maßgabe des § 826 BGB der Fall sein.[527] Hinzu kommen die mit einer Rückabwicklung der Kapitalerhöhung verbundenen Schwierigkeiten und Kosten. Die mit einer Rückabwicklung verbundenen Kosten schwächen das Gesellschaftsvermögen zusätzlich zu der ohnehin finanziell kritischen Situation aufgrund der gescheiterten Aktienplazierung und des damit

---

[525] Diese Pflicht des Vorstands, den Altaktionären den Erhalt der Beteiligungsquote zu sichern, indem er den Aktionären den Zukauf von Aktien ermöglicht, wird vereinzelt für den Fall des erleichterten Bezugsrechtsausschlusses nach § 186 Abs. 4 S. 3 AktG diskutiert, vgl. Schwark, in: FS Claußen, 1997, 357, 373 f.; Lutter, AG 1994, 429, 443; Korthals, Kapitalerhöhung, S. 129 f.. Kritisch hierzu: Hoffmann-Becking, ZIP 1995, 1, 10; Zöllner, AG 1994, 336, 341.

[526] Hirte, Bezugsrechtsausschluss, S. 237.

[527] Cahn, ZHR 164 (2000), 113, 143.

verbundenen fehlenden Zuflusses neuen Kapitals. Die Rückabwicklung dürfte daher in aller Regel nach § 251 Abs. 2 BGB unmöglich sein.[528] Soweit ein Anspruch gegen die Gesellschaft in Form der Ausgabe eigener, in ihrem Besitz befindlicher Aktien diskutiert wird, um die Beteiligungsquoten der Altaktionäre wiederherzustellen, ist dies den Verwaltungsmitgliedern tatsächlich nicht möglich, so dass auch hier der Einwand nach § 251 Abs. 1 BGB eingreift.[529]
Gegen eine Rückabwicklung der Kapitalerhöhung und einem damit möglichem Wiederaufleben des Bezugsrechts spricht schließlich der Umstand, dass die Rechtsgrundlage des Bezugsrechtsausschlusses in Form des Ermächtigungsbeschlusses trotz des nachträglichen Zweckfortfalls in Kraft bleibt. Da es für die Wirksamkeit des Beschlusses auf den Zeitpunkt der Beschlussfassung ankommt, führt eine nachträgliche Veränderung der Umstände nicht dazu, dass ein rechtmäßig gefasster Ermächtigungsbeschluss nunmehr rechtswidrig wird.[530] Dies gilt sowohl im Fall einer Ausschlussermächtigung als auch im Fall des Direktausschlusses. Der Ermächtigungsbeschluss bleibt so lange bestehen, bis dieser selbst infolge einer Anfechtungsklage gemäß § 243 Abs. 1 AktG kassiert wird.[531] Die von Teilen der Rechtslehre[532] – ohne nähere Begründung – vertretene Auffassung, wonach der Kapitalerhöhungsbeschluss im Fall eines nachträglichen Zweckfortfalls „gegenstandslos" werde, ist daher abzulehnen.

---

[528] Hirte, Bezugsrechtsausschluss, S. 232 mit dem Hinweis auf einen möglichen Verstoß gegen den Grundsatz der realen Kapitalaufbringung.
[529] Cahn, ZHR 164 (2000), 113, 143 mit weiteren Bedenken gegen einen solchen, gegen die Gesellschaft gerichteten Naturalrestitutionsanspruch.
[530] Ekkenga, in: VGR, Bd. 3 (2001), 77, 86 f. unter Hinweis auf BGHZ 71, 40,49; 83, 319, 321; Hüffer, AktG, § 186, Rn.106.
[531] Ekkenga, in: VGR, Bd. 3 (2001), 77, 87.
[532] S.o 2. Teil, Einleitung, Fn. 300, 301.

Vor diesem Hintergrund scheidet auch die Einziehung der an die Konsortialbank(en) ausgegebenen neuen Aktien gegen eine entsprechende Barabfindung nach den in § 237 AktG geltenden Grundsätzen aus.[533]

Ebenso wenig steht der Ermächtigungsbeschluss unter der auflösenden Bedingung (§ 158 Abs. 2 AktG) des Scheiterns der erfolgreichen Plazierung der jungen Aktien.[534] Einer solchen Sichtweise steht entgegen, dass der Ermächtigungsbeschluss gegenüber einer Vielzahl von Personen wirkt, so dass jedwede Ungewissheit/Unklarheit sich nicht mit dem für die Gesellschaft erforderlichen Bedürfnis nach Rechtsklarheit und Publizität[535] in Einklang bringen ließe.[536]

Schließlich spricht die ausschließliche Passivlegitimation der Gesellschaft gegen eine Naturalrestitution im Sinne der oben genannten Möglichkeiten. Denn ein Naturalrestitutionsanspruch, der sowohl auf die Rückabwicklung der Kapitalerhöhung als auch auf die Zuteilung eigener Aktien gerichtet ist, kann allein gegenüber der Gesellschaft geltend gemacht werden, da nur sie in der Lage ist, eine solche Ersatzleistung zu erfüllen.[537] Gleiches gilt hinsichtlich eines Anspruchs auf Durchführung einer weiteren, bezugsrechtsfreien Kapitalerhöhung zu Gunsten der Neuaktionäre oder einer möglichen Verpflichtung der Gesellschaft, Aktien zurück zu erwerben.

---

[533] Hüffer, AktG, § 248, Rn.7a der die Rückabwicklung einer fehlerhaften, aber bereits durchgeführten und eingetragenen Kapitalerhöhung nur bei Rechtskraft des Anfechtungsurteils für zulässig erachtet. Daher kommt eine Rückabwicklung in der vorliegenden Fallkonstellation, bei welcher der Ermächtigungsbeschluss als solcher schon nicht fehlerhaft ist, erst recht nicht in Betracht.

[534] Ekkenga, in: VGR, Bd. 3 (2001), 77, 87.

[535] Zu den Aufgaben und Umfang der Publizität bei Aktiengesellschaften vgl. die Ausführungen bei Schmidt, Publizität, S.84 ff..

[536] Zöllner, in: KK, § 179, Rn.199; Wiedemann, in: GK, § 179, Rn.162; Lutter/Leinekugel, ZIP 1998, 805, 809; Lutter, in: FS Quack, 1991, 301, 304; Ekkenga, in: VGR, Bd. 3 (2001), 77,87 Fn. 23.

[537] Cahn, ZHR 164 (2000), 113, 143 f..

bb) Monetäre Schadensersatzpflicht

Scheitert die Wiederherstellung der ursprünglichen Beteiligungsverhältnisse sowohl an materiellen („Bestandskraft der Ausschlussentscheidung; Vollmitgliedschaft der Emissionsbanken“) als auch formellen („Passivlegitimation“) Gesichtspunkten, bleibt den Altaktionären (nur) die Möglichkeit, die Verwaltungsmitglieder auf Geldersatz in Anspruch zu nehmen.

Im Hinblick auf die verletzten mitgliedschaftlichen, nichtvermögensrechtlichen Herrschafts- und Teilhaberechte kommt indes ein solcher monetärer Schadensersatzanspruch regelmäßig nicht in Betracht.[538] Nicht nur, dass die Berechnung eines Geldersatzes für den Verlust dieser Rechte vor allem bei unwesentlich beteiligten Kleinaktionären[539] problematisch ist.[540] Entscheidend steht einem solchen Schadensersatzanspruch § 253 BGB entgegen, wonach der Geschädigte im Fall eines Nichtvermögensschadens grundsätzlich nur Naturalrestitution verlangen kann, nicht aber eine Entschädigung in Geld.[541]

Die nachfolgenden Ausführungen beziehen sich daher allein auf den Ersatz des oben bejahten, verletzten Aktionärs-Anlageinteresses.

d) Höhe und Geltendmachung der Geldersatzleistung

aa) Schadenshöhe

Die Höhe des Schadens, der infolge der Verletzung des Aktionärs-Anlageinteresses eintritt, besteht in der Differenz zwischen dem im Ermächtigungsbeschluss vorgesehenen bzw. nach § 255 Abs. 2 AktG zu beachtenden

[538] Hirte, Bezugsrechtsausschluss, S. 73, 137, 138 ff., 215; ähnlich Hefermehl/Bungeroth, in: Geßler/Hefermehl, AktG, § 186, Rn.116.

[539] Etwas anderes kann bei Aktionären gelten, die in erheblichem Umfang an der Gesellschaft beteiligt sind. Deren Beteiligungsquote vermittelt ihnen eine solche Herrschaftsposition, dass die Einbuße derartiger Rechte aufgrund einer kapitalerhöhungsbedingten Quotenverringerung einen Schaden in vermögensrechtlicher Hinsicht bedeuten kann, vgl. Cahn, ZHR 164 (2000), 113, 148.

[540] Habersack, Mitgliedschaft, S.358 (nicht in Geld messbarer Schaden); Kowalski, Gesellschafterschaden, S. 11 f. (schwierige Bezifferung des Stimmverlusts bei kleineren Beteiligungen mangels entsprechender Bewertungsgrundlage); Cahn, ZHR 164 (2000), 113, 142, 148.

[541] Palandt/Heinrichs, § 249, Rn.1; § 253, Rn.2.

Mindestausgabebetrag und dem gesteigerten Kurswert der Aktien. Dieser auf Geldersatz gerichtete Schadensersatzanspruch ist indes nur insoweit zielführend und letztlich durchsetzbar, als sein Umfang die finanzielle Leistungsfähigkeit des Managements nicht übersteigt.[542]

bb) Zeitlich beschränkte Geltendmachung

In zeitlicher Hinsicht stellt sich die Frage, ob die Geltendmachung dieses Schadens begrenzt ist oder ob die Altaktionäre innerhalb der gesetzlichen Verjährungsfrist den Maximalunternehmenswert abwarten und sodann geltend machen können.

(1) Analoge Anwendung von § 246 Abs. 1 AktG?

Hierzu böte sich zunächst eine analoge Anwendung der Monatsfrist des § 246 Abs. 1 AktG an. Im Zusammenhang mit der drohenden – rechtswidrigen – Ausnutzung der Ermächtigung befürwortet eine beachtliche Meinungsgruppe innerhalb der Rechtslehre die Möglichkeit einer (präventiven) Abwehrklage der Altaktionäre,[543] die sie – in analoger Anwendung zu § 246 Abs. 1 AktG – nur innerhalb einer einmonatigen Ausschlussfrist seit Kenntniserlangung von den für die Beurteilung der sachlichen Rechtfertigung des Bezugsrechtsausschlusses notwendigen Tatsachen erheben können.[544]

In der vorliegenden Konstellation stellt sich die Frage, ob ein auf der Verletzung des Bezugs- bzw. Mitgliedschaftsrechts (i.V.m. der gesellschafterbezogenen Organtreuepflicht) beruhender Schadensersatzanspruch ebenso nur binnen Monatsfrist analog § 246 Abs. 1 AktG seit Kenntniserlangung von der Interessensver-

---

[542] Cahn, ZHR 164 (2000), 113, 151.

[543] Denkbar ist eine Unterlassungs-, Feststellungs- oder Beseitigungsklage.

[544] BGHZ 76, 191, 199; BGHZ 83, 122, 135 f.; Hüffer, AktG, § 203, Rn.37a; Lutter, in: KK, § 203, Rn.31; ders. BB 1981, 861, 864; Hirte, Bezugsrechtsausschluss, S. 209 f.; Martens, ZHR 147 (1983), 377, 401 f.; Zöllner, ZGR 1988, 392, 432; Kimpler, DB 1994, 767, 768; Rohbinder, ZGR 1983, 92, 107; van Aubel, Bezugsrechtsausschluss, S. 113.

letzung geltend gemacht werden kann.[545] Dies ist abzulehnen. Die Monatsfrist dient dem Gedanken der Rechtssicherheit. Legen die Altaktionäre die benannten Rechtsmittel ein, begehren sie, die Kapitalmaßnahme rückgängig zu machen. Dem steht das Vertrauen der Gesellschaft auf die Bestandskraft der Kapitalmaßnahme sowie ihr Interesse entgegen, die mit einer Wiederherstellung des früheren Zustandes verbundenen Beeinträchtigungen zu vermeiden.[546]
Übertragen auf die vorliegende Fallkonstellation käme eine analoge Anwendung der Monatsfrist allenfalls dann in Betracht, wenn ein besonderes Vertrauen der Gesellschaft in die Bestandskraft der Kapitalmaßnahme und damit ein „Anspruch" auf schnelle Rechtssicherheit bestünde. Dies wäre indes nur der Fall, wenn die Altaktionäre mit ihrem Schadensersatzanspruch die Wiederherstellung ihrer bisherigen Beteiligungsquote und damit einhergehend verlangen könnten, die durchgeführte Kapitalmaßnahme wieder rückgängig zu machen. Das ist – wie oben gezeigt – vorliegend nicht der Fall. Es besteht daher kein Bedürfnis, den Schadensersatzanspruch der Altaktionäre in zeitlicher Hinsicht einzugrenzen und ihn an eine einmonatige Ausschlussfrist analog § 246 Abs. 1 AktG zu knüpfen.

(2) Rechtsgedanke aus § 93 Abs. 6 AktG?

Demgegenüber hat der Gesetzgeber in §§ 93 Abs. 6, 117 Abs. 6 AktG eine fünfjährige Verjährungsfrist vorgesehen für Schadensersatzansprüche der Gesellschaft gegen die Verwaltungsmitglieder. Zwar bezieht sich diese Verjährungsfrist unmittelbar nur auf die ausdrücklich in § 93 Abs. 1 bis Abs. 4 AktG geregelten Ansprüche.[547] Allerdings ist die vorliegende, zum Schadensersatz führende (Organtreue)Pflichtverletzung den in § 93 AktG genannten Fällen der Vorstandspflichtverletzungen ähnlich. Daher ist es sachgerecht, den dort gesetzge-

545 Ähnlich Hirte, Bezugsrechtsausschluss, S. 209, 236.
546 Martens, ZHR 147 (1983), 377, 401 f.; Zöllner, ZGR 1988, 392, 431 f..
547 Hüffer, AktG, § 93, Rn.36.

berisch zum Ausdruck kommenden Verjährungszeitraum auch für die vorliegende Fallkonstellation aufzugreifen.

Die Frage, ob die Gesellschafter die Verwaltungsmitglieder auch dann noch in Anspruch nehmen können, wenn die „verantwortlichen" Verwaltungsmitglieder vor Ablauf der fünf Jahre nicht mehr im Amt sind, kann nicht abschließend beantwortet werden. Es sprechen jedoch gute Gründe für eine Enthaftung der Verwaltungsmitglieder, wenn diese ihre fünfjährige Amtszeit (§ 84 Abs. 1 S. 1, § 102 Abs. 1 AktG) beendet haben. Aus §§ 93 Abs. 1 S. 1, 117 Abs. 1, 2 AktG ergibt sich, dass eine Haftung der Verwaltungsmitglieder gegenüber der Gesellschaft mit Ablauf ihrer Amtszeit endet.[548] Die vorliegend zur Schadensersatzpflicht führende Verletzung der gesellschafterbezogenen Organtreuepflicht ist so eng an die Organstellung gebunden, dass auch diesbezüglich die aktiengesetzliche Wertung nicht unberücksichtigt bleiben kann. Eine Haftung der Verwaltungsmitglieder gegenüber den Altaktionären aufgrund der Verletzung ihrer gesellschafterbezogenen Organtreuepflicht (i.V.m. dem Mitgliedschaftsrecht) endet daher – ebenso wie die Haftung der Verwaltungsmitglieder gegenüber der Gesellschaft – mit Ablauf ihrer Amtszeiten.

C. Ergebnis

Bezweckt eine bezugsrechtsfreie Barkapitalerhöhung die Plazierung junger Aktien am Kapitalmarkt und scheitert diese aufgrund eines nachhaltigen Kursverfalls, hängen die Handlungsoptionen des Vorstands davon ab, ob die Durchführung der Kapitalerhöhung eingetragen ist oder nicht.

Vor Eintragung der Kapitalerhöhung ist weiter danach zu differenzieren, ob er aufgrund einer Ausschlussermächtigung oder eines Direktausschlusses handelt. Im Fall eines Direktausschlusses hat der Vorstand entweder die Pflicht, das Kapitalerhöhungsverfahren zu stoppen oder – freiwillig – einen Änderungsbeschluss der Hauptversammlung herbeizuführen. Handelt er dagegen aufgrund

[548] Hüffer, AktG, § 93, Rn.12.

einer Ausschlussermächtigung, die keine weiteren Vorgaben enthält, hat er den ausgeschlossenen Altaktionären mittels so genannter „Ersatzbezugsrechte“ die Möglichkeit zu geben, die jungen Aktien nunmehr doch zu erwerben. In bestehende Rechte Dritter, insbesondere in Rechte der Emissionsbanken im Fall einer Fremdemission, wird durch die Gewährung der Ersatzbezugsrechte mangels Eintragung der Durchführung der Kapitalerhöhung nicht eingegriffen. Eine Pflicht des Vorstands, die Hauptversammlung bei geänderter Ausschlusslage erneut nach den „Holzmüller“ - Grundsätzen zu beteiligen, kommt indes nicht in Betracht.

Scheitert die Aktienplazierung dagegen erst nach Eintragung der Kapitalerhöhung kann das Erhöhungsverfahren nicht mehr eingestellt oder abgeändert werden. Hat der Vorstand in dem mit der Emissionsbank zuvor vereinbarten Übernahmevertrag das Scheitern der Aktienplazierung nicht mittels einer Andienungsklausel abgesichert, verletzt er seine – entgegen der überwiegenden Meinung – zu bejahende gesellschafterbezogene Organtreuepflicht. Der Vorstand haftet den Altaktionären mangels möglicher Naturalrestitution auf Geldersatz ihres Aktionärs-Anlageinteresses. Zeitlich ist dieser Anspruch indes begrenzt auf die aktive Amtszeit der Vorstandsmitglieder.

2. Kapitel: Untergang der Sacheinlage bei genehmigter Sachkapitalerhöhung

Auch im Rahmen einer genehmigten Sachkapitalerhöhung hängen die Folgen eines Zweckfortfalls davon ab, welche Vorgaben die Ermächtigung beinhaltet sowie, wann die Sacheinlage untergeht. Allerdings gestaltet sich die Suche nach den Pflichten des Vorstands im Vergleich zu der oben beschriebenen Fallkonstellation wesentlich einfacher. In der oben beschriebenen Fallkonstellation ist das Bezugsrecht ausgeschlossen, um die Plazierung der Aktien an der Börse zu ermöglichen und nicht, um die Emissionsbank als neuen Aktionär zu gewinnen. Bei der bezugsrechtsfreien Sachkapitalerhöhung dagegen ist das Bezugsrecht ausgeschlossen, um dem Inferenten den Einstieg in die Gesellschaft zu ermöglichen. Der entscheidende Unterschied zwischen den beiden Fallkonstellation liegt darin, dass der Inferent die Aktien nicht gezeichnet hat, um sie weiterzuveräußern, sondern von vornherein beabsichtigt, sie für sich zu halten und Aktionär der Gesellschaft zu werden. Ihm kommt – anders als den Emissionsbanken – gerade keine Treuhänderfunktion zu, die er aufgrund des Zweckfortfalls aufgibt, um selbst Aktionär der Gesellschaft zu werden. Die Rolle und Funktion des Inferenten ist daher nicht vergleichbar mit der emissionsbegleitenden Bank. Dementsprechend sind auch die Konsequenzen für den Vorstand bei eintretendem Zweckfortfall andere.

A. Zweckfortfall vor Ausübung des genehmigten Kapitals

Wurde der Vorstand ohne weitere Einschränkungen zur Sachkapitalerhöhung ermächtigt, entscheidet er nach pflichtgemäßem Ermessen über das „Ob" der Kapitalerhöhung. Ist der Einlagegegenstand bereits zu diesem Zeitpunkt untergegangen, kann der Vorstand von der Ausnutzung der Ermächtigung Abstand nehmen. Soweit er mit dem Inferenten bereits eine Sacheinlagevereinbarung geschlossen hat,[549] wird diese gegenstandslos, da sie unter der aufschiebenden Bedingung steht, dass die Ermächtigung zur Sachkapitalerhöhung ausgeübt wird.[550]

B. Zweckfortfall während der Ausübungsphase

Geht die Sacheinlage nach Ausübung der Ermächtigung aber vor Eintragung der Durchführung der Kapitalerhöhung unter, bleibt der Inferent nach der Lehre vom bloßen Hilfsgeschäft grundsätzlich zur Bareinlage verpflichtet.[551] Aller-

[549] Hüffer, AktG, § 183, Rn.6.

[550] Hefermehl/Bungeroth, in: Geßler/Hefermehl, § 183, AktG Rn.56; Hüffer, AktG, § 183, Rn.6.

[551] Lutter, in: KK, § 183, Rn.8; MünchKommAktG/Peifer, § 185, Rn.69: Jede erlaubte Sacheinlageverpflichtung beruht auf einer primären Bareinlagepflicht und stellt lediglich eine Leistung an Erfüllung statt (§ 364 Abs. 1 BGB) dar. Die Sacheinlageverpflichtung ist daher ein Hilfsgeschäft im Verhältnis zur primären Bareinlagepflicht. Die Bareinlagepflicht

dings soll nach überwiegender Auffassung innerhalb der Rechtslehre in diesem Verfahrensstadium der Mangel des Hilfsgeschäfts (also der Sacheinlage) und/oder die Unwirksamkeit (vgl. §§ 125, 134, 138 BGB) der Sacheinlageverpflichtung auch die zugrunde liegende Bareinlageverpflichtung erfassen (vgl. § 139 BGB).[552] Das hat zur Folge, dass die gesamte Zeichnung unwirksam und der Inferent nach den Vorschriften der §§ 275, 326 BGB leistungsfrei wird: Die Kapitalerhöhung kann nicht eingetragen werden.[553] Der Vorstand kann demzufolge auch noch in diesem Verfahrensstadium das Kapitalerhöhungsverfahren einstellen. Alternativ hat der Vorstand – sofern sich die aus der Ermächtigung ergibt – die Möglichkeit, die Kapitalerhöhung unter „geänderten Vorzeichen" fortzuführen, da in Zweifelsfällen nicht am Wortlaut der Ermächtigung „geklebt" werden darf.[554] Setzt der Ermächtigungsbeschluss jedoch derart enge Grenzen hinsichtlich der Sacheinlage und/oder des Inferenten, hat der Vorstand zu prüfen, inwieweit ein Änderungs- bzw. Umwidmungsbeschluss der Hauptversammlung erreicht und die Kapitalerhöhung durchgeführt werden kann.[555]

C. Zweckfortfall nach Eintragung der Durchführung

Treten erst nach Eintragung der Kapitalerhöhung Leistungsstörungen (vgl. §§ 275 ff., 323 ff, 434 ff. BGB) hinsichtlich der zu erbringenden Sacheinlage ein, kann der Vorstand die Sachkapitalerhöhung nicht mehr einstellen oder durch einen Änderungsbeschluss der Hauptversammlung fortführen. Die Kapi-

---

besteht daher nur und insoweit, als die Sacheinlage endgültig wirksam und vollständig geleistet wurde. Anders dagegen Fleischer/Ekkenga, Vorstandsrecht, § 23, Rn.98.

552 Lutter, in: KK, § 183, Rn.63; § 185, Rn.22.

553 Lutter, in: KK, § 185, Rn.22; MünchKomm AktG/ Pfeifer, § 185, Rn 69. Anders dagegen Fleischer/Ekkenga, Vorstandsrecht, § 23, Rn.98 (Fn. 436), 128, wonach der Inferent zur Bareinlage verpflichtet bleibe, weil die Einlageverpflichtung schon vor Eintragung jedenfalls in Höhe des eingeforderten Betrages im Sinne von § 54 Abs. 3 AktG entstehe. Gleichzeitig habe der Inferent jedoch zugunsten vorrangig zu bedienender Ersatzbezugsrechte zurückzustehen.

554 Ekkenga, AG 2001, 567, 578.

555 Ekkenga, AG 2001, 567, 578.

talerhöhung ist nach §§ 189, 203 Abs. 1 S. 1 AktG wirksam. Der Inferent ist Mitglied der Gesellschaft geworden.

In diesem Verfahrensstadium ist der Inferent – anders als zuvor – nicht von seiner Bareinlageverpflichtung entbunden, selbst wenn dies nach allgemeinen (schuldrechtlichen) Regeln der Fall wäre.[556] Nach der Lehre vom bloßen Hilfsgeschäft[557] hat er statt der Sacheinlage den Nennwert der gezeichneten Aktien und ein etwa vereinbartes Agio in bar zu leisten (vgl. § 205 Abs. 4 S. 4 AktG).[558] Dies gilt selbst dann, wenn die Sacheinlageverpflichtung unwirksam ist und die Durchführung der Kapitalerhöhung zu Unrecht gemäß §§ 189, 203 Abs. 1 S. 1 AktG eingetragen wurde (vgl. § 205 Abs. 4 S. 3 AktG). Die Kapitalerhöhung ist in diesem Fall als Barkapitalerhöhung wirksam mit der Folge, dass der ursprüngliche Inferent Gesellschafter ist.

---

556 BGHZ 45, 338, 345; Lutter, in: KK, § 185, Rn.22, § 183, Rn.64; Hüffer, AktG, § 183, Rn.7

557 Siehe hierzu oben, 2. Kapitel, B., Einleitung.

558 Lutter, in: KK, § 183, Rn.63. Umstritten ist, ob und inwieweit die ersatzweise Verpflichtung des Inferenten auf das Aufbringungsminimum nach § 188 Abs. 2 i.V.m. § 36a Abs. 1 AktG beschränkt ist oder ob auch hier das für Sacheinlagen geltende Prinzip der Vollaufbringung (§ 36 a Abs. 2 S. 1 AktG) gilt, vgl. hierzu Fleischer/Ekkenga, Vorstandsrecht, § 23, Rn.98 (Fn. 436); Ekkenga, AG 2001, 567, 625 (Fn. 190). Umstritten ist ferner, welcher Verträge und dinglichen Übertragungsakte es zur Vollendung des Hilfsgeschäfts im Hinblick auf die unklare Regelung des § 36 a Abs. 2 S. 2 AktG bedarf, vgl. hierzu Hüffer, AktG, § 36a Rn.4 m.w.N.

3. Teil: Zusammenfassung der wesentlichen Ergebnisse

I. Der „Tatbestand“ des Zweckfortfalls im Rahmen eines genehmigten Kapitalerhöhungsverfahrens beruht zum einen auf verfahrensrechtlichen Besonderheiten, wonach ein Teil der Sachentscheidungen zeitlich versetzt getroffen wird (so genanntes „Trennungsprinzip“). Hinzu kommen materiell-rechtliche Sachvoraussetzungen, welche im Wesentlichen durch die Rechtsprechung zur Wirksamkeit eines Bezugrechtsausschlusses entwickelt wurden. Charakteristisch für ein genehmigtes Kapital ist zudem, dass sich die Begleitumstände der Kapitalerhöhung bis zur Ausübung der Ermächtigung ändern können und dies Legitimationsgrund für die Existenz des genehmigten Kapitals ist.

II. Weder der Zweck des Bezugsrechtsausschlusses noch ein Mindestausgabebetrag nach § 255 Abs. 2 AktG müssen während der Vorbereitungsphase des genehmigten Kapitals konkretisiert werden. Die materiellen Anforderungen an einen Bezugsrechtsausschluss haben durch die „Siemens/Nold“ - Rechtsprechung erhebliche Erleichterungen erfahren. Zudem haben sich die inhaltlichen Anforderungen an den der Ermächtigung vorgelagerten Vorstandsbericht geändert. Die durch den BGH ausdrücklich betonte Einheitswertung von Direktausschluss und Ausschlussermächtigung gilt im Hinblick auf die jeweiligen Berichtsanforderungen gleichermaßen. Ausreichend sind abstrakte Angaben über den oder die beabsichtigten Verwendungszwecke des genehmigten Kapitals. Der Ausschlusszweck – der regelmäßig dem Ausübungszweck des genehmigten Kapitals entspricht – ist zu diesem Zeitpunkt nicht konkret zu benennen. Eine Pflicht des Vorstands, selbst bei Vorliegen konkreten Planungen, den Aktionären konkrete Informationen über die Hintergründe des Verwendungszwecks zu liefern, besteht nicht. Während der Vorbereitungsphase kann es daher regelmäßig noch nicht zu einem Zweckfortfall kommen.

III. Zu einem Eingriff in das aktienrechtliche Mitgliedschaftsrecht der Aktionäre kommt es sowohl bei einem Direktausschluss als auch bei einer Ausschlussermächtigung durch die Ausübungsentscheidung des Vorstands. Ab diesem Zeitpunkt ist hinsichtlich der durchzuführenden Kapitalmaßnahme und des damit verbundenen Zwecks des Bezugsrechtsausschlusses von einer Selbstbindung des Vorstands auszugehen. Erst dann kann während des mehrstufigen Erhöhungsverfahrens überhaupt ein möglicher Zweckfortfall eintreten. Angesichts der mit der „Siemens/Nold“ - Entscheidung statuierten Verfahrenserleichterungen für ein bezugsrechtsfreies genehmigtes Kapital ist als Ausgleich zwischen den (Ausschluss)Verfahrenserleichterungen einerseits und dem Rechtsschutz der Aktionäre andererseits eine Nachberichtspflicht des Vorstands im Sinne einer Verfahrensbedingung zu bejahen. Der Vorstand hat konkret über die avisierte Maßnahme zu berichten, nachdem der Aufsichtsrat zugestimmt hat, aber bevor die Durchführung der Maßnahme eingetragen wird. Hierdurch erhalten die Aktionäre rechtzeitig die Informationen, die sie benötigen, um gegebenenfalls gegen die selbstbindende Entscheidungskonkretisierung des Vorstands in Bezug auf die Verwendung des bezugsrechtsfreien genehmigten Kapitals gerichtlich vorzugehen.

IV. Im Rahmen einer genehmigten Barkapitalerhöhung kann es insbesondere dann zu einem Zweckfortfall kommen, wenn während der Durchführungsphase ein Kursverfall eintritt mit der Folge, dass entweder der im Ermächtigungsbeschluss vorgegebene Mindestausgabebetrag nicht mehr erreicht werden kann oder aber der Ausgabebetrag nicht mehr angemessen im Sinne von § 255 Abs. 2 AktG ist. Die Angemessenheit des Ausgabebetrags bestimmt sich regelmäßig nach dem inneren „wahren" Wert der Aktien. Die in der Praxis übliche Preisfindungsmethode ist das Bookbuilding-Verfahren. Es hat sich gegenüber dem früher üblichen Festpreisverfahren durchgesetzt. Regelmäßig sehen die zwischen der Emittentin und den beteiligten Emissionsbanken geschlossenen Übernahmeverträge eine Andienungspflicht der Banken für den Fall vor, dass die Aktienplazierung aufgrund nachträglich eintretender Umstände („Kursverfall") scheitert.

V. Kommt es während der Ausübungsphase des genehmigten Kapitals zu einem Zweckfortfall in Form eines Plazierungshindernisses, hängen die Handlungspflichten des Vorstands davon ab, ob er aufgrund eines Direktausschlusses oder einer Ausschlussermächtigung handelt. Ferner ist entscheidend, wie im Einzelnen die Ermächtigung ausgestaltet ist. Die Handlungspflichten können die Einstellung des Kapitalerhöhungsverfahrens (Ermessensreduktion auf Null) erforderlich machen oder den Vorstand zwingen, einen Änderungsbeschluss der Hauptversammlung herbeizuführen. Ferner kann der Vorstand im Fall einer Ausschlussermächtigung gehalten sein, das zunächst ausgeschlossene Bezugsrecht nachträglich den Altaktionären zum Bezug anzubieten (Ersatzbezugsrechte). Eine Pflicht des Vorstands, die konkrete Maßnahme der Hauptversammlung nach den „Holzmüller" - Grundsätzen vorzulegen, kommt nicht in Betracht.

VI. Eine gesellschafterbezogene Organtreuepflicht des Vorstands ist zu bejahen. Ihr liegt der allgemeine Rechtsgedanke der Korrelation von Rechtsmacht und Verantwortung zugrunde und findet ihre normative Rechtsgrundlage in der quasi-vertraglichen Sonderbeziehung zwischen

Vorstand und den Aktionären, welche durch einen so genannten „Beitrittsvertrag sui generis“ begründet wird.

VII. Scheitert die Aktienplazierung erst nach Eintragung der Kapitalerhöhung kann das Erhöhungsverfahren nicht mehr eingestellt oder abgeändert werden. Hat der Vorstand in dem mit der Emissionsbank zuvor vereinbarten Übernahmevertrag das Scheitern der Aktienplazierung nicht mittels einer Andienungsklausel abgesichert, verletzt er seine gesellschafterbezogene Organtreuepflicht gegenüber den Altaktionären. Der Vorstand haftet ihnen mangels möglicher Naturalrestitution auf Geldersatz ihres Aktionärs-Anlageinteresses. Zeitlich ist dieser Anspruch indes begrenzt auf die aktive Amtszeit der Vorstandsmitglieder.

VIII. Im Rahmen einer genehmigten Sachkapitalerhöhung hängen die Auswirkungen eines Zweckfortfalls ebenfalls vom Zeitpunkt ihres Eintritts ab. Geht das Einlageobjekt bereits vor Ausübung der Ermächtigung unter, kommt es nicht zur Ausübung des genehmigten Kapitals. Tritt der Zweckfortfall während der Ausübungsphase des genehmigten Kapitals ein, schlägt dieser Mangel auf die an sich bestehende Bareinlageverpflichtung des Inferenten gemäß § 139 BGB durch. Das hat die Unwirksamkeit der gesamten Zeichnung zur Folge, so dass der Inferent letztlich von seiner Einlageleistungsverpflichtung frei wird. Anders stellt sich Rechtslage indes dar, wenn der Zweckfortfall nach Eintragung der Durchführung der Kapitalerhöhung eintritt. In diesem Fall bleibt es bei der vollen Bareinlageverpflichtung des Inferenten, der gleichzeitig aber vollwertiger Aktionär der Gesellschaft geworden ist.

Literaturverzeichnis

Aha, Christof

Aktuelle Aspekte der Unternehmensbewertung im Spruchstellenverfahren.

in: Die Aktiengesellschaft 1997, S.26-36

zitiert: Aha, AG 1997, S.

Altmeppen, Holger

Ausgliederung zwecks Organschaftsbildung gegen die Sperrminorität

in: Der Betrieb 1998, S.49- 54

zitiert: Altmeppen, DB 1998, S.

Armbrüster, Christian

RWS- Forum Gesellschaftsrecht 1997

in: Zeitschrift für Wirtschaftsrecht 1997, S.1984- 1990

zitiert: Armbrüster, ZIP 1997, S.

Assmann, Heinz- Dieter; Schneider, Uwe H.

Kommentar zum Wertpapierhandelsgesetz, 03. Auflage 2003

zitiert: Assmann/ Schneider- Bearbeiter, WpHG, §, Rn.

van Aubel, Thomas

Vorstandspflichten bei Übernahmeangeboten

in: Dissertation München 1995

zitiert: van Aubel, Vorstandspflichten, S.

ders.

Der vereinfachte Bezugsrechtsausschluss – Aktionärs- und Gesellschaftsinteressen beim vereinfachten Bezugsrechtsausschluss nach Maßgabe des § 186 Absatz 3 Satz 4 AktG

zitiert: van Aubel, Bezugsrechtsausschluss, S.

Ballerstedt, Kurt

Kapital, Gewinn und Ausschüttung bei Kapitalgesellschaften, Tübingen 1949

zitiert: Ballerstedt, Kapital, S.

Baumbach, Adolf; Hueck, Götz

Aktiengesetzkommentar, 13. Auflage 1968

zitiert: Baumbach/ Hueck, AktG, §, Rn.

diess.

GmbHG, Kommentar, 17. Auflage 2000

zitiert: Baumbach/ Hueck/ Bearbeiter, GmbHG, §, Rn.

Baums, Theodor

Der Geschäftsleitervertrag: Begründung, Inhalt und Beendigung der Rechtsstellung der Vorstandsmitglieder und Geschäftsführer in den Kapitalgesellschaften und Genossenschaften, Köln 1987

zitiert: Baums, Geschäftsleitervertrag, S.

ders.

Ersatz von Reflexschäden in der Kapitalgesellschaft - Besprechung der Entscheidung BGH, WM 1987, 13 ff.

in: Zeitschrift für Unternehmens- und Gesellschaftsrecht, 1987, S. 554 ff.

zitiert: Baums, ZGR 1987, S.

Baus, Matthias

Treuepflichten des Aktionärs im Gemeinschaftsunternehmen

in: Dissertation Freiburg i. Br. 1990

zitiert: Baus, Treuepflichten, S.

Bayer, Walter

Kapitalerhöhung mit Bezugsrechtsausschluss und Vermögensschutz der Aktionäre nach § 255 Abs.2 AktG

in: Zeitschrift für das gesamte Handelsrecht und Wirtschaftsrecht, 163. Band (1999), S. 505 – 553

zitiert: Bayer, ZHR 163 (1999), S.

ders.

Transparenz und Wertprüfung beim Erwerb von Sacheinlagen durch genehmigtes Kapital

in: Festschrift für Peter Ulmer, 2003, S. 21 – 31

zitiert: Bayer, in: FS Ulmer 2003, S.

ders.

Materielle Schranken und Kontrollinstrumente beim Einsatz des genehmigten Kapitals mit Bezugsrechtsausschluss

in: Zeitschrift für das gesamte Handelsrecht und Wirtschaftsrecht, 168. Band, 2004, S. 132 – 173

zitiert: Bayer ZHR 168 (2004), S.

Becker,Michael

Der Ausschluss aus der Aktiengesellschaft

in: Zeitschrift Unternehmens- und Gesellschaftsrecht, 1986, 383 – 417

zitiert: Becker, ZGR 1986, S.

Bernhardt, Wolfgang

Unternehmensführung und Hauptversammlung – Holzmüller und die Folgen

in: Der Betrieb 2000, S.1873- 1881

zitiert: Bernhardt, DB 2000, S.

Beusch, Karl

Die Aktiengesellschaft – eine Kommanditgesellschaft in der Gestalt einer juristischen Person? Betrachtungen zum sogenannten Holzmüller-Urteil des Bundesgerichtshofs

in: Festschrift für Winfried Werner, 1983, S.1- 21

zitiert: Beusch, in: FS Werner, 1983, S.

Bezzenberger, Gerold

Zum Bezugsrecht stimmrechtsloser Vorzugsaktionäre

in: Festschrift für Karl-Heinz Quack, 1991, S. 153 – 166

zitiert: Bezzenberger, in: FS Quack, 1991, S.

Bezzenberger, Tilmann

Das Bezugsrecht der Aktionäre und sein Ausschluss

in: Zeitschrift für Wirtschaftsrecht, 2002, S. 1917 – 1930

zitiert: Bezzenberger, ZIP 2002, S.

Blumenröhr, Friedrich

Die inhaltliche Schranken des Bezugsrechtsausschlusses und der Begebung junger Aktien

in: Dissertation München, 1966

zitiert: Blumenröhr, Schranken, S.

Bommert, R.

Anmerkung zu BGH vom 01,02.1988 („Linotype“)

in: Juristische Rundschau 1988, S.509-511

zitiert: Bommert, JR 1988, S.

Bork, Reinhard

Kurzkommentar zu LG Karlsruhe Beschluss vom 06.11.1997

in: Entscheidungen zum Wirtschaftsrecht, § 125 UmwG 1/97, S.1147 ff.

zitiert: Bork, EWiR 1997, §, S.

Bosse, Christian

Informationspflichten des Vorstands beim Bezugsrechtsausschluss im Rahmen des Beschlusses und der Ausnutzung eines genehmigten Kapitals

in: Zeitschrift für Wirtschaftsrecht, 2001, S.104 - 108

zitiert: Bosse, ZIP 2001, S.

Brandes, Helmut

Die Rechtsprechung des Bundesgerichtshofes auf dem Gebiet des Aktienrechts

in: Zeitschrift für Wirtschafts- und Bankrecht – Wertpapiermitteilungen, 1984, S.289- 300

zitiert: Brandes, WM 1984, S.

ders.

Ersatz von Gesellschafts- und Gesellschafterschaden

in: Festschrift für Fleck, 1988, S. 13 – 22

zitiert: Brandes, in: FS Fleck, 1988, S.

Bungert, Hartwin

Bezugsrechtsausschluss zur Platzierung neuer Aktien im Ausland – Zum Deutschen Bank Urteil des BGH vom 07. März 1994

in: Zeitschrift für Wirtschafts- und Bankrecht – Wertpapiermitteilungen, 1995, S.1- 17

zitiert: Bungert, WM 1995, S.

ders.

Die Liberalisierung des Bezugsrechtsausschlusses im Aktienrecht

in: Neue Juristische Wochenschrift 1998, S. 488 - 492

zitiert: Bungert, NJW 1998, S.

ders.

Kommentar zum LG Heidelberg, Urteil vom 26.06.2001 – 11 O 175 00 KfH

in: Betriebsberater 2001, S. 742-743

zitiert: Bungert, BB 2001, S.

ders.

Der BGH gibt der Praxis Rätsel auf – Vorgaben aus Karlsruhe zur Ermittlung des Börsenwertes für Ausgleichszahlungen und Barabfindungsangebote beim Unternehmensvertrag

in: Betriebsberater 2001, S. 1163 – 1166

zitiert: Bungert, BB 2001, S.

ders.

Die Treuepflicht des Mitaktionärs – Besprechung des BGH-Urteils vom 20.03.1995

in: Der Betrieb, 1995, S. 1749 – 1756

zitiert: Bungert, DB 1995, S.

Busch, T.; /Groß, W. AG 2000, 503, 504.

Vorerwerbsrechte der Aktionäre beim Verkauf von Tochtergesellschaften über die Börse? Zugleich Entgegnung zu Lutter, AG 2000, 342 ff.

in: die Aktiengesellschaft 2000, S. 503-509

zitiert: Busch/Groß, AG 2000, s.

Cahn, Andreas

Grenzen des Markt- und Anlegerschutzes durch das WpHG

in: Zeitschrift für das gesamte Handelsrecht und Wirtschaftsrecht, 162. Band (1998), S.1 ff.

zitiert: Cahn, ZHR 162 (1998), S.

ders.

Pflichten des Vorstandes beim genehmigten Kapital mit Bezugsrechtsausschluss

in: Zeitschrift für das gesamte Handelsrecht und Wirtschaftsrecht, 163. Band (1999), S.554-593

zitiert: Cahn, ZHR 163 (1999), S.

ders.

Ansprüche und Klagemöglichkeiten der Aktionäre wegen Pflichtverletzungen der Verwaltung beim genehmigten Kapital

in: Zeitschrift für das gesamte Handelsrecht und Wirtschaftsrecht, 164. Band, 2000, S.113-154

zitiert: Cahn, ZHR 164 (2000), S.

ders.

Kapitalerhaltung im Konzern,1998

zitiert: Cahn, Kapitalerhaltung, S.

Canaris, Claus- Wilhelm

Ansprüche wegen „positiver Vertragsverletzung" und „Schutzwirkung für Dritte" bei nichtigen Verträgen

in: Juristenzeitung 1965, S.475- 482

zitiert: Canaris, JZ 1965, S.

ders.

Die Vertrauenshaftung im Lichte der Rechtsprechung des Bundesgerichtshofes

in: 50 Jahre BGH – Festgabe aus der Wissenschaft – Band I, S.129-197: Handels- und Wirtschaftsrecht, Europäisches und Internationales Recht, München 2000

zitiert: Canaris, 50 Jahre BGH, S.

ders.

Die Vertrauenshaftung im deutschen Privatrecht, 1971

zitiert: Canaris, Vertrauenshaftung, S.

Dietz, Steffen

Die Ausgliederung nach dem UmwG und nach Holzmüller

in: Dissertation Jena 1999

zitiert: Dietz, Ausgliederung, S.

Dreher, Meinrad

Treuepflichten zwischen Aktionären und Verhaltenspflichten bei der Stimmrechtsbündelung

in: Zeitschrift für das gesamte Handelsrecht und Wirtschaftsrecht, 157. Band, 1993, S.150-171

zitiert: Dreher, ZHR 157 (1993), S.

ders.

Die gesellschaftsrechtlichen Treuepflichten bei der GmbH

in: Deutsche Zeitschrift im Steuerrecht, 1993, S. 1632 ff.

zitiert: Dreher, DStR 1993, S.

Ebenroth, Carsten

Konzernbildungs- und Konzernleitungskontrolle – Ein Beitrag zu den Kompetenzen von Vorstand und Hauptversammlung, 1987

zitiert: Ebenroth, Konzernbildungskontrolle, S.

Ekkenga, Jens

Das Organisationsrecht des genehmigten Kapitals

in: Die Aktiengesellschaft 2001, S.567- 579; 615- 629

zitiert: Ekkenga, AG 2001, S.

ders.

Kapitalmarktrechtliche Aspekte des Bezugsrechts und Bezugsrechtsausschlusses

in: Die Aktiengesellschaft 1994, S. 59- 66

zitiert: Ekkenga, AG 1994, S.

ders.

Börsengang und Bezugsrechtausschluss

in: VGR, Gesellschaftsrecht in der Diskussion 2000, VGR Bd. 3 (2001), S.77- 101

zitiert: Ekkenga, in: VGR, Bd. 3 (2001), S.

ders.

Die Ad-hoc Publizität im System der Marktordnungen. Plädoyer für eine kapitalmarktrechtliche statt gesellschaftsrechtliche Interpretation des § 15 WpHG

in: Zeitschrift für Unternehmens- und Gesellschaftsrecht, 1999, S. 165 – 201

zitiert: Ekkenga, ZGR 1999, S.

ders.

Zur Aktivierungs- und Einlagefähigkeit von Nutzungsrechten nach Handelsbilanz- und Gesellschaftsrecht

in: Zeitschrift für das gesamte Handelsrecht und Wirtschaftsrecht, 161. Band, 1997, S. 599 – 627

zitiert: Ekkenga, ZHR 161 (1997), S.

ders.
„Macroton“ und das grundrecht auf Aktieneigentum – der BGH als der bessere Gesetzgeber? Besprechung der Entscheidung BGH WM 2003, 533
in: Zeitschrift für Unternehmens- und Gesellschaftsrecht, 2003, S. 878 -910
zitiert: Ekkenga, ZGR 2003 S.

Emmerich, Volker; Sonnenschein, Jürgen
Konzernrecht, 06. Auflage 1997
zitiert: Emmerich/ Sonnenschein, Konzernrecht, S.

ders.; Habersack, Mathias
Aktienkonzernrecht, Kommentar zu den §§ 15- 22 und 291- 328 AktG, 1998
zitiert: Emmerich/ Habersack, Aktienkonzernrecht, §, Rn.

Escher- Weingart, Christina
Reform durch Deregulierung im Kapitalgesellschaftsrecht – Eine Analyse der Reformmöglichkeiten unter besonderer Berücksichtigung des Gläubiger- und Anlegerschutzes, Frankfurt a.M. 2000
zitiert: Escher- Weingart, Deregulierung, S.

Fechner, Erich
Die Treuebindungen des Aktionärs, 1942
zitiert: Fechner, Treuebindung, S.

Fillmann, Andreas
Treuepflichten der Aktionäre
in: Dissertation Mainz 1991
zitiert: Fillmann, Treuepflichten, S.

Fleischer, Holger

Handbuch des Vorstandsrechts, 2006

zitiert: Fleischer/Bearbeiter, Vorstandsrecht, §, Rn.

Flume, Werner

Allgemeiner Teil des Bürgerlichen Rechts, Erster Band, Zweiter Teil: Die juristische Person, 1983

zitiert: Flume, Juristische Person, S.

ders.

Die Rechtsprechung des II. Zivilsenats des BGH zur Treuepflicht des GmbH-Gesellschafters und des Aktionärs

in: Zeitschrift für Wirtschaftsrecht, 1995, S. 161 – 167

zitiert: Flume, ZIP 1995, S.

Fredebeil, Uta

Aktienemissionen : das underwriting agreement (der Übernahmevertrag) und seine spezifischen Klauseln

in: Dissertation, Osnabrück, 2002

zitiert: Fredebeil, Aktienemissionen, S.

Füchsel, Hans

Der Bezugsrechtsausschluss im deutschen Aktienrecht

in: Dissertation Frankfurt am Main, 1969

zitiert: Füchsel, Bezugsrechtsausschluss, S.

ders.

Probleme des Bezugsrechtsausschlusses im deutschen Aktienrecht

in: Der Betriebsberater 1972, S.1533- 1540

zitiert: Füchsel, BB 1972, S.

Fuhrmann, Lambertus
Gesetzliche Formerfordernisse von Vorstandsberichten
in: die Aktiengesellschaft 2004, S. 135 – 140
zitiert: Fuhrmann, AG 2004, S.

Gehrt, John Alexander
Die neue Ad-hoc-Publizität nach § 15 Wertpapierhandelsgesetz : Eine kritische Betrachtung im Vergleich zur französischen und anglo-amerikanischen Regelung
in: Studien zum Handels-, Arbeits- und Wirtschaftsrecht, München 1997
zitiert: Gehrt, Ad-hoc-Publizität, S.

Geßler, Ernst
Einberufung und ungeschriebene Hauptversammlungszuständigkeiten
in: Festschrift für Walter Stimpel, 1985, S.771- 789
zitiert: Geßler, in: FS Stimpel, 1985, S.

Geßler, Ernst; Hefermehl, Wolfgang; Eckhardt, Ulrich; Kropff, Bruno
Kommentar zum Aktiengesetz
Band I (§§ 1- 75), 1984
Band II (§§ 76- 147), 1974
Band IV (§§ 179- 240) 1994
zitiert: Bearbeiter, in: Geßler/ Hefermehl, AktG, §, Rn.

von Godin, Reinhard; Wilhelmi, Hans

Aktiengesetz vom 06. September 1965

Band I (§§ 1- 178), 04. Auflage 1971

Band II (§§ 179- 410), 04 Auflage 1971

zitiert: Godin/ Wilhelmi, AktG 1965, §, Anm.

Goette, Wulf

Leitung, Aufsicht, Haftung – zur Rolle der Rechtsprechung bei der Sicherung einer modernen Unternehmensführung

in: Festschrift aus Anlass des fünfzigjährigen Bestehens von Bundesgerichtshof, Bundesanwaltschaft und Rechtsanwaltschaft beim Bundesgerichtshof, 2000, S.123- 142

zitiert: Goette, 50 Jahre BGH, S.

ders.

Anmerkung zu BGH, Urteil vom 23.07.1997, II ZR 132/93 (Siemens/Nold)

in: Deutsche Zeitschrift im Steuerrecht, 1997, S. 1463

Zitiert: Goette, DStR 1997, S.

Götz, Heinrich

Die Sicherung der Rechte der Aktionäre der Konzernobergesellschaft bei Konzernbildung und Konzernleitung

in: Die Aktiengesellschaft 1984, S.85- 94

zitiert: Götz, AG 1984, S.

Gravenhorst, Joachim

Plazierungsverfahren bei Aktienemissionen und Anspruch auf Zuteilung

in: Dissertation Göttingen 2002

zitiert: Gravenhorst, Plazierungsverfahren, S.

Groß, Wolfgang
Zuständigkeiten der Hauptversammlung bei Erwerb und Verfügung von Unternehmensbeteiligungen
in: Die Aktiengesellschaft 1994, S.266-276
zitiert: Groß, AG 1994, S.

ders.
Vorbereitung und Durchführung von Hauptversammlungsbeschlüssen zu Erwerb und Veräußerung von Unternehmensbeteiligungen
in: Die Aktiengesellschaft 1996, S. 111 -114
zitiert: Groß, AG 1996, S.

ders.
Bookbuilding
in: Zeitschrift für das gesamte Handelsrecht und Wirtschaftsrecht, 162. Band, 1998, S. 318 – 339
zitiert: Groß, ZHR 162 (1998), S.

Großfeld, Bernhard; Brondics, Klaus
Die Aktionärsklage – Jetzt auch im deutschen Recht
in: Juristenzeitung 1982, S.589-592
zitiert: Großfeld/ Brondics, JZ 1982, S.

Großfeld, Bernhard
Unternehmens- und Anteilsbewertung im Gesellschaftsrecht, 4. Aufl., Köln 2002
zitiert: Großfeld, Unternehmensbewertung, S.

ders.
Europäische Unternehmensbewertung
in: Neue Zeitschrift für Gesellschaftsrecht 2002, S. 353-356
zitiert: Großfeld, NZG 2002, S.

diess.; Müller, Hans-Friedrich
Die Entwicklung des Gesellschaftsrechts 1997/1998
in: Juristenzeitung 1999, S. 442 - 455.
zitiert: Grunewald/Müller, JZ 1999, S.

Grupp, Alexander
Börseneintritt und Börsenaustritt, 1995
zitiert: Grupp, Börseneintritt, S.

Habersack, Mathias
Die Mitgliedschaft – subjektives und „sonstiges" Recht
in: Dissertation Heidelberg 1995
zitiert: Habersack, Mitgliedschaft, S.

ders.
Unternehmensfinanzierung am Kapitalmarkt, 2005
zitiert: Bearbeiter, in: Habersack, Unternehmensfinanzierung, §, Rn.

Hachenburg, Max
Kommentar zum Gesetz betreffend die Gesellschaften mit beschränkter Haftung
2. Band (§§ 35- 84), 06. Auflage 1959
2. Band (§§ 13- 52), 07. Auflage 1979
2. Band (§§ 35- 52), 08. Auflage 1997
zitiert: Bearbeiter, in: Hachenburg, GmbHG, §, Rn.

Hadding, Walther
Ergibt die Vereinsmitgliedschaft „quasi vertragliche" Ansprüche, „erhöhte Treue- und Förderpflichten" sowie ein „sonstiges Recht" im Sinne des § 823 Abs.1 BGB? – Besprechung der Entscheidung BGHZ 110, S.323
in: Festschrift für Alfred Kellermann, 1991, S.91- 113
zitiert: Hadding, in: FS Kellermann, 1991, S.

Happ, Wilhelm

Genehmigtes Kapital und Beteiligungserwerb – Zu Informationsdefiziten, Rechtsschutzmöglichkeiten und Reformüberlegungen

in: Festschrift für Peter Ulmer,2003, S.175 – 193

zitiert: Happ, in: FS Ulmer, 2003, S.

ders.

Mustertexte zum Aktienrecht, Köln 2004

zitiert: Bearbeiter, in: Happ, Aktienrecht, Anm.,

Häsemeyer, Ludwig

Obstruktion gegen Sanierungen und gesellschaftsrechtliche Treupflichten

in: Zeitschrift für das gesamte Handelsrecht und Wirtschaftsrecht, 160. Band, 1996, S.109-136

zitiert: Häsemeyer, ZHR 160 (1996), S.

Hein, Thomas

Rechtliche Fragen des Bookbuildings nach deutschem Recht

in: Zeitschrift für Wirtschafts- und Bankrecht – Wertpapiermitteilungen, 1996, S. 1- 7

zitiert: Hein, WM 1996, S.

Heidel, Thomas

Anwaltkommentar Aktienrecht: Aktiengesetz, Gesellschaftsrecht, Kapitalmarktrecht, Steuerrecht, Europarecht, 2003

zitiert: AnwK-AktienR/Bearbeiter, §, Rn.

Heidmeier, Heiner

Die Ad-hoc Publizität gemäß § 44a BörsG im System der Berichtspflichten für börsennotierte Aktiengesellschaften

in: Die Aktiengesellschaft 1992, S. 110 ff.

zitiert: Heidmeier, AG 1992, S.

Heinsius, Theodor

Bezugsrechtsausschluss bei Schaffung von genehmigten Kapital

in: Festschrift für Alfred Kellermann, 1991, S. 115 - 141

zitiert: Heinsius, in: FS Kellermann, 1991, S.

ders.

Organzuständigkeit bei Bildung, Erweiterung und Umorganisation des Konzerns

in: Zeitschrift für Unternehmens- und Gesellschaftsrecht, 1984, S.382- 411

zitiert: Heinsius, ZGR 1984, S.

Hennrichs, Joachim

Treuepflichten im Aktienrecht

in: Archiv für die civilistische Praxis Band 195, 1995, S.221- 273

zitiert: Hennrichs, AcP 195 (1995), S.

Henze, Hartwig

Aktienrecht – höchstrichterliche Rechtsprechung, 04. Auflage 2000

zitiert: Henze, Aktienrecht, Rn.

ders.

Treuepflichten der Gesellschafter im Kapitalgesellschaftsrecht

in: Zeitschrift für das gesamte Handelsrecht und Wirtschaftsrecht, 162. Band, 1998, S.187-200

zitiert: Henze, ZHR 162 (1998), S.

ders.

Schranken für den Bezugsausschluss – Rechtsprechung des BGH im Wandel?

in: Zeitschrift für das gesamte Handelsrecht und Wirtschaftsrecht, 167. Band, 2003, S. 1 – 7

zitiert: Henze, ZHR 167 (2003), S.

ders.

Entscheidungen und Kompetenzen der Organe in der AG: Vorgaben der höchstrichterlichen Rechtsprechung

in: Betriebsberater 2001, S.53- 61

zitiert: Henze, BB 2001, S.

ders.

Die Treuepflicht im Aktienrecht – Gedanken zur Rechtsprechung des BGH von „Kali und Salz" über „Linotype" und „Kochs Adler" bis zu „Girmes"

in: Betriebsberater 1996, S.489- 499

zitiert: Henze, BB 1996, S.

ders.

Zur Treuepflicht unter Aktionären

in: Festschrift für Alfred Kellermann, 1991, S.141- 152

zitiert: Henze, in: FS Kellermann, 1991, S.

ders.

Materiellrechtliche Grenzen für Mehrheitsentscheidungen im Aktienrecht

in: Deutsche Zeitschrift im Steuerrecht 1993, S.1823 ff., S.1863 ff.

zitiert: Henze, DStR 1993, S.

Hirte, Heribert

Bezugsrechtsausschluss und Konzernbildung, 1986

zitiert: Hirte, Bezugsrechtsausschluss, S.

ders.

Großkommentar zum Aktiengesetz, 18. Lieferung (§§ 192- 206), 04. Auflage 2001

zitiert: Hirte, in: GK, §, Rn.

ders.

Einige Gedanken zur Entwicklung des Bezugsrechts in den Vereinigten Staaten

in: Die Aktiengesellschaft 1991, S.166- 170

zitiert: Hirte, AG 1991, S.

ders.

Anmerkungen und Anregungen zur geplanten gesetzlichen Neuregelung des Bezugsrechts

in: Zeitschrift für Wirtschaftsrecht, 1994, S.356- 363

zitiert: Hirte, ZIP 1994, S.

ders.

Bezugsrecht, Berichtspflicht, genehmigtes Kapital und europäisches Recht

in: Deutsche Zeitschrift im Steuerrecht, 2001, S. 576 - 581

zitiert: Hirte, DStR 2001, S.

ders.

Geldausgleich statt Inhaltskontrolle

in: Zeitschrift für Wirtschafts- und Bankrecht – Wertpapiermitteilungen,1997, S. 1001 – 1008

zitiert: Hirte, WM 1997, S.

Hoffmann-Becking, Michael
Neue Formen der Aktienemission
in: Festschrift für Otfried Lieberknecht, 1997, S.25 - 43
zitiert: Hoffmann-Becking, in: FS Lieberknecht, 1997, S.

ders.
Gesetz zur „kleinen AG" - Unwesentliche Randkorrekturen oder grundlegende Reform?
in: Zeitschrift für Wirtschaftsrecht 1995, S. 1-10
zitiert: Hoffmann-Becking, ZIP 1995, S.

Hofmeister, Holger
Der Ausschluss des aktienrechtlichen Bezugsrechts bei börsennotierten AG. Konsequenzen aus BGHZ 133, 13 ff. – Siemens/Nold,
in: Neue Zeitschrift für Gesellschaftsrecht 2000, S. 713 - 719
zitiert: Hofmeister, NZG 2000, S.

Hommelhoff, Peter
Die Konzernleitungspflicht. Zentrale Aspekte eines Konzernverfassungsrechts, 1982
zitiert: Hommelhoff, Konzernleitungspflicht, S.

Hopt, Klaus J.
Großkommentar zum Aktiengesetz, 11. Lieferung (§§ 92- 94), 04. Auflage 1999
zitiert: Hopt, in: GK, §, Rn.

ders.
Zur Abberufung des GmbH- Geschäftsführers bei der GmbH & Co., insbesondere der Publikumskommanditgesellschaft
in: Zeitschrift für Unternehmens- und Gesellschaftsrecht, 1979, S.1-30
zitiert: Hopt, ZGR 1979, S.

ders.
Aktionärskreis und Vorstandsneutralität
in: Zeitschrift für Unternehmens- und Gesellschaftsrecht, 1993, S. 534 - 566
zitiert: Hopt, ZGR 1993

ders.
Grundsatz- und Praxisprobleme nach dem Wertpapierhandelsgesetz
in: Zeitschrift für das gesamte Handelsrecht und Wirtschaftrecht, Band 159,1995, S. 135 ff.
zitiert: Hopt, ZHR 159 (1995), S.

ders.
Die Haftung von Vorstand und Aufsichtsrat – Zugleich ein Beitrag zur Corporate Governance Debatte
in: Festschrift für Ernst Joachim Mestmäcker, 1996, S. 909 ff.
zitiert: Hopt, in: FS Mestmäcker, 1996, S.

ders.
Die Verantwortlichkeit der Banken bei Emissionen: Recht und Praxis in der EG, in Deutschland und in der Schweiz, 1991
zitiert: Hopt, Verantwortlichkeit, Rn.

Hübner, Ulrich
Die Ausgliederung von Unternehmensteilen in aktien- und aufsichtsrechtlicher Sicht
in: Festschrift für Walter Stimpel, 1985, S.791- 809
zitiert: Hubner, in: FS Stimpel, 1985, S.

Hueck, Alfred
Der Treuegedanke im Recht der offenen Handelsgesellschaft
in: Festschrift für Rudolf Hübner, 1935, S. 72 ff.
zitiert: Hueck, Treuegedanken, S.

Hueck, Götz
Kapitalerhöhung im Aktienbezugsrecht
in: Festschrift für Nipperdey, 1965, S. 427 - 451
zitiert: Hueck, in: FS Nipperdey, 1965, S.

Hüffer, Uwe
Kommentar zum Aktiengesetz, 07. Auflage 2006
zitiert: Hüffer, AktG, §, Rn.

ders.
Zur gesellschaftlichen Treuepflicht als richterrechtlicher Generalklausel
in: Festschrift für Ernst Steindorff, 1990, S. 59- 78
zitiert: Hüffer, in: FS Steindorff, 1990, S.

Hüttemann, Rainer
Unternehmensbewertung als Rechtsproblem
in: Zeitschrift für das gesamte Handelsrecht und Wirtschaftrecht, Band 162, 1998, S. 563 – 593
zitiert: Hüttemann, ZHR 162 (198), S.

Immenga, Ulrich
Bindung von Rechtsmacht durch Treupflichten
in: Festschrift GmbHG, 1992, S. 189 - 208
zitiert: Immenga, in: FS GmbHG, 1992, S.

ders.
Einlagenschutz beim mittelbaren Bezugsrecht
in: Festschrift für Beusch, 1992, S. 413 – 422
zitiert: Immenga, in: FS Beusch, 1992, S.

ders.

Die personalistische Kapitalgesellschaft, 1970

zitiert: Immenga, Kapitalgesellschaft, S.

Joost, Detlev

Die klassische Ausgliederung – ein Opfer des Umwandlungsgesetzes

in: Zeitschrift für das gesamte Handelsrecht und Wirtschaftrecht, Band 163, 1999, S.164- 186

zitiert: Joost, ZHR 163 (1999), S.

Kerber, Markus

Anmerkung zum BGH, Urteil vom 23.07.1997 – II ZR 132/93

in: Deutsche Zeitschrift für Wirtschafts- und Insolvenzrecht, 1998, S. 326 - 328

zitiert: Kerber, DZWiR 1998, S.

Kessler, Martin

Die Leitungsmacht des Vorstandes in einer AG

in: Die Aktiengesellschaft 1995, S.61- 76

zitiert: Kessler, AG 1995, S.

Kimpler, Frank

Die Abgrenzung der Zuständigkeiten von Hauptversammlung und Vorstand bei Kapitalerhöhung

in: Dissertation Köln 1993

zitiert: Kimpler, Zuständigkeiten, S.

ders.

Probleme im Falle des Bezugsrechtsausschlusses beim genehmigten Kapital und bei Kapitalerhöhungen in Tochtergesellschaften

in: Der Betrieb 1994, S.767 ff.

zitiert: Kimpler, DB 1994, S.

Kindler, Peter
Die sachliche Rechtfertigung des aktienrechtlichen Bezugsrechtsausschlusses im Lichte der Zweiten Gesellschaftsrechtlichen Richtlinie der Europäischen Gemeinschaft
in: Zeitschrift für das gesamte Handelsrecht und Wirtschaftrecht, Band 158, 1994, S.339- 370
zitiert: Kindler, ZHR 158 (1994), S.

ders.
Bezugsrechtsausschluss und unternehmerisches Ermessen nach deutschem und europäischem Recht
in: Zeitschrift für Unternehmens- und Gesellschaftsrecht 1998, S. 35 -68
zitiert: Kindler, ZGR 1998, S.

Kirchner, Jörg; Sailer, Viola
Rechtsprobleme bei Einbringung und Verschmelzung
in: Neue Zeitschrift für Gesellschaftsrecht, 2002, S. 305 – 314
zitiert: Kirchner/Sailer, NZG 2002, S.

Klette, Dieter
Die Rechtsfolgen eines zu niedrigen Emissionskurses beim genehmigten Kapital
in: Betriebsberater 1968, S. 1101 - 1108
zitiert: Klette, BB 1968, S.

Kley, Martin
Bezugsrechtsausschluss und Deregulierungsforderungen
in: Dissertation Köln 1998
zitiert: Kley, Bezugsrechtsausschluss, S.

Klitzing, Joachim von

Die Ad-hoc-Publizität : zwischen europäischer Vorgabe und nationaler Umsetzung und zwischen Kapitalmarktrecht und Gesellschaftsrecht

zitiert: Klitzing, Ad-hoc-Publizität, S.

Kölner Kommentar zum Aktiengesetz

Begründet von W. Gadow und E. Heinichen

Einleitungsband 1984

Band 1, §§ 1- 147 AktG, 01. Auflage 1985

Band 1, §§ 1- 75 AktG, 02. Auflage 1988

Band 2, §§ 76- 117 AktG, 02. Auflage 1996

Band 5/ 1, §§ 179- 240 AktG, 02. Auflage 1995

zitiert: Bearbeiter, in: KK, §, Rn.

Kort, Michael

Bestandsschutz fehlerhafter Strukturänderungen im Kapitalgesellschaftsrecht, 1998

in: Münchener Universitätsschriften, Band 135, 1998

zitiert: Kort, Bestandsschutz, S.

ders.

Zur Treuepflicht des Aktionärs

in: Zeitschrift für Wirtschaftsrecht 1990, S.294- 297

zitiert: Kort, ZIP 1990, S.

ders.

Aktien aus vernichteten Kapitalerhöhungen

in: Zeitschrift für Unternehmens- und Gesellschaftsrecht, 1994, S.291- 324

zitiert: Kort, ZGR 1994, S.

ders.

Ausgleichs- und Abfindungsrechte (§§ 304, 305 AktG) beim Beitritt eines herrschenden Unternehmens zu einem Beherrschungsvertrag

in: Zeitschrift für Unternehmens- und Gesellschaftsrecht, 1999, S. 402– 426

zitiert: Kort, ZGR 1999, S.

Korthals, Kerstin

Kapitalerhöhung zu höchsten Kursen – Eine Untersuchung unter Berücksichtigung des Aktionärsschutzes bei der Ausgabe von Aktien im US- amerikanischen Recht

in: Dissertation Frankfurt am Main, 1995

zitiert: Korthals, Kapitalerhöhung, S.

Kossmann, Alfred

Vorbereitung und Durchführung von Stock-for-Stock-Akqusitionen

in: Die Aktiengesellschaft 2005, S. 9 – 20

zitiert: Kossmann, AG 2005, S.

Kowalski, Andre

Der Ersatz von Gesellschafts- und Gesellschafterschaden

in: Dissertation Köln, 1989

Zitiert: Kowalski, Gesellschafterschaden, S.

Krämer, Lutz; Kiefner, Alexander

Präventiver Rechtsschutz und Flexibilität beim genehmigten Kapital

in: Zeitschrift für Wirtschaftsrecht, 2006, S. 301 – 310

zitiert: Krämer/Kiefner, ZIP 2006, S.

Kreß, Simone

Gerichtliche Beschlusskontrolle im Kapitalgesellschaftsrecht – Eine rechtsvergleichende Untersuchung zum deutschen, französischen und englischen Recht

in: Dissertation Köln 1995

zitiert: Kreß, Beschlusskontrolle, S.

Krieger, Gerd

Aktionärsklage zur Kontrolle des Vorstands- und Aufsichtsratshandelns

in: Zeitschrift für das gesamte Handelsrecht und Wirtschaftsrecht, 163. Band, 1999, S. 343-363

zitiert: Krieger, ZHR 163 (1999), S.

ders.

Vorstandsbericht zur Ausnutzung eines genehmigten Kapitals mit Bezugsrechtsausschluss

in: Festschrift für Herbert Wiedemann, 2002, S. 1081 – 1095

zitiert: Krieger, in: FS Wiedemann. 2002, S.

Kropff, Bruno

Zur Konzernleitungspflicht

in: Zeitschrift für Unternehmens- und Gesellschaftsrecht, 1984, S.112- 133

zitiert: Kropff, ZGR 1984, S.

ders.

Über die „Ausgliederung“

in: Festschrift für Ernst Geßler, 1971, S.111- 126

zitiert: Kropff, in: FS Geßler, 1971, S.

Kübler, Friedrich
Gesellschaftsrecht, 05. Auflage 1998
zitiert: Kübler, Gesellschaftsrecht, §

ders.
Aktie, Unternehmensfinanzierung und Kapitalmarkt, 1989
zitiert: Kübler, Unternehmensfinanzierung, S.

ders.
Sind zwingende Bezugsrechte wirtschaftlich sinnvoll ?
in: Zeitschrift für Bankrecht und Bankwirtschaft 1993, S.1 ff
zitiert: Kübler, ZBB 1993, S.

ders.; Mendelson, Morris; Mundheim, Robert H.
Die Kosten des Bezugsrechts – Eine rechtsökonomische Analyse des amerikanischen Erfahrungsmaterials
in: Die Aktiengesellschaft 1990, S.461- 475
zitiert: Kübler/ Mendelson/ Mundheim, AG 1990, S.

Krause, Hartmut
Die Abwehr feindlicher Übernahmeangebote auf der Grundlage von Ermächtigungsbeschlüssen der Hauptversammlung
in: Betriebsberater 2002, S.. 1053 - 1057
zitiert: Krause, BB 2002, S.

Lutter, Marcus
Das neue „Gesetz für kleine Aktiengesellschaften und zur Deregulierung des Aktienrechts"
in: Die Aktiengesellschaft 1994, S.429- 447
zitiert: Lutter, AG 1994, S.

ders.

Anmerkung zum BGH-Urteil vom 23.06.1997 – II ZR 132/93

in: JZ 1998, S. 50 - 53

zitiert: Lutter, JZ 1998, S.

ders.

Bezugsrechtsausschluss und genehmigtes Kapital

in: Betriebsberater 1981, S.861- 864

zitiert: Lutter, BB 1981, S.

ders.

Entwicklung und Fortbildung des Rechts durch Entscheidung: Der Bundesgerichtshof und das Aktienrecht

in: 50 Jahre BGH – Festgabe aus der Wissenschaft – Band II, S.321-336: Handels- und Wirtschaftsrecht, Europäisches und Internationales Recht, München 2000

zitiert: Lutter, 50 Jahre BGH, S.

ders.

Die Treuepflicht des Aktionärs, - Bemerkungen zur Linotype- Entscheidung des BGH

in: Zeitschrift für das gesamte Handelsrecht und Wirtschaftsrecht, 153. Band, 1989, S.446-471

zitiert: Lutter, ZHR 153 (1989), S.

ders.

Treuepflichten und ihre Anwendungsprobleme

in: Zeitschrift für das gesamte Handelsrecht und Wirtschaftsrecht, 162. Band, 1998, S.164 - 185

zitiert: Lutter, ZHR 162 (1998), S.

ders.

Die entgeltliche Ablösung von Anfechtungsrechten

in: Zeitschrift für Unternehmens- und Gesellschaftsrecht, 1978, S. 347 – 372

zitiert: Lutter, ZGR 1978, S.

ders.

1. Teil: Zur Treuepflicht des Großaktionärs;

2. Teil: Zur Frage der Treuepflicht eines Großaktionärs gegenüber seinen Mitaktionären

in: Juristen Zeitung 1976, S. 225 ff (1.Teil); 561 ff. (2. Teil)

zitiert: Lutter, JZ 1976, S.

ders.

Gesellschaftsrecht und Kapitalmarkt

in: Festschrift für Wolfgang Zöllner, 1998, Band I, S.363- 383

zitiert: Lutter, in: FS Zöllner 1998, S.

ders.

Organzuständigkeiten im Konzern

in: Festschrift für Walter Stimpel, 1985, S.825- 854

zitiert: Lutter, in: FS Stimpel, 1985, S.

ders.

Die entschlussschwache Hauptversammlung

in: Festschrift für Karlheinz Quack, 1991, S.301- 319

zitiert: Lutter, in: FS Quack, 1991, S.

ders.

Zur Vorbereitung und Durchführung von Grundlagenbeschlüssen in der Aktiengesellschaft

in: Festschrift für Hans-Joachim Fleck, 1988, S.169- 190

zitiert: Lutter, in: FS Fleck, 1988, S.

ders.

Theorie der Mitgliedschaft

in: Archiv für civilistische Praxis, Band 180 (1980), S.84- 159

zitiert: Lutter, AcP 180 (1980), S.

ders.

100 Bände BGHZ: Konzernrecht

in: Zeitschrift für das gesamte Handels- und Wirtschaftsrecht, Band 151 (1987), S.444 - 461

zitiert: Lutter, ZHR 151 (1987), S.

ders.

Europäisches Unternehmensrecht, 04. Auflage 1996

zitiert: Lutter, Unternehmensrecht, S.

ders.

Teilfusionen im Gesellschaftsrecht

in: Festschrift für Carl Hans Barz, 1974, S.199 - 218

zitiert: Lutter, in: FS Barz, 1974, S.

ders.

Zur Binnenstruktur des Konzerns

in: Festschrift für Harry Westermann, 1974, S.347- 368

zitiert: Lutter, in: FS Westermann, 1974, S.

ders.; Leinekugel, Rolf

Der Ermächtigungsbeschluss der Hauptversammlung zu grundlegenden Strukturmaßnahmen – zulässige Kompetenzübertragung oder unzulässige Selbstentmachtung ?

in: Zeitschrift für Wirtschaftsrecht, 1998, S.805- 817

zitiert: Lutter/Leinekugel, ZIP 1998, S.

ders.; Hommelhoff, Peter

GmbH-Gesetz, Köln, 2004

zitiert: Lutter-Hommelhoff, GmbHG §

Luttermann, Claus

Zum Börsenkurs als gesellschaftsrechtlicher Bewertungsgrundlage

in: Zeitschrift für Wirtschaftsrecht, 1999, S. 45 - 52

zitiert: Luttermann, ZIP 1999, S.

ders.

Zum Börsenkurs als gesellschaftsrechtliche Bewertungsgrundlage: Die Maßgeblichkeit des Marktpreises im Zivil- und Steuerrecht

in: Zeitschrift für Wirtschaftsrecht, 2001, S. 869 – 872

zitiert: Luttermann, ZIP 2001, S.

ders.

Bewertungsrecht im Internetzeitalter. Über Finanzkommunikation: Börsenkurs, Wahrscheinlichkeit und „virtuelle" Aktiengesellschaft // in: die Aktiengesellschaft 200, S. 459 – 469

zitiert: Luttermann, AG 2000, S.

Maier-Reimer, Georg

Wert der Sacheinlage und Ausgabebetrag

in: Festschrift Gerold Bezzenberger, 2000, S. 253 – 266

zitiert: Maier-Reimer, in: FS Bezzenberger, 2000, S.

Marsch, Reinhard

Zum Bericht des Vorstandes nach § 186 Abs.4 S.2 AktG bei genehmigten Kapital

in: Die Aktiengesellschaft 1981, S.211- 215

zitiert: Marsch, AG 1981, S.

Marsch- Barner, Reinhard

Die Erleichterung des Bezugsrechtsausschlusses nach § 186 Abs.3 S.4 AktG

in: Die Aktiengesellschaft 1994, S.532- 540

zitiert: Marsch- Barner, AG 1994, S.

ders.; Schäfer, Frank A.

Handbuch börsennotierte AG. Aktien- und Kapitalmarktrecht, 2005

zitiert: Bearbeiter, in: Marsch-Barner/Schäfer, Handbuch AG, 2005, §, Rn.

Martens, Klaus Peter

Der Ausschluss des Bezugsrechts: BGHZ 33, S.175 – Zum Interesse an wirtschaftlicher Selbstständigkeit

in: Festschrift für Robert Fischer, 1979, S.437- 460

zitiert: Martens, in: FS Fischer, 1979, S.

ders.

Die Bewertung eines Beteiligungserwerbs nach § 255 Abs. 2 AktG

in: Festschrift für Gerold Bezzenberger, 2000, S. 267 – 289

zitiert: Martens, in: FS Bezzenberger, 2000, S.

ders.

Der Bezugsrechtsausschluss anlässlich eines ausländischen Beteiligungserwerbs
in: Festschrift für Ernst Steindorff, 1990, S.151- 172
zitiert: Martens, in: FS Steindorff, 1990, S.

ders.

Der Ausschluss des Bezugsrechtes
in: Zeitschrift für Wirtschaftsrecht, 1992, S.1677- 1697
zitiert: Martens, ZIP 1992, S.

ders.

Richterliche und gesetzliche Konkretisierungen des Bezugsrechtsausschlusses
in: Zeitschrift für Wirtschaftsrecht 1994, S.669- 677
zitiert: Martens, ZIP 1994, S.

ders.

Die Anzeigepflicht des Verlustes des Garantiekapitals nach dem AktG und dem GmbHG – Zur Informationspolitik in den Kapitalgesellschaften
in: Zeitschrift für Unternehmens- und Gesellschaftsrecht, 1972, S.254 ff.
zitiert: Martens, ZGR 1972, S.

ders.

Die Entscheidungsautonomie des Vorstands und die „Basisdemokratie“ in der Aktiengesellschaft
in: Zeitschrift für das gesamte Handels- und Wirtschaftsrecht, Band 147 (1983), S.377- 428
zitiert: Martens, ZHR 147 (1983), S.

ders.

Die Treuepflicht des Aktionärs

in: Rechtsdogmatik und Rechtspolitik, Hamburger Ringvorlesung, Heft 78, 1990, S.251 ff

zitiert: Martens, Treuepflicht, S.

Meilicke, Wienand

Vereinbarkeit der Inhaltskontrolle des Bezugsrechtsausschlusses mit europäischem Recht

in: Der Betrieb 1996, S.513- 517

zitiert: Meilicke, DB 1996, S.

ders.; Heidl, Thomas

Die Pflicht des Vorstands der AG zur Unterrichtung der Aktionäre vor dem Bezugsrechtsausschluss beim genehmigten Kapital

in: Der Betrieb 2000, S.2358- 2361

zitiert: Meilicke/ Heidl, DB 2000, S.

Mertens, Hans- Joachim

Die Geschäftsführerhaftung in der GmbH und das ITT- Urteil

in: Festschrift für Robert Fischer, 1979, S.461- 475

zitiert: Mertens, in: FS Fischer, 1979, S.

ders.

Deliktsrecht und Sonderprivatrecht – Zur Rechtsfortbildung des deliktischen Schutzes von Vermögensinteressen

in: Archiv für civilistische Praxis, Band 178, 1978, S. 227 ff.

zitiert: Mertens, AcP 178 (1978), S.

ders.

Der Aktionär als Wahrer des Rechts? Aktuelle Probleme der Durchsetzung von Aktionärsinteressen
in: Die Aktiengesellschaft, 1990, S. 49 ff.
zitiert: Mertens, AG 1990, S.

Mestmäcker, Ernst Joachim
Verwaltung, Konzerngewalt und Rechte der Aktionäre, 1958
zitiert: Mestmäcker, Verwaltung, S.

Michalski, Lutz
Abwehrmechanismen gegen unfreundliche Übernahmeangebote („unfriendly takeovers") nach deutschen Aktienrecht
in: Die Aktiengesellschaft 1997, S.152- 163
zitiert: Michalski, AG 1997, S.

Mülbert, Peter O.
Aktiengesellschaft, Unternehmensgruppe und Kapitalmarkt – Die Aktionärsrechte bei Bildung und Umbildung einer Unternehmensgruppe zwischen Verbands- und Anlegerschutz, 1995, München
zitiert: Mülbert, Aktiengesellschaft, S.

ders.
Großkommentar zum Aktiengesetz, 04. Lieferung (§§ 118- 120 AktG), 04. Auflage 1999
zitiert: Mülbert, in: GK, §, Rn.

ders.
Aktiengesellschaft, Unternehmensgruppe und Kapitalmarkt, 02. Auflage 1996
zitiert: Mülbert, Unternehmensgruppe, S.

Müller, Gerd

Gesellschafts- und Gesellschafterschaden

in: Festschrift für Alfred Kellermann, 1991, S. 317 ff.

zitiert: Müller, in: FS Kellermann, 1991, S.

Müller, Welf

Die Entscheidungsspielräume der Verwaltung einer Aktiengesellschaft im Verhältnis zu ihren Aktionären

in: Festschrift für Johannes Semler, 1993, S.195- 215

zitiert: Müller, in: FS Semler, 1993, S.

Münchener Handbuch des Gesellschaftsrechts

Band IV: Aktiengesellschaft, herausgegeben von Michael Hoffmann- Becking, 02. Auflage, München 1999

zitiert: MünchHdb GesR IV/ Bearbeiter, §, Rn.

Münchener Kommentar zum Bürgerlichen Gesetzbuch

Band 1, Allgemeiner Teil, §§ 1- 240, AGB Gesetz, 03. Auflage 1993

Band 2, Schuldrecht Allgemeiner Teil, §§ 241- 432, FernAbsG, 04. Auflage 2001

Band 5, Schuldrecht Besonderer Teil III, §§ 705- 853, PartGG, ProdHaftG, 03. Auflage 1997

zitiert: MüKo/Bearbeiter, §, Rn.

Münchener Kommentar zum Aktiengesetz

Band 1 (§§ 1-53 AktG), 02. Auflage 2000

Band 7 (§§ 222 – 277), 02. Auflage 2001

zitiert: MünchKommAktG/Bearbeiter, §, Rn.

Natterer, Joachim
Kapitalveränderung der Aktiengesellschaft, Bezugsrecht der Aktionäre und „sachlicher Grund“
in: Dissertation Passau 1999
zitiert: Natterer, Kapitalveränderung, S.

ders.
Sachkontrolle und Berichtspflicht beim genehmigten Kapital – Siemens/Nold abermals auf dem Weg durch die Instanzen
in: Zeitschrift für Wirtschaftsrecht, 2002, S. 1672 - 1679
zitiert: Natterer, ZIP 2002, S.

Nehls, Albrecht
Die gesellschaftsrechtliche Treuepflicht im Aktienrecht
in: Dissertation Hamburg 1993
zitiert: Nehls, Treuepflicht, S.

Palandt, Otto
Kommentar zum Bürgerlichen Gesetzbuch, 60. Auflage 2001
zitiert: Palandt/ Bearbeiter, §, Rn.

Paefgen, Walter G.
Justiziabilität des Verwaltungshandelns beim genehmigten Kapital
in: Zeitschrift für Wirtschaftsrecht, 2004, S. 145 – 156
zitiert: Paefgen, ZIP 2004, S.

Paschos, Nikolaos

Berichtspflichten des Vorstandes bei der Ermächtigung zum Bezugsrechtsausschluss und deren Ausübung im Rahmen eines genehmigten Kapitals

in: Zeitschrift für Wirtschafts- und Bankrecht – Wertpapiermitteilungen, 2003, S. 356 – 365

zitiert: Paschos, WM 2005, S.

Piltz, Detlef

Unternehmensbewertung und Börsenkurs im aktienrechtlichen Spruchstellungsverfahren (zugleich Besprechung der Entscheidung BVerfGE 100, 289)

in: Zeitschrift für Unternehmens- und Gesellschaftsrecht, 2001, S. 185 – 213

zitiert: Piltz, ZGR 2001, S.

Priester, Hans Joachim

„Holzmüller 2000" vor dem Hintergrund des Umwandlungsgesetzes

in: Zeitschrift für das gesamte Handels- und Wirtschaftsrecht, Band 163 (1999), S.187- 202

zitiert: Priester, ZHR 163 (1999), S.

Procaccia, U.

The Corporate Code as a standard form contract: General theoretical remarks and implications for German law

in: Zeitschrift für Unternehmens- und Gesellschaftsrecht, 1990, S.169 ff.

zitiert: Procaccia, ZGR 1990, S.

Quack, Karlheinz

Die Schaffung genehmigten Kapitals unter Ausschluss des Bezugrechtes der Aktionäre

in: Zeitschrift für Unternehmens- und Gesellschaftsrecht, 1983, S.257- 267

zitiert: Quack, ZGR 1983, S.

Raiser, Thomas

Recht der Kapitalgesellschaften, 02. Auflage 1992

zitiert: Raiser, Kapitalgesellschaften, §, Rn.

ders.

Das Recht der Gesellschafterklagen

in: Zeitschrift für das gesamte Handelsrecht und Wirtschaftsrecht, 153. Band (1989), S.1- 34

zitiert: Raiser, ZHR 153 (1989), S.

von Rechenberg, Wolf Georg Frhr.

Holzmüller – Auslaufmodell oder Grundpfeiler der Kompetenzverteilung in der AG ?

in: Festschrift für Gerold Bezzenberger, 2000, S.359 – 378

zitiert: v. Rechenberg, in: FS Bezzenberger, 2000, S.

ders.

Die Hauptversammlung als oberstes Organ der Aktiengesellschaft

in: Dissertation Freiburg 1986

zitiert: v. Rechenberg, Hauptversammlung, S.

Rehbinder, Eckhard

Ausgründung und Erwerb von Tochtergesellschaften und Rechte der Aktionäre

in: Festschrift für Helmut Coing, 1982, S.423- 439

zitiert: Rehbinder, in: FS Coing, 1982, S.

ders.

Zum konzernrechtlichen Schutz der Aktionäre einer Obergesellschaft – Besprechung der Entscheidung BGHZ 83, S.122 „Holzmüller"

in: Zeitschrift für Unternehmens- und Gesellschaftsrecht 1983, S.92- 108

zitiert: Rehbinder, ZGR 1983, S.

Reuter, Dieter

Die Mitgliedschaft als sonstiges Recht i.S.d. § 823I BGB;

in: Festschrift für Hermann Lange, 1992, S.707 – 728

zitiert: Reuter, in: FS Lange 1992, S.

Roitzsch, Frank

Der Minderheitenschutz im Verbandsrecht, Berlin 1981

zitiert: Roitzsch, Minderheitenschutz, S.

Roth, Günter; Altmeppen, Holger

Gesetz betreffend die Gesellschaften mit beschränkter Haftung (GmbHG), 03. Auflage 1997

zitiert: Roth/ Altmeppen, GmbHG, §, Rn.

Rottnauer, Achim

Gesellschaftsrechtliche Treuepflichten bei Holdingbildung durch Anteilsbeibringung, Kommentar zum OLG Stuttgart

in: Neue Zeitschrift für Gesellschaftsrecht, 2001, S. 115 ff.

zitiert: Rottnauer, NZG 2001, S.

Schäfer, Frank A.

Wertpapierhandelsgesetz, Stuttgart, Berlin 1999

zitiert: Bearbeiter, in: Schäfer, WpHG, §, Rn.

Schanz, Kay-Michael

Börseneinführung: Recht und Praxis des Börsengangs, 02. Auflage 2002

zitiert: Schanz, Börseneinführung, S.

Schilling, Wolfgang

Großkommentar zum Aktiengesetz, Erster Band, 2. Halbband (§§ 76- 147), 03. Auflage 1973

zitiert: Schilling, in: GK, §, Anm.

Schippel, Helmut

Die Leistung der Bareinlage bei der Erhöhung des Kapitals von Aktiengesellschaften

in: Festschrift für Steindorff, 1990, S. 249 – 259

zitiert: Schippel, in: FS Steindorff, 1990, S.

Schlegelberger Franz

HGB Kommentar, Band 3, HlbBand 1, §§ 105-160, 05. Auflage 1992

zitiert: Schlegelberger/Bearbeiter, HGB, §, Rn.

Schlitt, Michael; Schäfer, Susanne

Alte und neue Fragen im Zusammenhang mit Kapitalerhöhungen

in: Die Aktiengesellschaft, 2005, S. 67 – 76

zitiert: Schlitt/Schäfer, AG 2005, S.

ders.; Seiler, Oliver

Aktuelle Rechtsfragen bei Bezugsrechtsemissionen

in: Zeitschrift für Wirtschafts- und Bankrecht – Wertpapiermitteilungen, 2003, S. 2175 – 2184

zitiert: Schlitt/Schäfer, WM 2003, S.

Schmidt, Karsten

Lehrbuch zum Gesellschaftsrecht, 04. Auflage 2002

zitiert: Schmidt, Gesellschaftsrecht, §

ders.

Großkommentar zum Aktiengesetz, 06. Lieferung (§§ 241- 255), 04. Auflage 1996

zitiert: Schmidt, in: GK, §, Rn.

ders.

Rechtsfortbildung im Unternehmens- und Gesellschaftsrecht durch die Rechtsprechung des BGH

in: Neue Juristische Wochenschrift 2000, S.2927- 2936

zitiert: Schmidt, NJW 2000, S.

ders.

Vermögensveräußerung aus der Personengesellschaft: ein Lehrstück am Rande des neuen Umwandlungsrechts – Besprechung der Entscheidung BGH NJW 1995, S.596

in: Zeitschrift für Unternehmens- und Gesellschaftsrecht 1995, S.675- 687

zitiert: Schmidt, ZGR 1995, S.

ders.

Die Vereinsmitgliedschaft als Grundlage von Schadensersatzansprüchen

in: Juristen Zeitung, 1991, S. 157 ff.

zitiert: Schmidt, JZ 1991, S.

Schmidt, Ulrich

Publizität und Aktionärsrechte – Untersuchungen zum Minderheitenschutz im Aktienrechte Deutschlands, der EWG Staaten, Großbritanniens und der Vereinigten Staaten von Amerika

in: Dissertation Köln 1968

zitiert: Schmidt, Publizität, S.

Schneider, Uwe H.

Zur Wahrnehmung von Mitgliedschaftsrechten an Tochtergesellschaften einer Personengesellschaft

in: Festschrift für Johannes Bärmann, 1975, S.873- 892

zitiert: Schneider, in: FS Bärmann, 1975, S.

ders.

Die Personengesellschaft als herrschendes Unternehmen im Konzern – Ein Beitrag zum Konzernrecht der Personengesellschaften

in: Zeitschrift für das gesamte Handelsrecht und Wirtschaftsrecht, 143. Band (1979), S.485 - 521

zitiert: Schneider, ZHR 143 (1979), S.

ders.

Konzernleitung als Rechtsproblem

in: Betriebs- Berater 1981, S.249 – 259

zitiert: Schneider, BB 1981, S.

Schnorbus, York

Treuepflichten im Aktienrecht und Haftung des Stimmrechtsvertreters – BGHZ 129, 136 und OLG Düsseldorf, ZIP 1996, S.1211

in: Juristische Schulung 1998, S.877- 884

zitiert: Schnorbus, JuS 1998, S.

Schockenhoff, Martin

Gesellschaftsinteresse und Gleichbehandlung beim Bezugsrechtsausschluss

in: Dissertation Tübingen 1987

zitiert: Schockenhoff, Gesellschaftsinteresse, S.

ders.

Der rechtmäßige Bezugsrechtsausschluss

in: Die Aktiengesellschaft 1994, S.45- 59

zitiert: Schockenhoff, AG 1994, S.

Scholz

Kommentar zum GmbHG, I. Band (§§ 1- 44), 09. Auflage 2000

zitiert: Scholz/ Bearbeiter, GmbHG, §, Rn.

Schöne, Torsten

Die Spaltung unter Beteiligung von GmbH gem. 123 ff. UmwG : Grundlagen, Anteilsgewährung, Beschlussfassung, Informationspflichten, 1998

in: Habilitationsschrift Universität Münster (Westfalen), 1997

zitiert: Schöne, Spaltung, S.

Schulz-Gardyan, Olaf

Die sogenannte Aktionärsklage

in: Dissertation Münster, 1990

zitiert: Schulz-Gardyan, Aktionärsklage, S.

Schumann, Alexander
Bezugsrecht und Bezugsrechtsausschluss bei Kapitalbeschaffungsmaßnahmen von AGs
in: Dissertation Tübingen 2001
zitiert: Schumann, Bezugsrecht, S.

Schwark, Eberhard
Der vereinfachte Bezugsrechtsausschluss – Zur Auslegung des § 186 Abs.3 S.4 AktG
in: Festschrift für Carsten Peter Claussen, 1997, S.357- 380
zitiert: Schwark, in: FS Claussen, 1997, S.

ders.
Kapitalanlegerschutz im deutschen Gesellschaftsrecht
in: Zeitschrift für Unternehmens- und Gesellschaftsrecht 1976, S.271- 306
zitiert: Schwark, ZGR 1976, S.

ders.
Anmerkung zum BGH, Urteil vom 23.07.1997, II ZR 132/93
in: LM § 186 AktG 1965, Nr. 9 S. 115 – 116
zitiert: Schwark, LM §186 AktG Nr. 9

Seibert, Ulrich; Köster, Beate-Katrin; Kiem, Roger
Die kleine AG – Gesellschaftsrechtliche, umwandlungsrechtliche und steuerrechtliche Aspekte, 03. Auflage 1996, Köln
zitiert: Seibert/ Köster/ Kiem, Kleine AG, Rn.

Sethe, Rolf

Die Berichtserfordernisse beim Bezugsrechtsausschluss und ihre mögliche Heilung am Beispiel der Emission junger Aktien und Genussrechte

in: AG 1994, S. 342 – 363

zitiert: Sethe, AG 1994, S.

Seydel, Eberhard

Konzernbildungskontrolle bei der Aktiengesellschaft

in: Dissertation Bayreuth 1994

zitiert: Seydel, Konzernbildungskontrolle, S.

Semler, Johannes

Einschränkung der Verwaltungsbefugnisse in einer Aktiengesellschaft

in: Betriebs- Berater, 1983, S.1566- 1573

zitiert: Semler, BB 1983, S.

ders.; Volhard, Rüdiger

Arbeitshandbuch für die Hauptversammlung, 1999

zitiert: Bearbeiter, in;: Semler/Volhard, Hauptversammlung, Rn.

Sinewe, Patrick

Ausschluss des Bezugsrechts bei geschlossenen und börsennotierten Aktiengesellschaften

in: Dissertation Mainz 2001

zitiert: Sinewe, Bezugsrechtsauschluss, S.

ders.

Die Berichtspflicht beim Ausschluss des Bezugsrechts

in: Zeitschrift für Wirtschaftsrecht 2001, S.403- 406

zitiert: Sinewe, ZIP 2001, S.

ders.

Kurzkommentar zum OLG Celle, Urteil vom 29.06.2001 – 9 U 89/01

in: Entscheidungen zum Wirtschaftsrecht, § 186 AktG 1/02, S. 133 – 134

zitiert: Sinewe, EWiR § 186 AktG

ders.

Die Relevanz des Börsenkurses im Rahmen des § 255 AktG

in: NZG 2002, S. 314 – 317

zitiert: Sinewe, NZG 2002, S.

Soergel, Thomas

Kommentar zum Bürgerlichen Gesetzbuch, Allgemeiner Teil 2 (§§ 104- 240), 03. Auflage 1999

zitiert: Soergel/ Bearbeiter, §, Rn.

Steindorff, Ernst

Der Wettbewerber als Minderheitsaktionär

in: Festschrift für Rittner, 1991, S. 675 – 694

zitiert: Steindorff, in: FS Rittner, 1991, S.

Steinhauer, Carsten

Der Börsenpreis als Bewertungsgrundlage für den Abfindungsanspruch von Aktionären

in: Die Aktiengesellschaft, 1999, S. 299 - 308

zitiert: Steinhauer, AG 1999, S.

Stilz, Eberhard

Börsenkurs und Verkehrswert

in: Zeitschrift für Unternehmens- und Gesellschaftsrecht, 2001, S. 875 - 900

zitiert: Stiltz, ZGR 2001, S.

Sünner, Eckhardt
Aktionärsschutz und Aktienrecht – Anmerkung zur Seehafenbetriebe – Entscheidung des BGH
in: Die Aktiengesellschaft 1983, S.169- 173
zitiert: Sünner, AG 1983, S.

ders.
Aktionärsklage zur Kontrolle des Vorstands- und Aufsichtsratshandelns
in: Zeitschrift für das gesamte Handelsrecht und Wirtschaftsrecht, 163. Band, 1999, S.364-376
zitiert: Sünner, ZHR 163 (1999), S.

Technau, Konstantin
Rechtsfragen bei der Gestaltung von Übernahmeverträgen („Underwriting Agreements“) im Zusammenhang mit Aktienemissionen
in: Die Aktiengesellschaft 1998, S.445- 459
zitiert: Technau, AG 1998, S.

Teichmann, Arndt
Strukturüberlegungen zum Streit zwischen Organen in der Aktiengesellschaft
in: Festschrift für Otto Mühl, 1981, S.663 – 686
zitiert: Teichmann, in: FS Mühl, 1981, S.

Thomas, Jürgen
Rücklagenbildung im Konzern
in: Zeitschrift für Unternehmens- und Gesellschaftsrecht, 1985, S.365- 385
zitiert: Thomas, ZGR 1985, S.

Timm, Wolfram
Treuepflichten im Aktienrecht
in: Zeitschrift für Wirtschafts- und Bankrecht – Wertpapiermitteilungen, 1991, S.481- 528
zitiert: Timm, WM 1991, S.

ders.
Hauptversammlungskompetenzen und Aktionärsrechte in der Konzernspitze
in: Die Aktiengesellschaft 1980, S.172- 187
zitiert: Timm, AG 1980, S.

ders.
Der Bezugsrechtsausschluss beim genehmigten Kapital
in: Der Betrieb 1982, S.211- 217
zitiert: Timm, DB 1982, S.

ders.
Zur Sachkontrolle von Mehrheitsentscheidungen im Kapitalgesellschaftsrecht
in: Zeitschrift für Unternehmens- und Gesellschaftsrecht 1987, S.403- 442
zitiert: Timm, ZGR 1987, S.

ders.
Minderheitenschutz und unternehmerische Entscheidungsfreiheit im Mutterunternehmen
in: Zeitschrift für das gesamte Handelsrecht und Wirtschaftsrecht, 153. Band (1989), S.60- 72
zitiert: Timm, ZHR 153 (1989), S.

ders.

Die Aktiengesellschaft als Konzernspitze

in: Dissertation 1980, Frankfurt am Main 1980

zitiert: Timm, Konzernspitze, S.

Trapp, Christoph

Erleichterter Bezugsrechtsausschluss nach § 186 Abs. 3 S. 4 AktG und Greenshoe

in: AG 1997, S. 115 – 123

zitiert: Trapp, AG 1997, S.

Ulmer, Peter

Entwicklung im Kapitalgesellschaftsrecht 1975 bis 1999

in: Zeitschrift für Unternehmens- und Gesellschaftsrecht, 1999, S. 751- 780

zitiert: Ulmer, ZGR 1999, S.

ders.

Die Aktionärsklage als Instrument zur Kontrolle des Vorstands- und Aufsichtsratshandelns

in: Zeitschrift für das gesamte Handelsrecht und Wirtschaftsrecht, 163. Band, 1999, S.290-342

zitiert: Ulmer, ZHR 163 (1999), S.

ders.

Verdeckte Sacheinlagen im Aktien- und GmbH-Recht

in: Zeitschrift für das gesamte Handels- und Wirtschaftsrecht 154 (1990), S. 128-144

zitiert: Ulmer, ZHR 154 (1990), S.

ders.

Begründung von Rechten für Dritte in der Satzung einer GmbH

in: Festschrift Winfried Werner, 1984, S. 911 ff.

zitiert: Ulmer, in: FS Werner, 1984, S.

ders.

Richterliche Entwicklungen im Gesellschaftsrecht 1971- 1985

in: Heidelberger Forum, Band 45, 1986

zitiert: Ulmer, Entwicklungen, S.

Veil, Rüdiger:

Aktuelle Probleme im Ausgliederungsrecht

in: Zeitschrift für Wirtschaftsrecht 1998, S.361- 369

zitiert: Veil, ZIP 1998, S.

Volhard, Rüdiger

„Siemens/ Nold“: Die Quittung

in: Die Aktiengesellschaft 1998, S.397- 404

zitiert: Volhard, AG 1998, S.

Vollmer, Lothar; Lorch, Bernhard

Der Ausschluss des Bezugsrechts von Minderheitsaktionären auf Genusscheine und andere stimmrechtslose Titel

in: Der Betrieb 1991, S.1313- 1318

zitiert: Vollmer/ Lorch, DB 1991, S.

Waclawik, Erich

Die Aktionärskontrolle bei Ausnutzung des genehmigten Kapitals

in: Zeitschrift für Wirtschaftrecht, 2006, S. 397 – 405

zitiert: Waclawik, ZIP 2006, S.

Wahlers, Henning W.

Konzernbildungskontrolle durch die Hauptversammlung der Obergesellschaft

in: Dissertation Köln 1994

zitiert: Wahlers, Konzernbildungskontrolle, S.

Wastl, Ulrich

Aktienrechtliche Treuepflicht und Kapitalmarkt. Ein Plädoyer für eine juristisch-interdisziplinäre Betrachtungsweise., 2004

zitiert: Wastl, Treuepflicht, S.

Weber, Martin

Vormitgliedschaftliche Treuebindungen: Begründung, Reichweite und Vorauswirkung gesellschaftsrechtlicher Treuepflichten

zitiert: Weber, Vormitgliedschaftiche Treuebindungen, S.

ders.

Kursmanipulation am Wertpapiermarkt

in: Neue Zeitschrift für Gesellschaftsrecht, 2000, S. 113 – 168

zitiert: Weber, NZG 2000, S.

Weipert, Lutz,

Vorsorgliche Anpassung von Personengesellschaftsverträgen als Bestandteil der Pflicht zur verantwortungsbewussten Unternehmensführung. Der Anpassungsfall im Schnittpunkt von unternehmerischer Zweckmäßigkeit und Existenzkrise. Besprechung der Entscheidung BGH NJW 1987, 952 ff.

in: Zeitschrift für Unternehmens- und Gesellschaftsrecht, 1990, S. 142 – 154

zitiert: Weipert, ZGR 190, S.

Wellkamp, Ludger

Vorstand, Aufsichtsrat und Aktionär, 02. Auflage 2000

zitiert: Wellkamp, Vorstand, S.

ders.

Aktionärsschutz, Bonn, 1998

zitiert: Wellkamp, Aktionärsschutz, S.

Werner, Winfried

Großkommentar zum Aktiengesetz, 04. Lieferung (§§ 121- 130 AktG), 04. Auflage 1993

zitiert: Werner, in: GK, §, Rn.

ders.

Zuständigkeitsverlagerungen in der Aktiengesellschaft durch Richterrecht ?

in: Zeitschrift für das gesamte Handelsrecht und Wirtschaftsrecht, 147. Band (1983), S.429-453

zitiert: Werner, ZHR 147 (1983), S.

ders.

Zur Treuepflicht des Kleinaktionärs

in: Festschrift für Johannes Semler, 1993, S. 419- 437

zitiert: Werner, in: FS Semler, 1993, S.

Westermann, Harm Peter

Organzuständigkeit bei Bildung, Erweiterung und Umorganisation des Konzerns

in: Zeitschrift für Unternehmens- und Gesellschaftsrecht, 1984, S.352- 382

zitiert: Westermann, ZGR 1984, S.

ders.

Grundfragen der Rechtsfortbildung im Aktienkonzernrecht

in: Festschrift für Clemens Pleyer, 1986, S.421- 444

zitiert: Westermann, in: FS Pleyer, 1986, S.

ders.

Individualrechte und unternehmerische Handlungsfreiheit im Aktienrecht

in: Zeitschrift für das gesamte Handelsrecht und Wirtschaftsrecht, 156. Band (1992), S. 203-226

zitiert: Westermann, ZHR 156 (1992), S.

ders.

Probleme mit der Rechtsrückbildung im Gesellschaftsrecht

in: Festschrift für Wolfgang Zöllner zum 70. Geburtstag, Band 1, 1998, S.607 ff.

zitiert: Westermann, in: FS Zöllner, 1998, S.

Wiedemann, Herbert

Großkommentar zum Aktiengesetz, 05. Lieferung (§§ 179- 191 AktG), 04. Auflage 1995

zitiert: Wiedemann, in: GK, §, Rn.

ders.

Organverantwortung und Gesellschafterklagen in der Aktiengesellschaft, 1989

zitiert: Wiedemann, Organverantwortung, S.

ders.

Anmerkung zu BGH JZ 199, 443 („Linotype“)

in: Juristen Zeitung 1989, 447 – 449

zitiert: Wiedemann, JZ 1989, S.

ders.
Die Unternehmensgruppe im Privatrecht, 1988
zitiert: Wiedemann, Unternehmensgruppe, S.

ders.
Zu den Treuepflichten im Gesellschaftsrecht
in: Festschrift für Theodor Heinsius, 1991, S.949- 966
zitiert: Wiedemann, in: FS Heinsius, 1991, S.

ders.
Gesellschaftsrecht, Band I, 1980
zitiert: Wiedemann, Gesellschaftsrecht I, S.

ders.
Ausgabekurs und Bezugskurs beim mittelbaren Bezugsrecht
in: Zeitschrift für Wirtschafts- und Bankrecht – Wertpapiermitteilungen, 1979, S. 990 – 993
zitiert: Wiedemann, WM 1979, S.

Willamowski, Marcus
Bookbuilding – Die marktorientierte Emission von Aktien nach deutschem und U.S.-amerikanischem Recht, 2000
zitiert: Willamowski, Bookbilding, S.

Wilhelm, Jan
Kapitalgesellschaftsrecht, 1998
zitiert: Wilhelm, Kapitalgesellschaftsrecht, Rn.

Winter, Martin
Mitgliedschaftliche Treuebindungen im GmbH- Recht
in: Dissertation Heidelberg 1987
zitiert: Winter, Treuebindungen, S.

ders.; Harbarth, Stephan

Verhaltenspflichten von Vorstand und Aufsichtsrat der Zielgesellschaft bei feindlichen Übernahmeangeboten nach dem WpÜG

in: Zeitschrift für Wirtschaftsrecht 2002, S. 1 - 18

zitiert: Winter/Harbarth, ZIP 2002, S.

Wollburg, Ralph; Gehling, Christian

Umgestaltung des Konzerns – Wer entscheidet über die Veräußerung von Beteiligungen einer Aktiengesellschaft?

in: Festschrift für Otfried Lieberknecht, 1997, S.133- 161

zitiert: Wollburg/Gehling, in: FS Lieberknecht, 1997, S.

Wymeersch, Eddy

Das Bezugsrecht der alten Aktionäre in der Europäischen Gemeinschaft: eine rechtsvergleichende Untersuchung

in: Die Aktiengesellschaft, 1998, S.382- 393

zitiert: Wymeersch, AG 1998, S.

Xian- chun, Li

Die mitgliedschaftliche Treuepflicht der Aktionäre

in: Dissertation Göttingen 2000

zitiert: Xian- chun Li, Treuepflicht, S.

Zöllner, Wolfgang

Die Schranken mitgliedschaftlicher Stimmrechtsmacht bei den privatrechtlichen Personenverbänden, München, 1963

zitiert: Zöllner, Schranken, S.

ders.

Aktienrechtsreform in Permanenz – Was wird aus den Rechten des Aktionärs ?

in: Die Aktiengesellschaft 1994, S.336 – 342

zitiert: Zöllner, AG 1994, S.

ders.

Die so genannten Gesellschafterklagen im Kapitalgesellschaftsrecht

in: Zeitschrift für Unternehmens- und Gesellschaftsrecht 1988, S.392-440

zitiert: Zöllner, ZGR 1988, S.

ders.

Treuepflichtgesteuertes Aktienkonzernrecht

in: Zeitschrift für das gesamte Handels- und Gesellschaftsrecht, 162. Band, 1998, S.235- 248

zitiert: Zöllner, ZHR 162 (1998), S.

ders.

Gerechtigkeit bei der Kapitalerhöhung

in: Die Aktiengesellschaft 2002, S. 585 -592

zitiert: Zöllner, AG 2002, S.

ders.

Die Schranken mitgliedschaftlicher Stimmrechtsmacht bei privatrechtlichen Personenverbänden

in: Habil., München, Berlin, 1963

zitiert: Zöllner, Schranken, S.

Aus unserem Verlagsprogramm:

Daniel Achsnich
Die Haftung faktischer Organe in der Aktiengesellschaft
Hamburg 2010 / 294 Seiten / ISBN 978-3-8300-4953-1

Martina Geiser
Leitungspflichten des Vorstandes in der AG
Grenzziehung zwischen der Business Judgment Rule und den notwendigen Anforderungen an eine Compliance-Organisation
Hamburg 2010 / 328 Seiten / ISBN 978-3-8300-4826-8

Diana Dickert
Der Wiederkauf von Gesellschaftsanteilen
Hamburg 2010 / 246 Seiten / ISBN 978-3-8300-4820-6

Michael Fortmann
Die Stellungnahme von Vorständen und Aufsichtsräten der Zielgesellschaft
§ 27 WpÜG unter besonderer Berücksichtigung von konzerninternen öffentlichen Erwerbsangeboten
Hamburg 2010 / 346 Seiten / ISBN 978-3-8300-4918-0

Andreas Georg Sommer
Obligatorische Teilhaberechte im GmbH-Recht
Hamburg 2010 / 304 Seiten / ISBN 978-3-8300-4822-0

Jörg Rößler
Die Haftung der Bank für fehlerhafte Kreditvergabe in der Krise
Ein Vergleich der deutschen und österreichischen Rechtslage
Hamburg 2010 / 268 Seiten / ISBN 978-3-8300-4642-4

Jan Verheyen
Die Grundbuchfähigkeit der Gesellschaft bürgerlichen Rechts
Hamburg 2009 / 312 Seiten / ISBN 978-3-8300-4278-5